U0584575

孩子，值得！

成就坚韧自律的璀璨人生

[美]芭芭拉·科卢梭 著　密斯於 译

中国青年出版社

孩子，值得！

成就坚韧自律的璀璨人生

致安娜、玛丽亚和约瑟夫
我愿你们每一个人
获得追寻正义和缔造和平所带来的喜乐

致我的孙子们，阿德里亚纳、钱斯和多米尼克
希望你们知道，在你们丰厚的家族传承中
蕴含着深深的关爱和温情

中文版序

过去的 54 年里，一代又一代的父母和祖父母在养育子女和孙辈时将我的著作作为指南。《孩子，值得！——成就坚韧自律的璀璨人生》这本书已经被翻译成 26 种语言，并在世界各地的不同文化中广受赞誉。而今，这本书又将进入千千万万的中国家庭，我感到无比荣幸。我非常感谢密斯於的翻译，她不仅精准地传达了英文原文的字面意思，更是深刻地体现出其中的精神内涵。同时，我也感谢中国青年出版社的大力支持，促成了本书在中国的面世。

在这本书中，你会发现许多实用的育儿建议和技巧，这些建议和技巧最重要的出发点是维护了父母和孩子双方的尊严。我的育儿理念构建出一套价值体系，帮助父母教导孩子慷慨分享，关爱他人，同时也教会他们如何思考，以便他们能在不断变化的世界中茁壮成长。

这本育儿指南拒绝"速效"的解决方案，重点是通过给予孩子做出决策和承担责任的机会，帮助他们培养自律，允许孩子犯错，让他们自主地弥补错误，并在保留其尊严的同时纠正他们的不当行为。我将在日常生活的各种情境下向您展示如何运用这些原则——从吃饭、睡觉、做家务、兄弟姐妹间的争吵到青少年反叛；从常见的顽劣到药物滥用和犯罪行为。书中详述了帮助孩子培养坚强意志的技巧，还提供了对于常见养育误区，如威胁、贿赂、奖励和惩罚的有效替代方法。你将找到帮助孩子解决冲突的

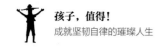
方法；洞悉冲突与霸凌的区别；以及当你的孩子成为同伴霸凌的目标时，作为父母你可以做些什么。

《孩子，值得！——成就坚韧自律的璀璨人生》这本书充满了实用的建议，帮助你应对孩子成长过程中的各种问题，将他们培养成坚韧自律并富有同情心的人。我们谁都无法独自完成这个任务，培养出这样的一代人需要我们每个人的努力，关爱彼此，关爱社区，以及关爱我们的地球。

请与我一起踏上这段奇妙的育儿之旅。

祝您平安喜乐！

芭芭拉·科卢梭

译者序

相信你值得，相信孩子值得

这本书对我意义重大。

我第一次读到它是在十多年前，那时的我初为人母，面对着养育两个男孩的挑战。我曾在中国和加拿大接受教育，也曾定居于欧洲和北美，我热衷于吸收各种教育流派，蒙台梭利、积极养育、正面管教、自然养育……我阅读的养育书籍摞起来远超过我两个儿子的身高。然而，随着阅读的积累、阅历的增多和思考的加深，我反而更感迷茫和困惑，经常在中西方、传统与现代的养育模式之间纠结摇摆、举棋不定。直到我遇到了芭芭拉·科卢梭的《孩子，值得！》。

这本书在北美教育界备受推崇，它不仅是一本实操性很强的育儿指南，更是一部关于教育哲学的经典之作。科卢梭认为，孩子不是需要被管理和控制的对象，而是具有独立人格和无限可能的个体，值得父母以尊重和智慧的方式来对待。她的观点和方法基于心理学和发展心理学的研究成果，其科学性和有效性也已历经数十年的广泛实证，被无数家庭奉为圭臬。

科卢梭将亲子关系模型分为三种类型：控制型的砖墙家庭、纵容型的水母家庭和支持型的脊柱家庭。其中，砖墙家庭采取严格的纪律约束，要求孩子绝对服从，并通过惩罚来纠正孩子的行为。水母家庭缺乏明确的规则和界限，为了避免冲突，家长会纵容孩子的需求，任由孩子为所欲为。脊柱家庭既设立清晰的规则和界限，又给予孩子足够的尊重和自由，能够在确保基本原则的前提下，根据情况灵活做出调整。科卢梭用生动的比喻帮助家长在规则和自由之间找到平衡，为孩子提供了一个既有边界又能自由成长的环境。

这三类家庭模型给了我很好的架构，去审视自己原生家庭的成长环境，去反省自己为人父母的养育模式。它能让我理性甄别各种教育流派的工具，它也时刻提醒我，养育孩子的目标应关注孩子的内在发展和长远成长，不应急功近利、揠苗助长，不能随波逐流，偏离初心。

《孩子，值得！》陪伴了我十多年，见证我的孩子们从小婴儿成长为十六七岁的青少年。它是常读常新的，我总是回到这本书里来寻找智慧、汲取力量、获得慰藉。我的两个儿子性格迥异，养育他们的方式自然也要因材施教。在日常生活中，我尝试着用书中的养育策略来指导他们的成长，在尊重他们个性的同时给予其适当的引导和支持。这不仅让我在全民内卷的教育环境下少了许多焦虑和迷茫，也让我看到了孩子们在规则和自由之间找到平衡后绽放出的快乐和自信。

我曾笃定地认为自己是一位脊柱型家长，对两个儿子的"治理"游刃有余。但随着孩子们的成长，随着时代环境的演变，我不断地迎来新的挑战，也有了一些新的思考。当今社会，为什么那么多孩子抑郁躺平、自暴自弃？为什么直升机父母精心哺育出的却是迷茫症和空心病的下一代？是什么摧毁了孩子的内在动力？……科卢梭在书中做出了很好的回答，她强调父母应该为孩子构建一个既有开放性又有自主性的成长环境，尊重他们，支持他们的发展，帮助他们学会自律和自我管理，帮孩子找回内在动力。

感谢中国青年出版社将这本经典之作引入国内，而我也有幸作为译者，将这本书推介给中国广大的家长朋友们。《孩子，值得！》一书所倡导的教育理念对中国家庭具有重要的指导意义。在您阅读这本书的过程中，我诚挚地邀请您对号入座，审视自己的教育方式，在科卢梭提供的三类家庭模型架构中找到自己的位置。

在中国传统的家庭教育模式中，控制型的砖墙家庭较为普遍。即父母希望孩子出人头地，对孩子的学业成绩极为重视，常常通过严格的作息时间表和课外补习班来确保孩子的学习效果。家长要求孩子听话和服从，如若违背，就会受到相应的惩罚。这种模式下，孩子常常会因为高压的成长环境而失去自主性和创造力。

随着经济的发展和生活水平的提高，纵容型的水母家庭也有所增多。父母过度地保护和溺爱孩子，满足孩子的一切要求，却缺乏必要的行为规范和纪律约束。这类家庭养出的孩子往往是"玻璃心"，在面对挑战时缺乏应对能力，在遭遇挫折时容易崩溃和放弃。

支持型的脊柱家庭模式近年来在中国逐渐被大众认可，但仍需要更多地推广和实践。这类家长注重培养孩子的独立性和自律性，鼓励孩子自我管理和自我反省，帮助他们在规则和自由之间找到平衡。父母会和孩子保持良好的沟通，尊重孩子的意见和需求，关注孩子的情感和心理健康。这样的家庭培养出的孩子在面对挑战和挫折时往往更加坚韧和自信。

通过理解和应用科卢梭在《孩子，值得！》中的养育理念，您可以识别和调整不合理的教育行为，逐步向支持型的脊柱家庭转变，构建健康和谐的亲子关系，在教育过程中更加关注孩子的内在发展和长远成长。

尤其是在当下竞争激烈的社会中，如何培养出心理健康、自信坚韧的孩子，是每个家长都需要深思的问题，而《孩子，值得！》这本书无疑提供了一个很好的答案。通过书中宝贵的教育理念和实用策略，家长可以帮助孩子找到学习和生活的内在动力，并且帮助孩子在面对挫折和挑战时，始终保持自信和积极的态度。

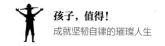
作为一名母亲和老师，我希望更多的家长能够通过这本书，找到适合自己家庭的教育方法，培养出自信、独立、坚韧、富有创造力的孩子。毕竟，孩子是我们的未来，他们值得我们付出所有的爱和努力。

密斯於
2024 年 7 月 15 日
于多伦多

引言

> ……因为他们是孩子
>
> 此外别无原因
>
> 他们享有尊严和价值
>
> 仅仅因为他们是孩子……
>
> ——芭芭拉·科卢梭

　　我的育儿之路经历了一个轮回。我的孩子们正在抚养他们自己的孩子。我经常听说一些年轻的父母会收到一本旧的首版的《孩子，值得！》，这本书可能来自他们的父母、叔叔、阿姨，甚至是祖父母。这些年轻父母所关心的问题就是我们上一代人所关心的问题——也许呈现形式会略有不同，但其实质别无二致。我们怎样才能培养出坚韧、自律的孩子？我们怎样才能避免养成过于依赖表扬和奖赏的孩子？我们怎样才能帮助他们学会真切关爱、慷慨分享和乐于助人？我们怎样才能防止他们做出不义之举？我们如何教他们为自己挺身而出，在尊重他人权利和合法需求的同时行使自己的权利？我们如何教导他们勇于为他人发声，在面对不公正时迎难而上，即使压力巨大也能坚定地追求正义？

　　我的写作之路也经历了一个轮回。一开始，我从我所知道的良好育儿基础入手，随着我的家人经历重大变故，我写作了《在危机中为人父母：

帮助处于失落、悲伤和变化中的孩子》。作为一名教育者和家长，当我认识到欺凌的残酷行为与孩童时期正常和必要的冲突完全不同时，我写了《欺凌者、被欺凌者和旁观者》。在书中，我描述了那些拒绝扮演上述三个角色的孩子，他们选择成为见证者、反抗者和捍卫者，为同伴挺身而出，对抗暴行。在《孩子，值得！》之后，我又写作了《仅仅因为它没有错，并不意味着它是正确的：教会孩子有道德地思考和行动》，这本书以日常生活中的点滴细节为基础，旨在培养和引导孩子从蹒跚学步到青少年时期的道德生活。

在撰写有关欺凌和道德的书之后，我开始在卢旺达工作，致力于帮助在 1994 年图西族种族灭绝事件中幸存的孤儿。尽管我研究种族灭绝已经有 30 年之久，但在卢旺达工作期间，我才开始明白，从校园欺凌到仇恨犯罪再到种族灭绝，仅一步之遥。所以，我着手撰写了《极端邪恶：种族灭绝简史》。种族灭绝的关键条件包括对权威的绝对服从，残酷行为的常态化，以及对一群人的非人化。这些现象并非是在杀戮场上突然出现的，而是在一个社会中已经被酝酿了多年，甚至是几代人的时间。

然而，在每一次种族灭绝中，总有一些人选择成为见证者、反抗者和捍卫者，在面对极端邪恶时展现出非同寻常的善良。培养这样坚韧、自律、有道德的人需要借助家庭、学校和社区的力量，需要大家共同思索和探寻我们在这个世界上的存在方式，以减少我们对于彼此和对地球造成的伤害。正因如此，我写作了《孩子，值得！》这本书。

我的育儿之路绝非一条笔直的坦途。20 世纪 60 年代末，17 岁的我进入圣方济会修道院成为一名修女，并在大学一年级时成为从事特殊教育的教师。当时的我并不知道，通往这两个目标的道路会从根本上影响我的养育技能，甚至会影响到多年后我作为祖母的养育技能。大学第一年里，我所学习的特殊教育课程是以行为主义模型为基础的，充斥着奖赏和惩罚、图表、贴纸、星星、威胁和贿赂。这个模型在老鼠身上或许有效，但用奖励和惩罚、威胁和贿赂来操控孩子们似乎有些不妥。然而，那时候的我无法用言语准确表达我所感受到的不适，而且，我也不知道可以用什么来替代这些方法。

在接下来的一年里，我进入了修道院的试修期，这也被称为沉默和反思的一年。在这段时间里，我全身心投入到哲学和神学的学习中。正是在这段时间里，我开始质疑我在教育课程中学到的东西。我在脑海里进行了长时间的徒劳争论。当我开始我的教学生涯时，我试图将教学方法与我的哲学原则相调和，但是没有成功。相信孩子应该享有尊严和价值，仅仅是因为他们值得，而不是因为他们应当按照我期望的方式行事，这与奖赏"适当的行为"、忽视或惩罚"不适当的行为"并不匹配；"己所不欲，勿施于孩子"与"为了他好就得让他听话"的理念相冲突；使用"让孩子保有尊严，也让我保有尊严"的技巧绝不会去扣留老鼠或孩子的食物。有权威的管教是要赋予孩子自主学习的能力。如果孩子们被控制、被操纵、被灌输思想，他们能变得坚韧、睿智、有责任感吗？如果所有的控制都来自外部，他们能发展出内在的自律吗？如果他们自己因为犯错和淘气行为受到威胁和惩罚，他们能成长为富有同情心的人吗？他们还能够深切关心他人、慷慨分享和乐于助人吗？

《孩子，值得！》就是我对于这些问题作出的回答。这些答案与其说是育儿技巧的集合，不如说是一种养育理念。相信孩子值得享有尊严和价值，不以我不希望被对待的方式对待他们，而是以一种保有我们双方尊严的方式行事，这些都不是具体的技巧；相反，它们提供了一种态度和环境，有助于培养出懂得如何思考而不仅仅是被灌输思想的孩子，他们对自己的行为负责，愿意为他人挺身而出，反抗不公。

现在的我拥有丈夫，有三个成年的孩子，还有两个可爱的孙子孙女，我显然不再是修女了，我也不是一个完美的家长。在养育两个女儿和一个儿子的过程中，我经历了许多考验和失败。我经常告诉他们，没有一对完

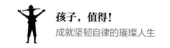
美的家长是多么幸运。我女儿安娜经常这样回答："你太幸运了，你也不会有完美的孩子。"我的另一个女儿玛丽亚则会说："为什么你不总是按照你教导别人的方式去做呢？"我的儿子约瑟夫曾经问过一群刚刚参加我的讲座的教师，他们希望他是"好孩子"还是"坏孩子"？老师们笑了，我颇感尴尬，约瑟夫却古灵精怪地说："我猜他们很想看看，你会怎么教育自己的孩子。"好吧，本书就是我所做过的、正在做的、想要做的、希望我之前做过的以及在下一次和我的孙子相处时打算做的事情。

> 这些不过是暗示和猜测，
> 暗示后面跟着猜测；其余就是
> 祈求、观察、纪律、思考和行动。
>
> ——T.S.艾略特（T.S. Eliot），
> 《四个四重奏》（*Four Quartets*）

目录

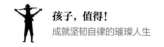

第五章　与孩子沟通的艺术

第六章　我要做我自己

第七章　要冷静，不要麻木

第八章　如何对待错误？

第十一章 家务、放松、娱乐和反叛

第十二章　金钱问题

第十三章　用餐

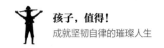
第十四章　睡眠

第十五章　如厕训练

第十六章　不要谈性色变

第一章 孩子是值得的！

> 不要仅仅因为别人告诉你某事，就相信某事，不要仅仅因为尊重老师而相信老师所说的话……然而，无论何事，在经过充分的审视和分析之后，如果你发现它是良善的，是有益于众生福祉的，那就请你相信和坚持，并将它作为你的指南。
>
> 你来到这里是为了找到你已经拥有的东西。

育儿之路没有捷径，没有简单的答案，也没有操作指南。但我坚信，我们大多数人都有成为优秀父母所需的工具，只要我们能够找到它。我们的问题是，这些工具往往被深埋在我们的心智工具箱的底部。而在通常情况下，工具箱顶层的工具并不好用，这些工具来源于我们的父母、祖父母、兄弟姐妹、大家庭以及社会，被我们无意识地继承了过来。当我们需要使用锤子时，我们将手伸进工具箱里，掏出来的却是一把斧子，而我们对此全无觉知，这也难怪我们为人父母的工作做得如此糟糕。

为了获得我们所需的工具，我们首先必须识别出我们正在使用的那些不适当、无效，甚至具有破坏性

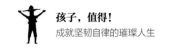

的工具。接着，我们需要放弃这些过时的工具，开始使用那些更有益于我们和孩子的工具。在本书中，我们将检视这些不适宜的工具。有些工具你可能从未使用过，甚至未曾考虑过，有些可能你昨晚就用到了。请仔细检查一遍，看看有哪些工具是你需要替换的。

你可以和孩子讨论这些问题，并请他们来帮助你。我儿子当众打断我喋喋不休的说教，或者我女儿直言不讳地指出——我问她的问题很蠢……这样的情境会让我感觉不爽，但其实孩子们是对的，他们给了我机会停下来，换成更合适的工具重新开始。你是否为你昨晚与青春期孩子的火爆冲突而自责？当你那两三岁的淘气宝宝用永久性记号笔在墙上"创作"时，你是否会情绪失控？质疑和探索是走向改变的第一步。这是一条双行道，当你请孩子帮助你停止使用不适当的工具或做出妨碍他们成长的事情时，你也是在向他们做出示范——在超市里发脾气并不能让他们得到想要的零食。

当你开始辨识出那些无效的工具时，你就有机会将它们丢开，用更适用、更有建设性的工具来替换它们。在识别这些工具之前，了解我们使用的是什么样的心智工具箱会非常有帮助。**这个工具箱是由两个基本问题来定义的：**

1. 什么是我的育儿哲学？

2. 什么是我为人父母的目标？是影响和赋能我的孩子，还是控制和操纵他们？

🌸 什么是我的育儿哲学？

一个人的哲学不是用言语来表达的，而是通过我们的选择行为。从长远来看，我们塑造了我们的生活，我们也塑造了我们自己。

这个过程永远不会结束，直到我们死去。而我们所做的选择最终是我们的责任。

——埃莉诺·罗斯福（Eleanor Roosevelt）

在我们成为父母之前，很少有人会思考自己的育儿哲学。于是，当我们有了孩子之后，当我们疲惫不堪时，我们会沿用父母养育我们的方式来养育我们的孩子。尽管我们曾经发誓决不像母亲那样毒舌，但是母亲伤人的话语还是会从我们的嘴里说出来。尽管我们曾经发誓永远不会打孩子，我们也还是忍不住会动手，就像父亲打我们一样。

在茫然无措中，我们疯狂地翻阅各种育儿书籍，参加社区提供的每一场育儿讲座。然而，那些所谓的专家提出了太多无效的，甚至是不健康的育儿方法。如果我们没有审视自己的育儿哲学，我们就无法分辨其好坏。我们就无法坚定地挑战"老祖宗传下来的做法"，或者拒绝 "如果对我起作用，对我的孩子也应该起作用"这样的无效前提。如果我们了解自己的育儿哲学，我们就可以检视各种育儿工具，包括我们现在使用的工具。当某个工具不符合我们的理念时，不管是谁说的，或者是基于什么样的研究，我们都应该摒弃它。**我发现，在评估我自己和其他人推荐的育儿工具时，以下三个原则最有帮助：**

1. **孩子是值得的**。我相信你也坚信这一点，因为我知道，你不是为了钱而为人父母。

2. **己所不欲，勿施于孩子**。如果我不希望别人这样对待我，我也不应该这样对待我的孩子。

3. **它有效，且能让孩子和我都保有尊严，才算是好方法**。仅仅因为它有效并不意味着它就是好的方法，它必须有效并且不损害孩子和我自己的尊严。

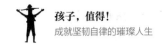
孩子是值得的

　　孩子是值得的，因为他们是孩子，此外别无原因，他们享有尊严和价值，仅仅因为他们是孩子。他们不需要证明自己作为人的价值，他们不需要向我们证明他们值得，他们也不需要赢得我们的爱。我们对他们的爱不能是有条件的，尽管我们的喜欢或不喜欢可以有条件。我们不一定要喜欢他们的发型、鼻环，或者他们那双看上去奇形怪状的鞋子。我们对他们的爱必须是他们可以依赖的，是他们确信会一直都在的东西，即便是当他们制造的麻烦令我们难堪的时候。当他们舒适地躺在我们的臂弯里第一次朝我们微笑时，陪伴在他们身边很容易；但当他们因长牙、肚子痛而整夜哭闹时，陪伴在他们身边就没那么容易。当他们学骑脚踏车时，陪伴在他们身边很容易；但当他们撞坏了家里的汽车时，陪伴在他们身边就没那么容易。当他们在学校演出时，陪伴在他们身边很容易；但当他们从警察局打来电话让你去保释时，陪伴在他们身边就没那么容易。

　　　　养育一个孩子需要举全村之力。

——非洲谚语

　　相信孩子是值得的，也意味着相信我们邻居的孩子是值得的。作为成年人，我们必须愿意做出必要的牺牲，以确保我们社区的所有孩子都能得到他们的生存所需：食物、衣服和住所，医疗保障，在安全的环境中探索、成长和接受教育的机会。一个人的力量也许微不足道，但作为一个社会，如果我们相信孩子是值得的，值得我们付出必要的时间、精力、资源和承诺，我们就能确保全社会的孩子得到他们之所需。而且，仅仅说我们相信是不够的，我们还必须依照这一信念采取行动。

　　一位黎巴嫩公民对其祖国的绵延战火深感痛心，他告诉《纽约时报》

的记者："当我们开始爱我们的孩子多过恨我们的敌人时，和平就会到来。"如果我们说孩子是值得的，我们就必须将时间、精力、资源和金钱投入到我们所说的地方。我们也必须将我们所期望给予孩子的养育方式付诸实践。

我们为我们自己的孩子所托付的未来，将由我们对其他人的孩子的公平性来决定。

——玛丽安·赖特·埃德尔曼（Marian Wright Edelman），"我们的未来取决于我们如何对待美国的儿童"。摘引自理查德·B. 斯托尔利（Richard B. Stolley），《金钱》杂志，1995 年 5 月

己所不欲，勿施于孩子

我们应该以我们自己希望被对待的方式对待他人，而不是以我们自己不希望被对待的方式对待他人，这种道德观在世界上所有伟大的宗教中均有体现。

1. 巴哈伊教

我们的希望和愿景是，你们每一个人都能成为人类一切善的源泉，成为人类正直的榜样。谨防你将自己凌驾于你的邻居之上。

——巴哈·乌伊拉（Baha uIlah），《拾遗记》（Gleaning）

2. 佛教

不要用你自己会感到痛苦的方式伤害他人。

——《法句经》

3. 基督教

你们愿意人怎样待你们，你们也要怎样待人。

——《路加福音》

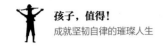

4. 印度教

一切真正的正义的总和就是己所不欲，勿施于人。凡你不愿意人待你的，你不可向他行。

——《摩诃婆罗多》

5. 伊斯兰教

你们中没有一个人是信徒，若不为弟兄求自己所愿的。

——《圣训》

6. 犹太教

你所憎恶的事，不要对你的同胞做。这就是整个律法，其余的都是注释。

——《塔木德》

7. 道教

善良的人应该怜悯他人的恶念，为他人的卓越而高兴，当他人陷入困境时出手相助，将他人的收获当作自己的收获，把他人的损失当作自己的损失。

——《太上感应篇》

8. 琐罗亚斯德教

只有当他不对他人做不利的事情时，他的本性才是善的。

——《达斯坦－伊·迪尼克》

（*Dadistan-I Dinik*，琐罗亚斯德教圣典）

这条堪称"黄金法则"的原则在我们与孩子的关系中同样适用，可以为我们提供很好的指导。如果我们不确定我们对孩子的做法是否正确，只需设身处地地思考，自问是否愿意被同样对待。如果答案是否定的，为什么我们要这样对待我们的孩子呢？

如果我不想被人扇耳光，我为什么要扇我儿子的耳光？如果我不想在犯错时被人训斥，那么当我女儿失手摔坏了我为婆婆做的生日蛋糕时，我为什么要对她大吼大叫呢？如果我不想在 43 岁学习滑旱冰时被人嘲笑，我为什么要嘲笑我女儿学了 10 遍还没法学会开车换挡呢？如果我不希望我的园艺技能被拿来和邻居相比较，我又为什么要将我儿子的数学成绩和他姐姐的成绩相比较呢？

我们如果不是只看此时此刻，就能意识到——最好不要以我们不希望被对待的方式来对待孩子。假使我们今天使用控制孩子的方式让他们听话，那么当我们老了的时候，我们就会遇到麻烦，因为孩子已经通过我们的示范学会了如何控制那些比他们弱小的人。我向你保证，当我们老了的时候，那些比他们弱小的人就是我们。我不会对 7 岁的孩子做我不希望他在我 70 岁时对我做的事。很难想象，当我 70 岁的时候，我那已成年的孩子会给我贴上奖惩表，要求我早上按时起床、穿衣服、吃早餐。"来吧，妈妈。记住，如果你按时起床，自己穿好衣服，按时去吃早餐，我就给你 5 颗星。你可以把这 5 颗星贴到你卧室墙上的奖惩表上。如果你在星期五之前得到 25 颗星，你可以用这些星星来换取与朋友们去咖啡馆的机会。"更难以想象的是，当我 70 岁的时候，会因为说出自己的想法——换句话说，会因为"顶嘴"而挨打。这样的控制手段可能看起来有效，但这绝不是我希望别人对我做的事情，而且它是以牺牲我的尊严和价值为代价的。

仅仅追问如果我处在孩子的地位，我是否愿意被这样对待，这是不够的。我们还必须更进一步，考虑我们行为的后果。

它有效，且能让孩子和我都保有尊严，才算是好方法

一个育儿工具起作用了，或者看起来起作用，并不意味着它就是一个好的工具。通过控制的方式来让孩子听话，这样的工具会带来一个意想不

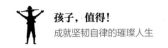

到的后果，那就是以牺牲父母和孩子的尊严和自我价值为代价，即"好行为"是用可怕的代价换来的。

如果我们想培养出有强烈的内在自律意识的孩子，他们的行为不仅仅是为了取悦他人或逃避惩罚，而是以负责任和富有同情心的方式对待自己和他人，我们就必须放弃过去那些"行之有效"的育儿工具，并小心提防近年来出现的那些换汤不换药的替代方案。

儿童往往被当作成年人的财产，被那些比他们大的人虐待。19 世纪末，伊丽莎白·巴雷特·勃朗宁（Elizabeth Barrett Browning）写过关于儿童在工厂遭受虐待的事。

> 我的弟兄们，你听见孩子们的哭泣了吗？
> 悲伤随着岁月而来……
> 他们在别人玩耍时哭泣，
> 在自由的国度里。
> ——选自《孩子们的哭泣》（*The Cry of the Children*）

是我们不懂得倾听孩子的哭泣吗？显然不是。1978 年，詹姆斯·杜布森（James Dobson）在他的书《驯服孩子的脾气》（*Temper Your Child's Tantrums*）中写道：

> 对于不听话的幼儿，可以在 15~18 个月大时开始实施打屁股的体罚，不要直接用手，可以借助器械，诸如皮带、木棍……打屁股就要打疼，否则就没有效果……有些不听话的孩子就是想挨揍，他们的这一愿望应该被满足。然而，即便是最听话的孩子也应该在 10 岁之前接受一次体罚。

在管教的幌子下，对儿童身体和情感的虐待被认可和被合法化了。我们已经听过太多的父母这样管教孩子："我的孩子绝不允许这样跟我说话。""我要用肥皂把你的嘴巴洗干净。""我打你屁股是为了你好！""你太蠢了，即便是一个 3 岁的孩子都要比你强。"

历史学家菲利普·格雷文（Philip Grevin）在他的著作《救救孩子》（*Spare the Child*）中指出了这个问题，并提供了一个积极的解决方案：

> 过去的经历通过塑造当下的感觉、行为和信念，对未来有着强大的控制力。被体罚的儿童所经历的痛苦和折磨会随着时间的推移持续产生影响，首先是在童年和青春期的日日夜夜中，然后是在我们成年后的生活中。成年人对儿童时期遭受体罚所带来的痛苦感，往往会被压抑、被遗忘或被否认，但这些感受从未真正消逝。每一个经历都会记录在我们的内心深处，体罚的影响会渗透到我们的生活、我们的思想、我们的文化和我们的世界中。

> 证据无处不在，包围着我们，吞噬着我们。然而，就像我们所呼吸的空气一样，我们通常看不到它。一旦我们能够意识到它的存在，我们就会以不同的方式来看待世界和看待自我。我们就能找到那些替代胁迫、殴打和痛苦管教的更好的方法，做出比世代相传的体罚更有教养、更有爱的选择。

体罚是一种明显的虐待形式，此外还有不那么明显且经常被忽视的虐待形式，那就是情感上的打击和漠视。"你怎么什么都做不好？""你真是个错误，我希望没生过你这个孩子。""你为什么不能像你哥哥一样省心？"……当孩子们听到不断的批评和贬低时，他们会认为自己做得不够好，或者认为自己是个坏孩子。

还有些孩子是被他们的父母完全忽视了。他们可能拥有足够的物质财富，

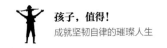

却从没有得到过温暖的拥抱或鼓励的话语。他们的内心里充满了深深的失落和悲伤。这种无望和绝望还会影响到他们未来的婚姻关系和家庭关系。

这种虐待的深远后果应该让我们停下来反思我们使用的所有工具，而不仅仅是那些明显带有惩罚性的工具。有一些工具虽然看起来比惩罚更好，但它实际上只是同一枚硬币的反面。**如果我们表扬孩子而不是贬低他们，奖赏他们的善行而不是惩罚他们的错误，我们也需要问问自己，是不是仍在试图控制孩子，是不是在用一种"更好"的方式让他们听话？**如果我们教导孩子为了"取悦"别人去做他们被要求做的事，并且只有在对他们有好处的情况下才去帮助别人，那么会给我们的孩子、我们的家庭和我们的社会带来什么样的后果呢？

这种育儿工具是否能让孩子的尊严和我的尊严都完好无损？尽管这个问题看起来很简单，但它会对我们如何养育下一代产生很大的影响。我们现在有了个人意识和集体意识，知道体罚和情感虐待会给孩子、家庭和社会造成伤害。我们也开始看到，贿赂和奖赏同样也会妨害孩子的成长。

我并没有天真地相信进行必要的变革会很简单。那些认为儿童是可以拥有的财产，并且应该任由其控制的人一定会激烈反对，还有一些人会抗争到底，坚持他们的"权利"，在身体上、情感上和性上继续虐待他们的孩子。

另外，也有很多人认为，为了"塑造性格"，他们必须在孩子面前悬挂奖励，诱使他们变得负责任、值得信任、慷慨、诚实和有同理心。他们想要给孩子灌输思想，而不是教会孩子如何批判性地思考；他们想要诱导孩子顺从，而不是允许孩子成为他们所能成为的人；他们要求孩子忠诚，而不是教孩子诚信行事和倡导社会正义。

我也知道，我们这些致力于改变的人必须与内心的恶魔做斗争，因为我们的心智工具箱里装着一些破坏性的工具，这些工具是陈旧的传家宝，代代相传。摆脱它们的第一步是遵循育儿哲学的 3 个原则，接下来的一步就是问问自己："什么是我为人父母的目标？是影响和赋能我的孩子，还是控制和操纵他们？"

> 儿童是社会中异常珍贵的成员。他们警觉、敏感，极易受环
> 境影响，如果成年人拒绝给予他们无条件的尊重和爱护，他们就
> 会因此而受到成年人的虐待或侵害。
>
> ——大卫·铃木（David Suzuki）和彼得·诺德森（Peter
> Knudston），《长者的智慧》（*Wisdom of the Elders*）

> 以前你做了你该做的，现在你了解得更多，你就会做得更好。
>
> ——玛雅·安哲罗（Maya Angelou）

🌸 什么是我为人父母的目标？

> 一个人在违背自己意愿的情况下被说服时，他仍会持有原先
> 的观点。
>
> ——德国谚语

在我教书的第一年，我带着我在大学方法课程中学到的所有行为管理工具走进教室。我认为我的主要责任之一是让我的学生"听话"。一个5岁半的孩子却给了我不同的启示。他不愿意坐在自己的座位上，于是我尝试了所有我知道的管理工具："杰夫，请坐……你看苏茜坐得多好……如果你坐下来，我就给你5颗星……校长来了，快坐下来……杰夫，坐下！"然而，对于杰夫而言，什么方法都不起作用。他直视我的眼睛，挑衅地说："我就不坐！"我走过去，把他按在椅子上，他马上又跳了起来。然后，我做了一件

现在的我绝对不会做的事，事实上，想到我曾经干过这件傻事，我都会后悔不已。我抓住他坐下来，紧紧地拽着他。他笑着对我说："只要你一起身，我就马上站起来。"从这件事中我学习到，我真的无法控制孩子让他们听话。即便动用我所有的行为工具，我也不能让他们做他们不想做的事情。我让自己显得很蠢，而杰夫还是没有坐在他的座位上，我们俩都失去了尊严。

杰夫让我认识到，有能力的老师和家长不会试图用贿赂、威胁、惩罚或奖赏来控制他们的孩子——所有这些工具都可能适得其反。事实上，他们根本不会试图控制孩子，强迫他们按照成年人认可的方式行事。通常情况下，控制的结果是，要么孩子们变得顺从听话，要么他们走向相反的极端——反抗所有的权威。

那天晚上，我精疲力竭地回到家，重新评估了我作为教师的角色、我的教学技巧和我的目标。这不是一朝一夕的事，但我意识到，要想在课堂上发挥真正的作用，我必须尊重自己的信念：孩子，值得！我应该用我希望自己拥有的尊严和尊重对待孩子。我可以，也愿意，只使用那些让我们都保有尊严的教育工具。我必须认识到我的行为对班上孩子们的影响，我们一起参加了这次学习历险。

几年后，当我在一所大学的实验学校教育一群问题青少年时，我遇到了我的大学导师，他正在教一门关于行为管理的课程。他的研究生们来到我的教室观察，发现墙上没有图表，没有奖励系统，没有贴纸，没有星星，这让他们感到困惑。此外，我也没有给予学生太多的表扬，没有使用武力或威胁，也没有剥夺学生的某项权利。我问导师，他是否观察到这些问题青少年正在做他们应该做的工作？是的，他们是。他们是否能独立工作？是的。他们能相互合作吗？是的。他们是在解决自己的问题吗？是的。他们一起解决了冲突吗？是的。他们是在互相霸凌、互相伤害吗？没有。而我对学生所做的只是平等交流，共同努力，力图使我们的教室社区成为一个充满关爱的地方。

当然，这种改变不是在一天之内发生的。许多问题学生都参与过充斥着大量行为矫正技巧的项目。他们从早到晚都在收集代币,按时起床得到一块代币,起床后微笑可以得到第二块代币,穿好衣服就得到第三块代币——这些代币都可以用来换取早餐。所以一点都不令人意外,在我的班上他们会问:"如果我完成了任务,你会给我什么?"我的回答与他们所习惯的回答非常不同。我说:"你得到的就是你完成的,这就是你所得到的。"我花了一些时间让他们认识到,我相信他们,我知道他们有能力完成他们需要做的任务,而且他们可以解决自己的问题。是的,**他们的进展是有图表的,但这图表由他们自己制订**。他们将从以下 3 个问题开始:

1. 我在哪儿?

2. 我要去哪儿?

3. 我需要做什么才能到达那里?

他们之所以需要回答这些问题,是因为这与 3 个成长领域有关:学术技能、工作技能和情感技能。他们不需要星星作为奖励,他们有完成任务的满足感以及继续学习另一项技能的机会。而且他们充满信心,他们也能掌握这项新的技能。

如果我的目标是控制我的学生让他们听话,我知道结果会大不相同。而我们在课堂上与他人相处的方式也会有所不同。

> 做好一件事的回报,就是做了这件事。
>
> ——拉尔夫·瓦尔多·爱默生(Ralph Waldo Emerson)

影响和赋能,而非控制和操纵

> 真正的服从是一种爱,它使服从成为自愿的行为,而不是通过恐吓或强迫。
>
> ——桃乐茜·戴(Dorothy Day)

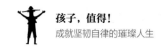

我们是想影响我们的孩子，为他们赋能，还是控制他们，让他们听话？我们大多数人可能会说，我们想要影响和赋能孩子。但是，我们的做法却往往背道而驰，这有力地证明了我们在试图控制孩子，让他们听话。我们可能没有动用武力，但我们会告诉孩子，当她打弟弟时，就得去角落里罚站。孩子也许会顺从地走到角落里站着，也许会挑衅地拒绝罚站，迫使我们采取其他升级的惩罚措施。无论哪种方式，她都没有学会负责任地处理她的愤怒，而且她也不可能学会从此与弟弟和平共处。

影响

> 我们每个人的独特之处，不在于我们的个性，而在于我们的人格，而我们只有在与他人联结时才能展现出这种人格。
>
> ——皮埃尔·泰哈德·夏尔丹（Pierre Teilhard Chardin）

海姆·吉诺特（Haim Ginott）是我们这个时代真正伟大的教育家之一，他在评论我们对儿童的巨大影响时说：

> 正是我的个人态度塑造了氛围，正是我的日常情绪决定了天气……我拥有一种巨大的力量，可以使一个孩子的生活变得痛苦或快乐。我可以成为折磨人的工具，也可以成为激发灵感的工具。我可以羞辱他或愉悦他，伤害他或治愈他。在所有情况下，正是我的反应决定了危机是升级还是降级，一个孩子是被人性化还是被非人化。

如果我们认为我们为人父母的目标是影响和赋能孩子，那么我们的行为就需要源自这个信念。第一部分，影响，是最容易实现的，因为无论我们是否努力，我们都会影响到孩子。问题是我们的影响是积极的、有效的、负责任的，还是消极的、无效的、不负责任的呢？

　　你每天抽一包烟的习惯也许不会让你的孩子染上烟瘾，但你的行为肯定会影响到孩子的行为，肯定会影响到他的身体健康。如果你周末和孩子一起参加户外活动，而不是坐在电视机前，那么你的孩子长大后成为"沙发土豆"的可能性就会很小，不是不存在，而是很小。如果你照顾好自己，你的孩子可能也会照顾好他自己。

　　如果你因为种族、宗教、性别以及身体或精神方面的原因对他人做出轻蔑的评论，你就是在给你的孩子灌输偏执和仇恨。如果你在言语和行动中表现出宽容、接纳和善良，你的孩子也会培养出这样的秉性。

　　如果你的孩子目睹你为自己所坚信的价值观站出来，对不公正现象发声，他们就有可能在日常生活中效仿你，这比你口头教导他们如何在学校反对霸凌要有效得多。

　　我们使用的语言影响着我们对待孩子的方式。"可怕的两岁"可能会是"了不起的两岁"，从而让孩子有机会成为不同的人。我们的语言也会影响孩子对自己的看法。"你是一个坏孩子"与"你能解决这个麻烦，我相信你能"，这两种说法给孩子的感受截然不同。

　　在我们为孩子创造出的温暖、有爱、有教养的环境中，虽然我们不能保证他们一定会成为温暖、有爱、有教养的人，但在这样的环境中，这种可能性会变得更大。与此相反，在充满敌意、冷漠和惩罚的家庭环境中长大，孩子虽然也有可能成为一个有爱心、有教养的人，但是这样的环境将极大地削弱它的可能性。

　　我们无时无刻不在影响着周围的人，也被周围的人影响。如果在我演讲的过程中，所有的听众都起身离开了，他们肯定会影响我的行为。然而，请注意，他们并不会控制我。如果我愿意，我可以对着空空如也的观众席继续我的演讲。我可以选择下次再做一模一样的演讲，让观众全体离席的事件再度上演，我也可以反思演讲的内容，看看如何改进。或者，我可以

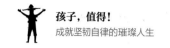
从此拒绝再给这些没有涵养的观众演讲，我也可以寻求资深人士在演讲方面的建议和帮助。

不管是什么影响，被影响的一方总会有选择的余地，而控制则是试图消除选择的权利。你会被本书中的信息所影响，而不是被控制。如何处理这些信息是你自己的选择。如果我们能给孩子同样的选择，那该有多好！

> 爱是一种能力和意愿，允许你爱的人做出自己的选择，不要坚持要求他们听从于你。
>
> ——韦恩·戴尔（Wayne Dyer）

赋能

> 小小的火花可以迸发出巨大的火焰。
>
> ——但丁

力量就像燃烧着巨大火焰的蜡烛。作为父母，我们的火焰可以照亮每一个孩子的生命，而它本身的光芒丝毫不会被减弱。赋能他人的美妙之处在于，在这个过程中，我们永远不会失去自己的力量。事实上，我们将会看到更强烈的光。在年老时，当我们的火焰开始闪烁明灭时，下一代的光芒将会指引我们。

赋能我们的孩子，首先要给他们一个安全的、有保障的、有养分的环境——为他们提供无条件的爱，温柔以待，以及关注他们的身体、情感和精神健康。在这样的环境里，孩子可以做出自己的选择，他们可以犯错，并学会承担责任，成为积极参与的家庭成员。我们要教孩子进行批判性反思，教他们时刻意识到自己的行为对他人造成的影响，告诉他们如何为自己的成就和错误承担责任。所有这些都会使他们成为有责任心、有韧性、有智慧、富于同情心的人，他们能够为自己的最佳利益行事，为自己挺身而出，在尊重他人权利和合理需求的同时行使自己的权利。

> 对我来说，人生不是一支短短的蜡烛，而是由我们暂时拿着的火炬。我们一定要把它燃烧得十分光明灿烂，然后交给下一代的人。
>
> ——萧伯纳

如果我们自己很少或没有火焰，要赋能我们的孩子是非常困难的，甚至是不可能的。如果我们想传递给孩子这个信息，即他们是值得的，我们首先需要相信，我们自己是值得的。在我最近的一次航空旅行中，提供飞行安全指导的空姐在常规的公告中加入了自己幽默的注解："对于那些带着婴儿和儿童旅行的人，在帮助可能需要你帮助的人之前，首先考虑你自己的氧气需求。至关重要的是，在帮助可能需要你帮助的人之前，你要先戴好你自己的面罩。如果你自己都没有了呼吸，你是不可能帮助任何人的。" 乘客们都付之一笑，而我却觉得这个信息发人深省。如果我们不能好好照顾自己，我们将无法为他人提供任何帮助。为自己提供一个安全的、有保障的、充满爱的环境，并给自己成长和学习的机会，将使我们获得赋能孩子所需的能量。

> 我们形成一个希望的圆圈。
>
> 我们把火焰传递给彼此。
>
> 如果我的蜡烛熄灭了，你的蜡烛会来点亮它。
>
> 我们一起创造出更明亮的光芒……
>
> 每根蜡烛都有它自己的贡献，
>
> 黑暗将不会持久。
>
> ——大卫·麦考利（David McCauley），美国公谊服务委员会

第二章

三类家庭

> 家庭是一种微文化，他们有共同的语言、态度和行为。这个文化会在每一代人身上表现出来，并且代代相传。
>
> ——卡罗琳·福斯特（Carolyn Foster），《家庭模式工作手册》（*The Family Patterns Workbook*）
>
> 在孩子来临之前，我们中有谁已经成熟到足以养育后代呢？婚姻的价值不在于成年人制造孩子，而在于孩子制造成年人。
>
> ——彼得·德·弗里斯（Peter de Vries）

孩子之所以是孩子，是因为他们的年龄和他们所处的人生发展阶段。但是，父母只是相对于他们的孩子而言才是父母。如果你没有孩子，你就不是父母。如果你有孩子，你就拥有了自己的家庭。

我们在某种程度上都倾向于以自我为中心，认为关系是某人与我之间的关系。当我们想到家庭时，我们自然而然会想到与我们个人相关的个体，因为这是我们体验家庭的方式——我的父亲、我的姐妹、我的孩子、我的丈夫、他的母亲、他的兄弟，也许还有他上一段婚姻的孩子。但是，我们更应该将家庭看作一个整体，作为一个实体本身，来学习育儿知识。正如每个人都有自己的个性、人格和经历，家庭也是如此。我们是家庭中的孩子或父母，而不同类型的家庭对我们如何为人父母和孩子如何成长会有迥然不同的影响。

家庭通常可以分为三种基本类型：砖墙型、水母型和脊柱型。它们之间的区别在于维系家庭的结构，这种结构影响到家庭里的所有关系——父母与孩子的关系、父母与父母的关系以及孩子与孩子的关系，甚至影响整个家庭与外部世界的互动方式。砖墙家庭就像一堵无生命的墙壁，旨在限制、固守和隔绝。砖墙家庭的结构是刚性的，用于控制和专权，而这两者都掌握在父母手中。水母家庭没有坚实的部分，没有规则，随波逐流。在水母家庭中，结构几乎是不存在的，他们甚至都无法理解结构的必要性。脊柱家庭则像身体的脊柱一样，为身体的形态和运动提供有效的支撑。脊柱家庭的结构既牢固又灵活，而且具有很强的功能性。

脊柱家庭会为孩子提供必要的支持和结构，让他们充分认识到自己的独特性，帮他们认知真正的自我，而这种自我认知在砖墙家庭中是被压抑的，在水母家庭中是被忽视的。**孩子的力量来自对自己、对他人和对未来的信任。他们能够接受自我的独特性，所以有能力爱自己和爱他人。脊柱家庭会帮助孩子培养内在的自律，即使面对逆境和面临同伴压力时，他们仍然能对自己和对自己的潜能保持信心。**

砖墙家庭和水母家庭，虽然极端相反，但往往都会养育出不知如何思考、不懂自身感受的孩子，他们缺乏真正的自我意识，对自己没有信心，对未来也没有希望，因此容易遭受性滥交、滥用药物和自杀的危害。这两类家庭都没有为孩子提供支持精神、身体、情感和道德发展的结构。这两类家庭培养出来的孩子，成年后往往认为自己无能为力，无法过上真正令人满意的生活。

格洛丽亚·斯泰纳姆（Gloria Steinem）在《来自内心的革命》

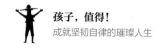
（*Revolution from Within*）中写道：

> 我们清楚地知道，像儿童一样，那些内心深处的感受曾经被忽视、被嘲笑、被惩罚或被压制的成年人会相信，他们身上有一些严重的、与生俱来的"错误"。相反，那些能够尊重自己内在感受的人更能够接纳自我……有一点是明确的：人类的思维可以想象出如何破坏自尊和如何培养自尊的方式，而想象任何事情都是创造它的第一步。相信真实的自我，才能让真实的自我得以诞生。

当我们审视这三种不同类型的家庭时，你可能会在每一类家庭中发现一些与你自己的家庭相似的元素。有些描述或许让你感到不安，因为你在其中看到了昨天在你家发生的晚餐场景。另一些则会让你确信，尽管上周与你的青春期孩子发生冲突很是痛苦，但值得坚持下去。你对这三类家庭的审视将会激励你在为人父母上的成长。

精神病学家爱丽丝·米勒（Alice Miller）在她的书《为你自己好》（*For Your Own Good*）中总结了原因，为什么我们需要承认和探索我们的过去，"我发现，如果我们愿意承认发生在我们身上的事，如果我们不去自欺欺人地认为被虐待是'为了我们自己好'，如果我们没有完全回避过去的痛苦，我们就不会成为重复性强迫症的猎物。然而，我们越是把过去理想化，越是拒绝承认我们童年的苦难，我们就越会在不知不觉中把它们传给下一代。"

🌸 砖墙家庭——自上而下的控制

孩子们需要的是自律的模范，而不是父母的说教。他们从父母的实际行动中学习，而不是从他们所说的行动中学习……当父母严苛地管教孩子且自身言行不一时，孩子就会受到过度约束……被过度约束的孩子是僵化的、顺从的、取悦他人的，并且饱受羞耻和内疚的蹂躏。

> ——约翰·布雷萧（John Bradshaw），《回家吧，受伤的内在小孩》（*Homecoming: Reclaiming and Healing Your Inner Child*）

在砖墙家庭中，对秩序、控制和服从的迷恋，对规则的严苛遵守，以及严格的权力等级制度，构筑起这个家庭的结构。孩子们被控制、被操纵、被灌输思想，他们的感受却被忽视、被嘲笑或被否定。父母则负责指导、监督、说教、命令、威胁、提醒和焦虑。砖墙家庭在本质上是独裁，也许形式上有一个仁慈的独裁者，但无论如何也还是独裁。在砖墙家庭中，权力意味着控制，而且始终是自上而下的控制。

15 条砖墙家庭的基本特征

1. 等级分明的控制。父母拥有绝对的权威，负责维护秩序，而且总是赢。有时候，他们会采用明显的强制性的控制手段。

典型言论：

"我是家里的老大，你要服从我，否则后果自负。"

"不管老师或其他人说什么，你必须按我说的做。"

更多情况下，他们的控制手段是不易察觉的，但破坏性也不小。

典型言论：

"请按照我说的做。"

"这才是正确的方式。"

2. 一连串严格的规定。用"你必须"和"你不许"来强制孩子做出父母想要的行为。

典型言论：

"你必须这样铺床，因为这是我说的。"

"如果你要花那么长的时间才吃完你的菠菜，你就得整晚坐在这里。"

"只要你住在我的房子里，你就不许剪头发。"

"请不要剪你的头发，这会让我不高兴。"

3. 守时、整洁和秩序。父母强制执行严明的时间线、不必要的卫生限制和不能逾越的规矩。

典型言论：

"你必须在午夜前回到家，一分钟也不能迟。"

"不要碰店里的任何东西，否则你的手上会沾满各种细菌。"

"所有的玩具都要按之前的样子放回去。我花了两个小时才把它们整理好。"

4. 通过威胁来严格执行规定。简单粗暴地命令孩子，如果没有达到预期的标准，就用严厉的惩罚来"纠正"。

典型言论：

"如果我再看到你这样做，我就打断你的胳膊。"

"我不管你是不是 16 岁，你还没有大到可以独立的程度。"

"张开嘴！我告诉过你，如果你再说那个词，我就用肥皂把你的嘴巴洗干净。"

5. 试图用恐惧和惩罚来摧毁孩子的意志和精神。

典型言论：

"我什么借口都不听。把车钥匙给我，你被禁足了。"

"不许哭，否则我会让你哭得更厉害。"

"女孩就要像女孩的样子，不要穿得不男不女！"

6. **刻板的仪式和严苛的规矩**。父母对睡觉、吃饭、穿衣、玩耍执行严格的程序。

典型言论：

"我不在乎你有没有看完这部电影，现在该睡觉了。"

"吃豌豆必须用叉子。"

"你不能穿这件衬衫配那条裤子。"

"只要你还住在这个家里，你就必须按我的规矩来。"

7. **羞辱孩子**。父母采用讽刺、嘲笑和令孩子难堪的方式来操纵和控制其行为。

典型言论：

"你怎么这么笨？"

"你真是个爱哭鬼。难怪没有人跟你玩。"

"乌龟都比你跑得快。"

8. **经常性地使用威胁和贿赂**。父母交替使用胡萝卜和大棒，孩子永远无法预测父母的反应。

典型言论：

"如果你敢碰那个音响，你就得在你自己的房间里待上一天。"

"如果你不哭了，我就给你一块糖吃。"

"如果你再哭，我就会让你哭得更厉害。"

9. **严重依赖竞争**。父母鼓励或强迫孩子竞争，以便让他们表现得更好。

典型言论：

"让我看看，谁的饼干做得最好。"

"你是我最喜欢的儿子，我最爱你。"

"她比你更聪明。"

"如果你再努力一点，你就能打败他。"

10. **学习是在恐惧的气氛中进行的**。错误是不好的，孩子不允许犯错，

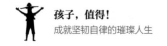
必须力争完美。完美才是唯一可接受的目标。

典型言论：

"如果这辆车有一点点剐蹭，你就永远别想再开它了。"

"如果你尿了裤子，你就得穿回尿不湿，就像小婴儿一样。"

"你姐姐的成绩是全优。你却考得这么差，我们家不能接受这么低的分数。"

"如果你的成绩不够好，考不进我们的母校，你会让我失望的。"

11. 爱是有条件的。 为了得到爱，为了被认可，孩子们必须按照父母说的去做，而不是遵从他们自己的意愿。

典型言论：

"如果你表现好，我就爱你。如果你不乖，我就不爱你了。"

"看看你都做了些什么，你真让家人蒙羞。"

"如果你再惹出这样的麻烦事，就别进这个门！"

"我儿子绝不会做这种事。"

12. 严格的性别固化。 男孩必须学会压抑软弱或害怕的感受，不能表现出脆弱的一面。女孩则要温柔顺从，学会表达习得性无助。

典型言论：

"男子汉不能哭！"

"别那么娘娘腔。"

"好女孩是不会那样做的。"

"你哥哥会帮你换轮胎的，我可不想你弄脏了手。"

"你是爸爸的乖乖女。"

13. 灌输思想，而不是教他们如何思考。 如果给孩子们灌输思想，他们就更容易被操纵。他们只会听从别人的想法，往往忽略了自己的感受。

典型言论：

"把你的外套穿上，外面很冷。"

"你不觉得你应该换件衣服吗？你穿那件红色的更好看。"

"别让你妈妈伤心。"

"你应该让爸爸为你骄傲。"

14.性滥交、吸毒和自杀的风险。由于缺乏强自尊，孩子难以抵制诱惑，很可能会通过过激行为来寻求爱和认可。他们有强烈的自我憎恨和被压抑的愤怒。

典型言论：

"我不是好东西。"

"我什么都做不好。"

"如果你了解真实的我，你就不会喜欢我了。"

"别人会看中我什么？"

"我是很容易到手的，爱我，我就会做你想要的任何事情。"

"我还不如死了算了。"

15.拒绝寻求帮助。否认个人出现的问题，并对其他家庭成员隐瞒。家庭问题则被"一切都很好"的外衣所掩盖，或作为"家庭秘密"藏匿起来。无论是个人还是家庭，寻求帮助都被视为软弱的表现。

典型言论：

"爸爸没有喝醉，他只是需要多睡一会儿。他工作一直很努力。"

"不要告诉任何人昨晚发生的事。"

"你姐姐只是去你叔叔家住几个月，不必告诉别人她去了哪里。"

"奶奶不需要知道这件事，这会让她担心的。"

"我们不需要任何帮助，我们自己能挺过去。"

"只有疯子才需要接受心理治疗。"

砖墙家庭的孩子很少有机会去探索他们是谁，他们能做什么，以及他们能成为谁。父母不允许孩子表达自己的意见和感受。孩子会受到恐吓、胁迫或身体虐待，变得顺从和冷漠，容易屈服于任何权威人物。成年后，有些人会不自主地寻找那些控制和虐待他们的伴侣，他们甚至会虐待自己

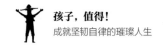
的孩子，使虐待的恶性循环持续下去。另一些人则发誓说，永远不会像他们的父母那样对待自己的孩子，于是他们为孩子构建了水母家庭。还有一些人将自己的愤怒和怨恨储存了起来，直到自己变得强大之后，再将它们全都发泄在对自己或对他人的暴力行为中。

从外面看，砖墙家庭似乎是一个紧密联结的单位，但这只是假象。在表面之下，是愤怒、堕落和沮丧的混合体，通过蛮力、胁迫或恐吓来实现控制，随时都有可能爆发。

🌿 水母家庭——缺乏稳定结构的混乱无序

> 在缺乏爱和关怀的环境中长大的孩子，进入成年后大多没有内在的安全感。相反，他们有一种"我不够好"的感觉，会觉得这个世界是不可预测的，是不宽容的，是无情的，还会对自己是否值得被爱以及是否有价值产生怀疑。
>
> ——M. 斯科特·派克（M. Scott Peck），《少有人走的路》
> （*The Road Less Travelled*）

砖墙家庭的另一个极端是水母家庭。它缺乏牢固稳定的结构，并且也像砖墙家庭一样，抑制了孩子正常表达感受和情绪的能力，尽管它抑制孩子的方式会和砖墙家庭有所不同。

水母家庭可以分为两类。A 型水母家庭是由来自砖墙家庭的父母创造的，他们承诺永远不会像他们自己的父母那样用砖墙家庭的方式养育孩子。然而问题的关键在于，他们根本不知道应该如何在自己的家庭中构建一致性的和安全的结构。B 型水母家庭是由曾在孩童时期遭受身体或心理遗弃的父母所创造的。由于他们自己的原生家庭问题——这些问题可能源自于砖墙家庭，也可能源自水母家庭——他们无法照顾自己，更不用说照顾他们的孩子了。

A 型水母家庭

在砖墙家庭长大的水母父母从小被人灌输思想，被教导应该如何说话、如何行动和如何反应，却从来没有人教过他们应该如何思考。所以，当他们需要在自己的家里构建一个脊柱结构时，他们不知道该怎么做。他们怎么可能做到呢？他们从未学过如何思考或如何根据自己的直觉行事。他们只知道如何按照强加给他们的规则行事，以及如何出于恐惧而做出反应。他们害怕重复他们父母的养育方式，但他们又不知道用什么来替代。因此，他们在管教方面变得极其松懈，很少甚至根本没有设置限制。他们的孩子想要什么就能得到什么，即使孩子的需求是以父母自己的需求作为代价。由于 A 型水母父母没有认识到自己的需求，所以他们无法区分出什么是孩子想要的以及什么是孩子真正需要的。在家庭日常生活中没有秩序，关于就寝时间、用餐时间、家务事、零花钱、看电视、家庭纠纷和解决全都是混乱不堪的局面。

典型言论：

"她累了就去睡觉。对我来说，她睡在哪里，穿不穿睡衣都不重要。反正我有自己的固定就寝时间，即便朋友来了也没关系，我必须在 8 点前上床睡觉。"

"她想吃什么我们就给她吃什么，早餐和午餐吃巧克力、甜甜圈也没什么问题。我也是家里有什么就吃什么的。"

"他只是个孩子，为什么他的童年要花在做家务上？我从 6 岁起就必须做家务，我可不想他像我那样。"

"如果她需要钱，我就会给她钱。我不希望她像我一样为钱而担心。"

"他很聪明，他可以自己决定看什么电视。而我父母只让我看他们想让我看的节目。"

"让他们打吧，他们不会伤害到对方的。在我们家，父母从来不允许我们打架。如果我们打架，就会被父母揍一顿。如果我们不同意父母的意见，我们是不能说出来的。但我希望我的孩子能对我想说什么就说什么。"

"我女儿弄丢了邻居的棒球棍，我得去商店给邻居买个新的。当我遇到问题时，我父母才不会帮我呢。他们只会对我大喊大叫，让我自己步行10里路去商店。"

当缺乏稳定的家庭结构所导致的混乱局面愈演愈烈时，就会产生重大问题。然后，水母父母会在沮丧或恐慌中回归到他们唯一知道的育儿技巧上：威胁、贿赂和惩罚并用的砖墙模式。

典型言论：

"马上上床睡觉。我讨厌你这么晚才睡。如果你在10分钟内还没睡着，明天晚上6点你就得上床躺着。"

"你奶奶给你吃什么，你就吃什么。我不想让她觉得我养了一个被宠坏的小孩。如果你吃饭时听话，我在回家的路上就给你买个冰激凌。"

"你的房间糟透了。如果中午之前你还没有打扫干净，我就会像我父亲那样帮你打扫干净。"

"看看你浪费了多少钱。你就像你妈一样，你以为钱是从树上长出来的吗？今后你再想花钱，你就得自己去挣。"

"关掉电视。你已经连续看了6个小时了。这个月不许再看电视了！"

"我受够了你们俩的打打闹闹。你们都住手，否则我就要来收拾你们了。"

"总是我帮你解决问题，现在轮到你了。你自己步行10里路进城去买球棍，我是不会帮你的。"

当父母在砖墙模式和水母模式之间摇摆时，孩子们很容易迷失方向，并且在自我认知方面产生困惑。一旦有任何成年人愿意给他们某种安全感，他们就会奔赴过去寻求安慰、支持和认可。因此，砖墙家庭和水母家庭中的孩子都很容易被邪教或帮派所吸引，尽管这种奔赴是出于相反的原因——砖墙家庭的孩子希望从邪教和帮派那里寻求温暖、安全感以及归属感，而水母家庭的孩子则希望找到某种组织结构。

B 型水母家庭

B 型水母父母通常有严重的个人问题，这使他们几乎完全以自己为中心。他们可能因为吸毒、酗酒、性成瘾或精神失常而无法照顾孩子。或者，他们只是过于关注自己的生活，丝毫也不关心孩子的福祉。一个典型的例子是，父母沉迷于戒毒协会，日夜参加活动，而忽略了孩子需要父母的陪伴。除了有自身的心理问题需要解决外，他们也有可能只是工作狂或自私自利的人，以牺牲孩子为代价追求自己的社会和职业目标。

典型言论：

"我需要参加戒酒协会的所有活动，这样我才不会再次酗酒。如果我让自己忙起来，我就不会总想着喝酒了。"

"周四晚上是我的棒球赛之夜，我需要放松一下。我不能去学校的开放日。如果你在学校有任何问题，你的老师会告诉我的。"

"很抱歉，我错过了你的学校演出、足球比赛和牙医预约，但你看妈妈工作有多辛苦啊，总有一天你会感激我为你们所做的一切。"

于是，B 型水母家庭经常会出现这样的局面：

脖子上挂着家门钥匙的孩子从街对面的日托中心接上他的妹妹，回家打开门，在桌上发现一张妈妈留下的纸条："自己做晚餐，我今天会很晚回家，记得做家务。"

在 B 型水母家庭中，没有人在孩子身边为他们提供养育、关怀和支持

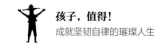

的环境。孩子很早就知道，如果要做什么事，就必须自己去做，他们不能指望任何人。他们觉得自己被抛弃了，感受不到爱，也不信任他人。他们学会了通过撒谎和操纵别人来满足自己的基本需求。成年后，他们依然会感到孤独，没有能力去爱。欺骗和操纵将成为他们的一种生活方式。

12 条水母家庭的基本特征

1. 生活环境和情感环境的混乱和无序。

典型言论：

"等一下，让我在这堆乱七八糟的东西里找支铅笔……孩子们，小声点……你们吵得我都听不清电话了……我不知道你的鞋子在哪儿……它们应该就在衣柜里的某个地方，你去看看那堆要捐的衣服下面有没有……是的，我知道我该交报告了，可是我不记得我把它放在哪里了……我能待会儿再打给你吗？我看见吉尔跑到马路上去了，她应该待在院子里的。你知道把这些东西都找齐有多难吗？……你能想象吗？我的邻居们竟然有胆子请求卫生局让我清理前院和厨房。我发誓，我一天需要额外的 6 个小时。你晚些时候再打给我，我们只聊了一个小时，我现在得先挂了。"

2. 没有清晰的结构、规则或指导方针。

典型言论：

"孩子们想吃什么就吃什么。如果他们把自己吃成了小胖墩儿，那他们就胖着吧。这不是我的错。"

"宵禁，什么是宵禁？我们家可没什么宵禁。"

"你出门想穿什么就穿什么，我不在乎你会不会被冻僵，这是你自己的选择。等你冻僵的时候，你就知道不该在雪地里穿短裤了。"

3. 随机随意的惩罚和奖赏。

典型言论：

"昨天你们吵架的时候，我没工夫收拾你们。今天我要找你算账了。你要是再敢用这种眼神看你弟弟，我就揍你一顿。"

"你真是个乖孩子，我会给你买你昨天看中的那条漂亮裙子。"

4. 经常性的说教和贬低。

典型言论：

"如果你没有把钱花在那些小玩具上，你就有钱买这个大玩具了。"

"你真是笨手笨脚，算了，我自己来摆餐具吧。"

5. 第二次机会的滥用。

典型言论：

"我已经说过了，如果你把车蹭坏了，你就得赔偿。这次我来付钱，但下次你得自己付，相信我，下一次我会说到做到。"

6. 司空见惯的威胁和贿赂。

典型言论：

"你要是自己跑到大街上，警察就会来抓你。"

"如果你手淫，手上会长出毛发来，然后所有人就都会知道了。"

"如果你给我一个拥抱，我就给你一块饼干。"

"如果你考试全部拿 A，我就给你 5 块钱。"

7. 一切都发生在混乱的环境中。

典型言论：

"在你学习的时候，我没法让其他孩子保持安静。你以为这是什么地方，图书馆吗？"

"我在锅里煮了些豆子，孩子们谁肚子饿了就自己去吃——我们根本没有时间坐下来一起吃饭。"

"他得自己系鞋带。也许他摔得够惨，就学会怎么系鞋带了。"

8. 父母的行为被情绪所支配。

典型言论：

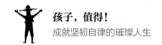

"我太难过了，太累了，不想从沙发上起来给孩子们做饭，就让他们随便找点什么东西吃吧。"

"他惹我生气了，所以我打了他。"

9. 孩子们被告知，爱是高度有条件的。为了得到爱或被认可，他们必须取悦父母。

典型言论：

"你要做妈妈的乖女儿。"

"如果你能剪短头发，我就会更爱你。"

"你上了荣誉榜，真让我高兴。我希望每个人都能看到我有一个多么聪明的儿子，你为家族争光了。"

10. 孩子们很容易受到同龄人的影响。

典型言论：

"得了吧，你家里没人。他们永远不会知道我们做了什么。"

"如果你爱我，你就应该同意。你不会怀孕的，相信我。"

"其他人都剃了光头，这样很酷。"

11. 面临性滥交、吸毒和自杀的风险。由于缺乏强自尊，孩子们极易通过性活动寻求爱和认可，通过毒品寻求归属感或逃避现实，通过自杀来摆脱痛苦。他们自我憎恨，内心压抑着愤怒。

典型言论：

"如果你爱我，我愿意做你想做的任何事。"

"如果你真的了解我，你就不会喜欢我了。"

"其他人都吸毒，这没什么大不了。"

"我父母根本就不在乎我。"

"我暴饮暴食，然后又给自己催吐。我控制不了自己的食欲，我真恨我自己。"

"我受不了了，我觉得我就要爆炸了。"

"我脑袋里的压力让我很难受。"

12. 父母对家庭里的重大问题视而不见，没有认识到寻求帮助的必要性。大问题被当成小问题。通常，只有当家庭以外的人认识到这个家庭中的严重问题时，孩子们才能得到他们所需的帮助。

典型言论：

"如果我们不把它当回事，我相信它就会自行消失。"

"她走路和说话都很慢，但我肯定她没有什么毛病，我也没时间带她去看医生。"

"他只是喝醉了。这没什么大不了，他又不是吸毒。"

"老师们就是大惊小怪。我年轻时也逃学，缺几节课不会给她造成什么伤害。"

"男孩子就是男孩子，调皮捣蛋很正常。"

这两种类型的水母家庭几乎没有什么外部或内部结构，纵容放任的气氛盛行。孩子们被宠溺、被遗弃、被羞辱、被操纵，变得无法无天，或者自甘堕落。

由于他们从没有从父母那里得到过肯定，他们对自己和周围的世界缺乏乐观的态度。他们害怕表达自我，把自己的感情看得很紧，谨小慎微；或者走向另一个极端，成为鲁莽、无情、失控的冒险者。

孩子们可能会在砖墙家庭或水母家庭中生存下来，但无法茁壮成长。他们需要一个结构给他们的生活带来界限和准则。这个结构应该是灵活的、开放的、富有同情心的、能够适应环境的，而不是砖墙家庭那种严苛、僵化、封闭的结构。而且，他们需要一个稳定的结构，有利于开展创造性、建设性和负责任的活动，而不是像水母家庭那样混乱和不稳定。

作为父母，我们可以通过在家里构建情感、身体和道德的结构——一个脊柱家庭，来为孩子提供稳定和灵活的生活环境，以及茁壮成长的机会。

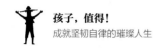

脊柱家庭——牢固又灵活的有效支撑

> 通过行动来表达爱的能力、慷慨的能力，以及尊重他人权利和需求的能力，都来自曾经被慷慨和温柔地爱和尊重。
>
> ——里塔·中岛·布洛克（Rita Nakashima Brock），《基督教、父权和施虐》（*Christianity, Patriarchy and Abuse*）

脊柱家庭形形色色。他们没有任何特定的背景或社会阶层，不是住在特定的社区，父母不一定年长或年轻，不一定有宗教信仰，也没有任何特定的种族或民族血统。他们的特点不在于他们做什么或不做什么，而在于他们如何平衡自我意识和家庭意识。他们推崇相互依存的家庭关系。

脊柱家庭也可以用他们不是什么来描述：他们没有等级制度，没有官僚主义，也没有暴力。脊柱父母不是用命令的方式获得尊重，而是通过示范来教导孩子什么是尊重。孩子们学会了质疑和挑战僵化的权威。他们学会了说不，学会了倾听和被倾听、尊重和被尊重。脊柱家庭的孩子被教导要爱自己和爱他人，因为他们被仁爱以待，他们也学会了仁爱待人。他们能感受到他人的痛苦，并愿意施以援手帮助他人减轻痛苦。脊柱家庭提供了孩子自我实现所需的稳定性、坚定性和公平性，以及成长所需的结构。孩子们不会受制于权力并在长大后控制他人，而是被赋予权力，在他们长大后将自己所学到的人性精神传递给他人。

15 条脊柱家庭的基本特征

1. 父母通过日常发出 6 条至关重要的人生讯息，为孩子构建起支持性的成长环境。

- 我相信你。

- 我信赖你。

- 我知道你能处理好这件事。

- 我在倾听你的想法。

- 我关心你。

- 你对我非常重要。

通过爱、接纳和鼓励，孩子的自我意识得到了认可、重视和尊重。

2. **民主是通过经验习得的。**在家庭会议上，无论是正式的还是非正式的，所有的家庭成员都被邀请尽可能充分地参与计划活动、协调日程和解决冲突。孩子们知道他们的感受和想法是被尊重和接受的，而且懂得要兼顾所有家庭成员的需要和愿望并不容易。随着孩子责任感和决策能力的成长，他们会有更多机会来承担责任、进行决策。而且随着他们的成长，父母对他们的管理也会变得更加灵活。

3. **为孩子营造一个有利于创造性和建设性活动的环境。**现实环境、情感环境和道德环境既不是严苛僵化的，也不是杂乱无章的。错误会被看作是学习和成长的机会。

4. **规则简单明了。**在制定规则时，父母利用自己的智慧、责任感和对孩子需求的感知，不断增加孩子自己做决定的机会，并让孩子学会自己设定界限。

典型言论：

"只有在每个人都系好安全带后，我才会发动汽车。"

"你可以决定你想买哪个自行车头盔。如果你想骑自行车，就必须戴上头盔。"

5. **孩子为自己的无心之失承担自然后果或合理后果。**这样做简单、有效且有价值，没有必要对孩子进行威胁、贿赂或惩罚。

典型言论：

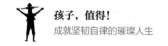

"如果你踩进水坑里，你的运动鞋会被弄湿的。"（自然后果）

"你弄丢了朋友的夹克，就需要买一件还给他。"（合理后果）

6. **管教着眼于孩子的学习成长。** 孩子会被告知他们做错了什么，赋予孩子问题的自主权，并向他们提供解决问题的方法。而孩子的尊严完好无损。

7. **激励孩子成为他们能够成为的一切。** 孩子被接纳，并被鼓励去做更多他们有信心做到的事情。学习是在一种积极正向的氛围中进行的。当孩子在学习新技能方面遇到困难时，父母不苛责，不焦虑，并且随时提供孩子所需的帮助，给予孩子时间来学习和完善技能。

典型言论：

"你能行，我知道你可以做到。"

"来，你试着自己骑，不用怕，我就在你身边，随时可以保护你。"

8. **孩子会得到很多的微笑和拥抱。** 这是父母爱的表达，没有任何附加条件。孩子通过观察父母的相处以及自己接受到的关爱，了解到抚摸对人与人之间的关系至关重要。他们会看到父母在享受自己的生活，与家人分享快乐，而不是相互指责或嘲笑。

9. **孩子在责任明晰的情况下可以获得第二次机会。** 这与水母家庭滥用的第二次机会不同，孩子被赋予了明确的责任，以及不遵守规则的合理后果。孩子是一定会犯错的，当他们体验到第一次搞砸的后果后，他们会有第二次机会再次尝试。

典型言论：

"在你联系了保险公司并修好挡泥板之后，你就可以再次开车了。在那之前，你需要步行、骑自行车或乘公交车。"

10. **孩子们有强烈的自我意识，学会了接受自己的感受，并对这些感受负责。** 父母对他们有同理心，在情感上为他们提供帮助，并给孩子做出示范，以适当的方式来表达各种情绪。

典型言论：

"我很难过，他要搬到一个新的城市了。我会想念他的。"

"难过你就哭出来吧，儿子。我也很难过，我们不再和他们做邻居了。你和萨姆一起度过了很多美好的时光。让我们来看看，他们搬家时我们能不能尽点力。"

11. 父母示范和鼓励孩子学习新技能。他们向孩子展示如何与他人一起工作和玩耍，培养他们解决问题的能力、与人合作的能力以及决策力。

典型言论：

"我认为你已经足够大了，可以学习使用电动割草机了。你看看我怎么操作，我负责这片草地，那片草地由你来负责。"

"让我们想想，这个周末我们可以骑车去哪里。这次我来检查自行车。谁想来准备水和零食，或者确定骑行路线？"

12. 爱是无条件的。因为他们是孩子，没有其他原因，他们享有尊严和价值，仅仅因为他们是孩子。

典型言论：

"我爱你。和你在一起很有趣。"

"如果你需要我，我就在这里。"

13. 孩子们被教导该如何思考。父母鼓励孩子倾听自己的直觉，自发地、创造性地思考和行动，并对问题进行推理。他们与孩子平等交流，而不是对孩子耳提面命，更不会忽视孩子的感受。他们在鼓励孩子挑战权威的同时，也教导孩子尊重长辈的智慧。孩子既有对知识的渴求，又有发现新事物的好奇心。

典型言论：

"当你对某事有直觉时，要相信自己的直觉。"

"你会想出办法来解决这个问题的，我知道你能行。"

"你能告诉我你的感受吗？你认为我们可以做些什么？"

"如果有人要求你做一些不友善、不公正、不公平、不诚实或者有伤

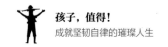

害性的事情，你需要听从自己的良心。"

"爷爷教给我这个本领，我也想将它教给你。"

"心脏也是由肌肉构成的，你认为它会不会像腿部肌肉那样感到疲劳呢？"

14. 通过每天强化培养自尊的信息，孩子们可以避免性滥交、吸毒和自杀。

我喜欢我自己。父母每天可以通过各种方式传递这一信息，让孩子知道，爱自己是因为自己值得被爱。

我可以自己思考。

典型言论：

"你能行，我知道你可以。"

"告诉我你是如何看待它的，你认为它将如何运作。"

没有什么问题是大到无法解决的。现实是可以接受的。问题是可以解决的。

典型言论：

"这学期你数学没考及格（现实），我知道你会付出努力来获得毕业所需的数学学分（要解决的问题）。如果你需要我，我可以帮助你。"

"你的红鞋还湿着呢（现实），你可以另挑一双鞋穿去学校（要解决的问题）。"

15. 这个家庭愿意寻求帮助。问题不会被否认或者被隐藏。父母知道何时需要向长辈或受过训练的专业人士寻求建议，并以开放的心态接受这些建议。

典型言论：

"奶奶，我需要有人教我如何照顾孩子。"

"看起来我们之间的交流有困难，我希望有专业人士来帮助我们。我以前确实没有和青少年打交道的经验。"

做一个脊柱型家长并不容易。没有速成的解决办法，也没有确定的答案，只有很多成长的机会。如果你不是来自脊柱型家庭，要想成为脊柱型父母就更困难了。如果你把自己定位于砖墙型或水母家庭系统中，或是这三种家庭的混搭，请记住，你不可能在一夜之间就化身为脊柱型父母，你可能需要帮助和支持来做出必要的转变。你也许能从支持你的邻居、朋友或导师那里得到帮助。有时，育儿领域的专业人士也可以帮助你了解自己的过去、未来，以及你可以做什么来达到目标。另外，请不要忽视你最好的资源——你的孩子。如果父母是以健康、正常的方式长大的，孩子往往也会以健康、正常的方式成长。而且，父母也可以从孩子身上获得智慧。

> 我可以想象，有一天，我们不再将孩子看成可以操纵或可以改变的生物，而是视为来自我们曾经了解，但早已忘记的世界的信使。相较我们的父母而言，他们可以向我们揭示更多关于生命的真正秘密，也包括我们自己的生命。我们不需要被告知我们对待孩子的方式是严格还是放任，我们需要的是尊重他们的需求、他们的感受和他们的个性，以及尊重我们自己的需求、感受和个性。
>
> ——里塔·中岛·布洛克（Rita Nakashima Brock），《基督教、父权和施虐》（*Christianity, Patriarchy and Abuse*）

当我和丈夫检视我们自己的背景时，我们发现他基本上来自砖墙家庭，而我基本上来自 A 型水母家庭。砖墙家庭和水母家庭的孩子是多么容易相互吸引啊！然而问题是砖墙和水母都不能构成脊柱家庭。我们都必须审视自己从父母那里得到的或没有得到的育儿工具，必须保留好工具，淘汰坏工具，并从其他人那里寻求有益的支持和建议。

当我们探索自己的家庭历史时，我们每个人都发现了丰富的家族精神财富，可以传给我们的孩子。我们也不得不面对家庭中的酗酒问题，以及它所带来的噩梦般的经历。它们是我们两个人童年的一部分。我们向自己

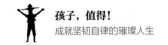

和向孩子承诺，会做出任何必要的修复工作，以弥补我们自己的童年漏洞，这样我们就不会把自己从小就需要面对的家庭问题继续传递给我们的孩子。

在我写这本书的时候，我从来不会缺乏水母家庭的事例，我先生也能很快给我提供砖墙家庭的事例，而我们的孩子则能根据这些从我们这里听到的事例，很容易地归类出砖墙家庭或水母家庭。现在，我们的青少年会越来越多地将脊柱工具作为他们对日常生活的第一反应，这无疑是令人振奋的消息。

我们知道，我们和我们的孩子值得付出努力来推倒家中旧的砖墙或水母结构，来建立一个新的脊柱结构。这不是一个一次性的决定，而是对我们自己和对孩子的持续承诺。如果你来自两个极端家庭中的任何一个，或者来自这三类家庭的混搭，你也可以做出同样的承诺。**你值得，你的孩子也值得。**

纠结于过去将使你一无所获。因此，尽你所能继续前行，吸取过去的教训，然后把它抛诸脑后。记住，你无法改变它，但你可以利用它的教训来改善你的未来。

——阿布拉罕·J.特沃斯基（Abraham J. Twerski），《好事何时开始？》（*When Do the Good Things Start？*）

"怎么才能变成蝴蝶呢？"她若有所思地问。

"你必须十分渴慕飞翔，以至于甘愿放弃做一只毛毛虫。"

——崔娜·保卢斯（Trina Paulus），《花儿的愿望》（*Hope for the Flowers*）

第三章　威胁、惩罚、贿赂和奖赏

> 永远不要依靠奖赏和惩罚来促进利他行为。这两种策略都传递出一个错误的信息：善良是一种可以购买或交换的商品。充满爱意的支持和良好的榜样才是孩子学习善良的最好课程。
>
> ——伊丽莎白·纳维尔·范尼（Elizabeth Navar Finely），《小小的大大的心》（*Little Big Hearts*）

威胁、惩罚、贿赂和奖赏在我们的文化中是如此普遍，以至于我们很少质疑它们的效力。孩子停止哭闹，以免妈妈将他"好好收拾一顿"。他克制着不打弟弟妹妹，以免错过晚上看电视的时间。如果他乖巧安静地坐在教室里，就能在幼儿园放学后得到糖果。如果答应给他奖赏，他也会与兄弟姐妹分享玩具。

这4种工具确实有效，它们还会让孩子依赖和害怕——依赖父母对正面行为的奖赏，害怕父母对负面行为的惩罚。如果我们的目标是让孩子做我们想让他们做的事时，这些方法无疑是有效的。

然而，如果我们的目标是不同的，如果我们希望孩子成为有道德、有同情心、有创造力和有才干的人，

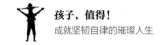

希望他们有强烈的自我意识，知道如何思考而不是被人灌输思想，希望他们对自己和对周遭世界有天然的好奇心，希望他们不去迎合他人，希望他们不被他人左右，希望他们愿意以诚信行事，那么这4种工具就不起作用了。

威胁、惩罚、贿赂和奖赏是将控制权牢牢掌握在父母手中，并给孩子传达出这样的信息："我，作为一个成年人，有资格要求你听话，并且我会让你听话。"而且这一切还都打着"为你好"的旗号。威胁、惩罚、贿赂和奖赏的目标是立即服从。一贯采用这些手段的父母，不是把孩子看作有权表达自我需求并得到尊重的独特个体，而是倾向于把孩子看作按照父母希望的方式进行塑造的人。

如果孩子们被控制、被操纵、被灌输思想，被剥夺了自主权，丧失了做选择和犯错误的机会，他们就很难成为有责任心、有智慧、有韧性的人。如果所有的控制都来自外部，他们就无法培养出内在的自律意识。

🌸 3类家庭与4种工具

如果我们最终关注的是孩子将成为什么样的人，那就没有捷径可走。良好的价值观必须由内而外地成长。表扬、奖赏和惩罚可以暂时地改变行为，但它们不能改变做出这种行为的人——至少不是以我们想要的方式。没有任何行为操纵能将孩子培养成为有爱心和负责任的人。当孩子做了我们认可的事情却没有得到任何奖赏时，他就没有理由继续这样做了。

——阿尔菲·科恩（Alfie Kohn），
《奖赏的惩罚》（*Punished by Rewards*）

砖墙父母和水母父母都会使用威胁、惩罚、贿赂和奖赏这 4 种工具来管理或控制孩子的行为。这些工具的使用方式、使用强度和使用目的可能有所不同，但最终的结果都是一样的：培养出依赖奖赏的孩子。砖墙家庭和水母家庭都抑制了健康的情感表达，也都最大限度地减少了孩子发展强烈的自我意识、自我控制或自我负责的机会。

砖墙父母利用表扬、物质奖赏和对孩子的陪伴作为控制的手段，作为规范孩子行为的策略，作为让生活更轻松的快速解决方案。砖墙父母的认可和快乐都是有目的性和有条件发放的，精心策划的快乐和程序化的热情是砖墙父母的标志性特征，其目的都是让孩子服从自己。当事态发展到迫不得已的时候，砖墙父母不会退缩或让步，而是采用更大、更好、更奢侈的贿赂和奖赏来诱使孩子服从，或者采用更大、更严厉、更严重的威胁和惩罚来迫使孩子服从。

水母父母是一个随心所欲的啦啦队队长，经常滥用贿赂和奖赏。通常情况下，这些贿赂和奖赏几乎与孩子的实际行为无关。水母父母不停地使用奉承，扭曲了孩子试图构建的自我形象。在混乱失控的情况下，水母父母出于无奈也会采取威胁和惩罚的手段。当所有这些工具都不起作用时，水母父母就会因精疲力竭而放弃。

脊柱父母会通过创造出支持性的环境来培养负责任的、机智的、有韧性、有道德、有同情心的孩子。通过鼓励和提供建设性的反馈与约束，孩子的自我意识得到认可、重视和尊重。脊柱家庭提供了一致性、坚定性和公平性，以及孩子充实自我所需的平静和平的结构。脊柱父母愿意将孩子的长期最大利益置于短期的服从和顺从之上。当冲突出现时，脊柱父母愿意重新考虑原来的决定或后果，并做出调整和改变。

只有在欣赏个体差异、公开表达爱、利用错误来学习、自由沟通、规则灵活、责任感得以示范、诚实得以实践的氛围中，价

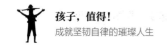
值感才能蓬勃发展——这就是养育型家庭中的那种氛围。

——维吉妮亚·萨蒂尔（Virginia Satir），

《造人》杂志（*People Making*）

威胁和惩罚

如果你想阻止孩子形成正常的负责任的良知，就把你和他的关系建立在惩罚的基础上吧。通过打屁股和责骂来控制他的行为，特别是责骂，会很有帮助。

——罗斯·D. 坎贝尔（Ross D. Campbell），

《如何真正爱你的孩子》（*How to Really Love Your Child*）

威胁和惩罚的本质是惩罚性的。它们是以成年人为导向，从外部施加控制，而不是承认孩子具有内在自律的力量。它们会引起愤怒和怨恨，并引发更多的冲突。它们加剧了伤口，而不是治愈创伤。它们不考虑原因，也不寻求解决办法。当孩子的行为方式被父母认为是不恰当的时候，他们就会对孩子采取行动。它表明父母能够用武力控制孩子，并教导孩子强权即正义。

威胁和惩罚预先阻断了与孩子相处的更有建设性的方式，同时也使得父母和孩子回避了冲突的本质。最重要的问题转变成：什么规则被破坏了？谁干的？应该受到什么样的惩罚？

威胁和惩罚使孩子不愿意承认自己的行为，害怕承担责任。它们剥夺了孩子了解自己行为后果的机会，使其无法纠正自己的行为，也无法同情他可能伤害过的人。它们会增加家庭中的紧张气氛，帮助孩子形成对与错、好与坏的扭曲的现实观。最重要的是，它们剥夺了孩子的尊严和自我价值感。

因为孩子在墙上乱涂乱画而揍他，并不能让他懂得不应该随处涂鸦，而是教会他下次应该避免被抓，教会他强权即正义。当弟弟不还给他玩具时，打人就成了他可以使用的工具。孩子从父母那里学会了诉诸武力。

父母控制孩子的 5 种形式

更多的时候，那些用来试图控制孩子并"让他感受到痛苦"的工具比诉诸武力更加微妙。它们可能会是以下形式：

1. 孤立

典型言论："如果你再欺负妹妹，你将在你的房间里待上一整天。"

2. 羞辱

典型言论："如果你撒谎，我就在你脸上贴上一个长长的纸板鼻子，让你看起来就像匹诺曹一样。"

3. 贬低

典型言论："你尿裤子了，真丢人。"

4. 情感打压

典型言论："不要让我抱你，你是个坏孩子，你咬了弟弟。"

5. 禁足

典型言论："你再这样对妈妈说话，你就会被禁足一个星期。"

这种负面强化会使孩子感到挫败、屈辱和自我放弃。的确，孩子可能会停止欺负妹妹，不再对父母撒谎，不尿裤子，不哭闹，也不打架，但他们也学会了只在面临被发现和被惩罚的风险时才会表现"得体"。他们对自我价值感和责任感的理解会受到严重影响，也有损于培养孩子负责任的、有爱心的行为。威胁和惩罚并不能激励孩子去冒险、去创新，或者为自己和他人的正当权益发声。

孩子所做的事情和由此产生的惩罚之间的关联通常是十分随意的。对孩子来说，要想弄清楚行为和惩罚之间的关系非常困难。一个孩子考试不及格，他的父亲没收了他的滑板作为惩罚。另一个孩子没有把玩具放好，

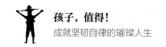

她的妈妈为了给女儿一个教训，把玩具送给了当地的慈善机构。一个 10 岁的孩子晚餐时迟到了，他被告知马上回自己的房间，今晚没有饭吃。两个孩子打架，他们的父母将他们禁足一个月……这一切惩罚对孩子来说没有任何意义。

孩子面对父母的 3 种反应

面对父母的支配、操纵和控制，孩子往往会用以下 3 种方式做出反应：

1. 害怕——孩子不敢反抗，害怕犯错，因为这会招致父母更大的愤怒。为了得到他们所需的东西，孩子只能服从大人，当他们成长到足够大的时候，他们会进行反抗或者离开家。

典型言论：

"如果我不听她的话，她又要让我饿着肚子上床睡觉了。"

"如果我去你家，他又会打我的。"

2. 反击——攻击成年人或将怒火发泄在别人身上。这种反击往往会导致成年人更严重的反应，暴力循环不断升级。

典型言论：

"如果他再打我一次，我就杀了他。"

"妈妈可以在我做错事时打我，为什么我不能打妹妹？"

"你不能强迫我这么做。"

"如果你把我的玩具拿走，我就去拿另一个。"

3. 逃跑——精神上或身体上的逃跑。为了摆脱父母的控制和操纵，孩子不再让父母进入他们的感情、信仰和活动的世界。或者他们真的会从家里搬出去——他们被迫逃跑以求生存。

典型言论：

"我没事，让我一个人待着，我自己能处理。"

"我不知道比赛会到几点钟，爸爸，而且我也不想你和我一起去。"

"我要离开这里，我得去街上透口气。"

有时，他们也会躲进自己创造出的一个安全的幻想世界里。

典型言论：

"我闭上眼睛，想象自己在一个花园中，周围有高高的围墙，没人能翻过去。这是一个美丽的地方，在这里没有人可以伤害我。"

有时候，这种自我封闭会带来毁灭性的后果。孩子的需求和感受被忽视、被惩罚或被否定，他们开始认为自己没有价值或意义，然后他们就极可能陷入性滥交、吸毒和自杀的风险。

通过威胁和惩罚，孩子被剥夺了发展自律意识的机会——当没有外部力量让他们对自己的行为负责时，他们就会失去以正直、智慧、同情和仁慈行事的能力。

> 我们怎么会有这种疯狂的想法，为了让孩子做得更好，我们首先要让他们感觉更糟糕？
>
> ——简·尼尔森（Jane Nelson），
> 《正面管教》（*Positive Discipline*）

贿赂和奖赏

> 令人不安的事实是，奖赏和惩罚根本不是对立的：它们是同一枚硬币的两面，而这枚硬币并不能买到很多东西。
>
> ——阿尔菲·科恩（Alfie Kohn），
> 《被奖赏的惩罚》（*Punished by Rewards*）

阿尔菲·科恩在他的书中探讨了"通过诱惑进行控制"的概念，即在孩子面前悬赏，让他们按照我们想要的方式行事，收买他们，贿赂他们，并在他们拒绝听命行事时收回奖赏。那些发誓绝不体罚孩子、绝不对孩子进行情感打击的父母牢牢抓住了贿赂和奖赏来作为惩罚的替代方法。科恩提出，问题在于奖赏就是惩罚，胡萝卜就是大棒。从本质上讲，贿赂只是一种令人愉快的威胁，而威胁则是一种丑陋的贿赂。"如果你吃光你的蔬菜，你就可以吃一块巧克力蛋糕"是一种委婉的说法，换言之，"如果你不吃光你的蔬菜，你就不会有甜点"。

而且，不管你是否有意，你的贿赂中隐含着可能失去奖赏的威胁。"如果你洗碗，我就给你买你想要的电脑游戏"，这也传递出"不洗碗，你就没法得到游戏"的信息。"如果在我打电话的时候你不来打断我，等我讲完电话你就可以吃点心了"，这也意味着"如果你打断我讲电话，你就没有点心吃"。

控制策略，无论是积极的还是消极的，其目的都是强迫孩子按照成年人认可的方式行事。结果，孩子学会了不加思考地去做他们被告知的事情——不是因为他们认为这是正确的事情，而是为了得到奖赏或避免惩罚。他们做事的目的是"取悦他人"，他们通常会服从、会妥协，或者会花费大量的时间和精力来思考他们是否能够不被抓而逃脱惩罚。

爱丽丝·米勒（Alice Miller）将贿赂和奖赏的使用称为"用吻来施以石刑"。"如果你在商店里表现好，回家后我会让你和你的朋友们一起玩"，请注意"我让你"的这个表达。与孩子的关系再次建立在控制的基础上。"如果你的成绩单上有 5 个 A，我就给你买那辆自行车。""如果你不哭了，你就可以从罐子里拿一块饼干。"于是孩子可能会在商店里表现良好，得到 5 个 A，停止哭泣，但这些行为的目的都是得到回报，而不是出于自我价值、自我控制和自我负责的意识。孩子被剥夺了冒险、犯错和质疑成年人的机会，因为他们害怕失去承诺的奖赏或失去父母的爱意。

即便贿赂和奖赏似乎起作用，以"取悦他人"为目的会让孩子对他们所做的事没有深刻的理解，缺失责任心，对自己的兄弟姐妹或同伴也缺乏真正的关心。事实上，如果做事仅仅或主要是为了"回报"，兄弟姐妹和同伴会被孩子视为个人成功的障碍。

典型言论：

"如果我在慈善机构帮忙，我会得到学分吗？"

"只有你同意今天下午带我去购物中心，我才会帮助弟弟。"

"如果我想成为本周的优秀公民，我就得期望约翰尼不会表现得像我一样好。"

不断被贿赂和被奖赏的孩子长大后很可能会过度依赖他人的认可，缺乏自信心和责任感。**他们会根据以下问题的答案来制定自己的行为：**

· 这对我有什么好处？

· 我的回报是什么？

· 这值得吗？

· 它能让我得到我想要的吗？

· 你会喜欢吗？

· 你能看出是我做的吗？

· 我做对了吗（是你想要的吗）？

如果你的孩子马上打扫了房间，没有打断你讲电话，以友好的方式对待弟弟，所有这些行为都是为了得到你承诺的奖赏，那你已经得到了你想要的"服从"，但代价是什么呢？如果奖赏可以增加孩子听话的可能性，那么它们也会极大地改变完成任务的方式、原因和对象。它们也增加了奖赏被反复使用的可能性，而且奖赏必须变得更大、更好。它们改变了父母和孩子的关系，变成了奖赏者和被奖赏者的关系。孩子不会将父母视作可以倾诉、可以效仿或可以解惑的人；相反，他极可能认为父母是他需要听从和取悦的人。比尔·佩奇（Bill Page）是一位致力于家长教育的老师，他曾问一个男孩为什么要做家庭作业，那个男孩耸了耸肩，喃喃自语道："因

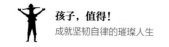
为我必须这样做，否则我妈就会不高兴。"

萨曼莎在她的房间里忙碌着，把玩具藏在床下，将衣服塞进衣柜里，用一摞书盖住桌子上一盘吃剩的食物。是的，房间打扫干净了，她可以去看电影了。打扫房间的目的是能去看电影，干净的房间只是达到目的的手段，而不是目的本身。她的工作质量受到了影响，而且，打扫房间这件事现在已经变得比奖赏之前更像是苦差事了。

如果孩子觉得我们真心需要并欢迎他们的帮助，我们让他们做家务不仅仅是为了教育他们，也不是因为我们自己不想做家务，那么他们就更可能心甘情愿地做家务。如果打扫房间被看作获得奖赏的一种手段，那么萨曼莎就很难从家务中获得任何挑战、快乐或满足。简言之，胁迫只能带来不情不愿地服从，却不可能激发出心甘情愿的奉献。

如果这次她得到了奖赏，那么下次她需要打扫房间，或者做其他家务时，她很可能会期待得到奖赏，"如果我做了，你会给我什么？"作为她的父母，你现在处于奖赏者的位置，你是孩子为了获得好处必须服从和取悦的强权者。也就是说，只要孩子想要这个好处，只要孩子需要通过你才能获得这个好处，只要孩子相信奖赏者和被奖赏者的权力游戏，她就会对你言听计从。

然而，让我们来看看硬币的另一面：如果萨曼莎没有打扫完她的房间怎么办？惩罚就是不能去看电影。取消奖赏并不会让她反思自己的问题，通常情况下，她可能不仅拒绝打扫房间，还会让你知道，反正她也不想看那部愚蠢的电影。如果是在青春期，她甚至可能会拿着自己的钱走出家门，完全无视你的奖赏变成威胁的做法。现在，你要面对一场亲子大战了。

奖赏没能换来服从。这是因为所提供的奖赏吸引力不够吗？换另一种方式的奖赏会更好吗？是否需要换成更大的奖赏呢？然而，问题并不在于奖赏的种类、大小和数量，而在于奖赏本身。正如阿尔菲·科恩所写，奖罚硬币并不能给我们带来多少好处。我相信，它不仅买不到什么东西，还会摧毁一个孩子的心灵。孩子的行为可能会在短时间内被修正、被操纵或被控制，但他的灵魂却将终生承受着错误的教训。

贿赂和奖赏可以给我们带来暂时的服从，但其代价是制造出责任心较低、适应力较弱、同情心较差的年轻人，他们会为了"取悦他人"而去做事情，他们依赖表扬，不能慷慨待人，也不愿意追求卓越。贿赂和奖赏培养出了孩子的自私和贪婪。孩子们知道如何获得他们想要的东西。他们会问："这对我有什么好处？"而不是："我想成为什么样的人？"正直、诚实、善良和同情的美德成了可以购买的商品，而这个价格还会不断攀升。

> 做好事是因为好事值得做，拒绝地狱的威胁和天堂的贿赂。
>
> ——詹姆斯·纳赫特韦（James Nachtwey），
>
> 《战争行为》（*Deeds of Wars*）

常见的 3 种形式

> 像艺术家那样把自己对现实的看法强加于人，需要一定程度的自信。此外，创造力最有可能来自内在的兴趣，而不是外部的奖赏，来自表达真实自我的愿望。
>
> ——格洛丽亚·斯泰纳姆（Gloria Steinem），
>
> 《来自内心的革命》（*Revolution from Within*）

贿赂和奖赏有各种形式，每一种都有其独特的操纵和控制能力，每一种都能剥夺孩子的创造力、自主性、幸福感以及与周围人的情感联系。孩子越是需要或想要这些东西，其潜在的影响就越大。

贿赂和奖赏最常见的形式是：

1. 大量的表扬

2. 物质奖励

3. 以陪伴作为奖赏

表扬，这是 3 种方法中最不具象的，也是最容易使用的。只要你能表达自己，你就有一个现成的、非常方便的贿赂和奖赏。物质奖励悬殊，可以是简单的小零食，也可以是孩子毕业时家长送的豪华跑车，这些往往比表扬的作用力更大。以陪伴作为奖赏，是花时间和孩子在一起，但条件是孩子必须赢得这种机会。你的亲子关系最终会变成一件讨价还价的事情。每一次和孩子的交互都成了交易。

这 3 种形式都可以在行动之前作为贿赂提出来，以试图影响或说服孩子。

大量的表扬

典型言论："你可真是个好哥哥，我知道你会照顾好小弟弟。"（杰森开始感觉羞愧了，因为他这位"好哥哥"几分钟前还希望小弟弟能回到他来的医院去，永远不要回来，"如果妈妈知道我有多坏，她就不会爱我了。"）

物质奖励

典型言论："如果你上厕所，就可以吃一颗糖果。"（上厕所成为获得糖果的手段，而不是目的本身。）

以陪伴作为奖赏

典型言论："如果你把你的房间打扫干净，我就和你一起去骑自行车。"（和我在一起的时间是挣来的，而不是免费给予的。）

这 3 种形式也可以作为事后的奖赏，随机地发出，以控制孩子的行为：

大量的表扬

典型言论："耶！你赢了科学竞赛。能有你这样的儿子，我太自豪啦。"（你的价值在于你的成就，而不在于你是谁，所以你必须不断地做出成就，以确保你在父亲眼中有尊严和价值。如果你犯了错误或者成绩很差，你就有大麻烦了。更重要的是，你害怕告诉父亲你犯了错。因为他不会将错误和糟糕的成绩看作需要解决的问题，而是将它们看作不好的事情。）

物质奖励

典型言论："你今天在商店里表现得很好，我会将你想要的那个玩具买给你。"（做得好不再是本身的奖赏，而是成为获得玩具的手段。）

以陪伴作为奖赏

典型言论："既然你这么快就完成了家庭作业，我就和你一起玩电脑游戏吧。"（你做得好我才和你玩，你必须赢得我陪伴你的机会。）

那么，是事前的贿赂好，还是事后的奖赏好呢？奖赏相对于贿赂而言，唯一明显的优点是奖赏是在事后给予的，第一次给予时是出乎意料的。一个意想不到的奖赏不会像贿赂那样有操纵行为的作用，也不会像贿赂那样对幸福感、自主性和内在动机造成那么大的伤害。但是，下一次孩子就可能对奖赏有所期待。

典型言论：

"如果我再这样做，他们会给我什么？"

"如果我读了 10 本书而不是只读 5 本书，我能得到什么？"

"如果我这周打扫了房间，他们就应该同意我开车去学校。"

如果没有对奖赏的期待，孩子可能也就没有任何动力去完成任务了。

典型言论：

"如果我读了 5 本书就能得到最高的奖赏，那我为什么还要读更多的书呢？"

"如果我下周打扫房间得不到任何报酬，为什么还要费精力去做呢？"

"这对我有什么好处？"

是否所有的孩子都会受到贿赂和奖赏的激励呢？不是的。有强烈自我意识的孩子不会像讨好型孩子那样受到影响。如果他们的人生观是将他人视为伙伴和潜在的朋友，那么，当有人告诉他们必须争夺稀缺的东西，如第一名的位置时，他们就不会像将他人视为对手的孩子那样对这样的竞争充满热情。富有同情心的孩子往往会放弃奖品，以帮助有需要的同伴。在

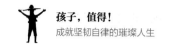

曾经的特奥会上，一个即将赢得比赛的小男孩停下来帮助另一个跌倒受伤的孩子，他微笑着将他搀扶起来，两人一起跑向终点线，即使因此失去了冠军头衔也毫不在意。

你可能会问："给孩子一些东西又有什么错呢，无论是表扬、食物、玩具，还是我的陪伴？"其实，最大的问题并不在于你给予孩子的是什么，正如下一章所述，给予孩子鼓励、礼物和陪伴都是非常好的，也是必要的。问题的关键在于你不应该用孩子们需要或想要的东西来操纵他们做你想让他们做的事。那些经常收到贿赂和奖赏的孩子会花很多精力去弄清楚他们能做些什么来取悦（或惹恼）父母。他们没有时间或精力去发展自己的潜能，对自己的能力、行为和目标也缺乏清醒的认知。

> 被贿赂和奖赏的孩子没有什么机会成长为独立和自信的年轻人。他们的想法和幸福感都依赖于别人的认可，他们需要源源不断的爱和赞美。
>
> ——乔恩·谭（Choon Tan），
> 《好好教育你的孩子》（*Teach your Children well*）

表扬成瘾者

> 庆祝孩子们取得的所有成就似乎并没有建立起他们的自尊，反而造就了一代"表扬成瘾者"：那些缺乏内在动力的孩子会沉迷于认可……从本质上说，肆意的表扬剥夺了孩子客观认清自己优缺点的机会。而这种内在意识是自尊的基石，没有这种意识，孩子就无法正确地看待表扬或批评，最终只能依赖他人的表扬，而不是自己的判断，来让自我感觉良好。
>
> ——安·E.拉·福格（Ann E. La Forge）

当我们过度地表扬时，我们就有可能培养出"表扬成瘾者""认可成瘾者"，孩子们会为了"取悦他人"而做事，以期获得认可。从他们蹒跚学步的时候起，我们就赞叹道："好！""棒极了！""了不起！""太厉害了！""你是最棒的！"还没有等我们意识到这一点，我们已经培养出了依赖表扬的孩子。"妈妈，你看到我这么做了吗？""老师，这样可以吗？""你喜欢我吗？""爸爸，你看到了没有？"过于肤浅、不真诚的表扬并不能提升孩子的自尊，不能帮助他们发展出良好的自我感觉，更不会让他们懂得如何探索和学习。

过度表扬的 9 大弊端

现如今，关于表扬的好处被夸大其词了，我们更应该关注到表扬的弊端：

1. 表扬会培养和强化不安全感，因为孩子会害怕不能达到成年人的期望。

典型言论：

"那是个很棒的全垒打，我真为你骄傲。"（下一次当孩子上场击球时，他很可能会担心不能为爸爸妈妈打出全垒打，结果三振出局。）

"你可真是个大姑娘了，一整天都没有尿裤子。"（第二天，小女孩尿湿了裤子，躲在角落里，羞愧地低垂着头。）

2. 夸大成就的表扬会招致孩子使用低风险策略来规避失败。

典型言论：

"这可真是个美味的蛋糕，糖霜也很完美。"这句话也许让孩子担心如果他尝试新食谱，可能会失败，所以他坚持使用旧食谱。为了持续地获得表扬，孩子不太可能在学术、艺术、体育或社交上探索未知的领域。

"如果我选了高阶课程，考出来的分数不好看，我下学期可就进不了优等生名单了。"于是错误成了坏事，成了要竭力避免的事和要向别人隐瞒的事，而不是需要解决的问题。

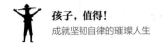
"我把这幅画搞砸了，它看起来太糟糕了，我再也不会画画了。"

"我再也不想滑旱冰了，我的样子显得很蠢。"

"如果我把车放在车道尽头，妈妈就不会注意到后挡板上的凹痕。"

3. 表扬会降低孩子对自己答案的信心。 依赖表扬的孩子往往会怀疑自己的答案，除非这些答案立即得到成年人的肯定。

典型言论：

"我做得不对吗？"

"出什么问题了？"

"他为什么不笑了？"

"饼干看起来已经烤好了，但爸爸说需要烤 12 分钟，所以我现在最好不要把它们从烤箱里拿出来。"

依赖表扬的孩子会不断地向成年人寻求保证和认可。如果得不到保证和认可，依赖表扬的孩子往往会放弃自己的想法，变得焦虑或害怕冒险和犯错。

典型言论：

"她没有评价我的衣服，她肯定不喜欢。"

"这次他什么也没说，他一定是觉得我的画不好。我还是回去画恐龙吧，他真的很喜欢我画的恐龙。"

而那些不依赖表扬的孩子往往倾向于在内心肯定自己的答案，愿意冒险，并着手纠正自己的错误。

典型言论：

"是的，我做对了！"

"饼干看起来已经烤好了，不管定时器响没响，我都应该将它拿出来。"

"如果我再做一遍那个实验，也许我就可以找出问题并解决它。"

"那门高阶课确实很难，但它看起来更有趣，很有挑战性。"

4. 表扬会破坏亲子关系。 如果孩子认为父母控制欲强、试图操纵他们、虚伪不真诚、爱指手画脚，父母就很难与孩子建立亲密关系。

5. 过于夸大的表扬会成为谈话终结者。

典型言论：

听到凯利要离开球队的传闻，教练夸张地说："你是我最有价值的球员！我不知道没有你我该怎么办？"他的这番溢美之词却没有给诚实和开放的对话留下多少空间。

"对于小弟弟来说，你可真是个了不起的好姐姐。"这句话会让玛丽亚关上心门，不再向妈妈分享今天早上妈妈没时间陪她时她心里有多难过了。

6. 表扬可能招致反驳。

典型言论：

"你真是个了不起的厨师！""哦，是吗？你应该看看我把蛋糕都给烤煳了。"

"你的作文写得太棒了！""我有6处拼写错误。"

7. 表扬会使孩子追求快速的回报，减少创新和复杂的推理。

典型言论：

"那幅恐龙是你画过的最好的作品！"于是，杰米很有可能会一直画同样的恐龙，用同样的颜色，同样的背景，他害怕新的尝试会让父母失望。

"你是家里阅读速度最快的人。你3天就看完了3本书！"于是斯蒂芬妮拿起《卡拉马佐夫兄弟》参加阅读马拉松比赛的可能性会大大地降低，因为这个故事太长，也太复杂了。

8. 表扬会挫伤合作学习的积极性。

典型言论：

"不，我不想和她一起建城堡，她做得不好。"

"我的点子最好，大家都必须按照我的想法做。"

依赖表扬的孩子不太愿意和别人分享他们的想法，或者他们的乐高积

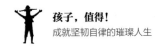

木，以免被别人拿走，创造出更值得表扬的东西。

9. 鼓励竞争的表扬会让孩子们觉得，他们的自我价值和地位取决于他们是否胜过兄弟姐妹或同伴。

典型言论：

"吉尔第一名，她是第一个坐在汽车座椅上的!"

这样的表扬对吉尔来说并没有多大帮助，这次拿第一意味着下次她也得拿第一，否则她就是个失败者。她的父母实际上是在利用她以使她的弟弟妹妹更快地上车。尽管这种表扬可能是出于好意，但它会导致一个滋生冲突和嫉妒的家庭环境。吉尔原本和她的弟弟妹妹相处得很好，现在她却几乎不考虑他们的安危，拼命冲向汽车，只想成为第一名。年幼的弟弟妹妹没有得到妈妈的表扬，对吉尔做出厌恶的表情，并谋划着下次如何减慢吉尔跑向汽车的速度。兄弟姐妹间最终会不断地互相比较：谁最大，最快，最可爱，最聪明，最听话？

一旦培养出这些态度，它们就会开始出现在那些不期望、不打算或不鼓励竞争的环境中。计算机实验室的老师要求学生每人开发一个包含 6 个技术元素的计算机程序，以展示自己的技能和创造力。两个学生，约翰和尼古拉斯，处理作业的方式非常不同。尼古拉斯是一个依赖表扬、竞争意识很强的学生，他在自己的屏幕周围设置了一道屏障，这样其他人就不会看到他在做什么，以免别人"窃取"他的想法。他的很多精力都花在"保护"这个项目上。在实验室里，他看到肖娜的电脑能够人机对话，他担心如果他不在程序中加入这项功能，肖娜就会得到最高分数。然而他发现自己怎么都无法实现人机对话，于是放学后他潜入实验室，在肖娜的电脑上植入了病毒。

约翰是一个能干、果断、善于合作的学生，他将全部的精力和才智都投入到这个程序上，除了老师要求的 6 个技术元素之外，他为了好玩和挑战还增加了更多的功能。当他看到肖娜的电脑能够人机对话，他的好奇心被激发了起来。他请教肖娜是如何让电脑说话的，肖娜向约翰展示了如何在程序中添加人机对话功能，而约翰也与肖娜分享了他的一些计算机知识，以便改进她的程序。

尼古拉斯和约翰都完成了任务，但完成的原因和方式截然不同。尼古拉斯为了保护自己的工作浪费了很多的精力，还牺牲了别人的利益。由于害怕失败，他认为必须破坏肖娜的项目才能保持自己的竞争优势。他相信，只有当他站在顶端成为第一名时，他才能成功。而约翰则将他全部的精力都用于计算机程序上，与他的同行分享他的专业知识，并愿意向他们学习。他会庆祝自己的成功和他人的成功。约翰知道与其他学生一起学习的重要性，而不是与他们对立。

有时候，竞争会通过复杂的方式传递出来，我们所说的和我们身体语言所暗示的并不一样。"我喜欢格雷戈里每次都能吃光光。"妈妈盯着梅根说，因为梅根盘子里的食物一点都没动。妈妈并不是真的在和格雷戈里说话，而是利用表扬格雷戈里来让梅根吃饭。这种策略可能会导致各种反应，具体取决于梅根和她哥哥之间以及与父母之间的关系。格雷戈里也许会觉得自己比妹妹强，他可能会认定，为了得到父母的认可，他必须每次都吃光自己的盘子。或者他可能会把这种对他吃饭的表扬看作欺骗，开始怀疑父母的正直和诚意，并质疑父母给予的任何表扬的真正意义。如果他与妹妹的关系亲密，他可能为自己找借口，譬如："我没有时间吃午饭，现在饿得可以吃下一头牛。"或为妹妹找借口，譬如："梅根放学后吃了点心，也许她现在没那么饿。"为了保护妹妹不受竞争策略的伤害，他可能会拒绝吃甜点，或者在下一餐的时候不再好好吃饭。

梅根可能会把哥哥看成讨好父母的"妈宝"，并选择以相反的方式叛逆行事。她也可能认为，为了获得父母的认可，不论她饿不饿，都必须吃完盘子里的食物。她还有可能开始把食物看作她可以用来控制父母行为的工具。在哥哥被表扬后，如果梅根依然拒绝进食，母亲万般无奈之后接下

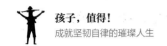

来就有可能乞求或贿赂她吃东西了。譬如："请你吃一点你的食物，只吃一点点就好。""如果你把菠菜吃了，就可以吃一大块巧克力蛋糕。"

当表扬被用作操纵的手段时，它不一定能够让孩子去做表扬者想要的事情。然而，依赖表扬的孩子会花很多精力去弄清楚他们能做什么来取悦（或惹恼）表扬者，他们没有时间或精力去发展内在意识来评估自己的能力、行为和目标。

> 自我接受意味着要忽略他人的意见。
>
> ——路易丝·海（Louise Hay）

奖励贴纸机制的副作用

> 我认为在尝试做一些有用的事情时，你会得到最大的满足。当你做完那件事之后，就应该把它忘掉，去做其他的事。你不应该为你所做的任何事情而沾沾自喜；你应该继续努力，找些更好的事情来做。
>
> ——戴维·帕卡德（David Packard），
> 《卸任惠普公司主席一职的发言》

作为一名教师，我见过孩子们来到幼儿园时的状态，他们很兴奋，有内在动力，好奇心强，充满冒险精神，他们根本不知道奖励贴纸有什么用，更不懂得问："如果我攒这些贴纸，你会给我什么？"但到了三年级，他们开始询问："如果我这么做，我能得到什么？"到了六年级，则会问："我们必须这样做吗？"到了高中，他们想知道的是："我想做的是这个，考大学能加分吗？"而到了他们大四的时候，他们就会说："如果我毕业了，我想要一辆车。"想要一辆车并不是内部动机，它只是一张更大的奖励贴纸，有着更高昂的价格。

当初的那些幼儿园小朋友现在已经是大学生了，这一代的孩子早已在家里和学校习惯了奖励贴纸的机制，外部奖赏已经变得如此普遍和令人期待，以至于我们很少质疑它们的价值或背后的动机。但是，其后果正困扰着我们整个社会。最近，我问一群大学一年级的学生，他们想从事什么领域的研究，他们的职业梦想是什么。许多人耸耸肩说："我不知道。只要能赚大钱就行。"

也许是因为我们已经教给了这些学生，所有的善行都会得到经济上的回报，回报越大，事情就越值得做；如果一件事情没有回报，就不值得做。然而，**我们没有教会他们，并非所有的善行都会得到奖励，奖励的大小并不能真正反映出行为的价值。生活中的许多事情都是值得去做的，即使没有任何外部奖赏。**

在《环球邮报》的一篇文章中，作者指出，慈善机构正在寻找激励年轻人捐赠的方法。目前似乎只有 65 岁以上的人会定期向慈善组织捐款而不考虑任何回报。但在一次又一次的调查中，慈善机构发现，年轻人想知道他们的捐赠能得到什么回报。一些慈善机构已经采用了有大额奖金的彩票作为诱惑，让人们捐款。我认为这种现象与其说是因为年轻人固有的吝啬，不如说是昭示了我们的文化已经接受了行为主义作为人类互动的准则。我们现在正在内化这些原则，使其成为我们人际交往和人际关系的一部分。

典型言论：

"你帮我做这个，我就帮你做那个。"

"你不要这样做，否则我也会这样对你。"

"如果我做了这个，你会给我什么？"

"这对我有什么好处？"

凯西·泰勒（Kathy Tyler）是一位家长，孩子学校里大行其道的奖赏机制让她忧心忡忡，她在给学校董事会的信中写道：

> 我们选择激励别人的方式很大程度上反映了我们对他们的感

觉。当我们对某人有信心并尊重这项任务时，用奖赏引诱他们就显得没有必要了。只有信心和尊重才能激发他们的行动。然而，如果任务让我们感到不愉快，或者做这件事的人不值得我们信任，我们就会求助于"利诱"。这种用奖赏引诱的方法可能对驯兽师很有效，但我怀疑它在培养下一代思考者和问题解决者方面是否有帮助。实际上，就连海洋哺乳动物的驯兽师都已发现，鲸鱼和海豚会对赞赏的信号做出最佳反应，比如轻拍、拥抱、微笑……看来我们是以怀着恐惧而不是充满信心的态度在养育孩子。

在没有选择的情况下，提倡美德是适得其反的。贿赂和奖赏以及它们的反面——威胁和惩罚，阻碍了人们做出选择的能力。

典型言论：

"如果你愿意和弟弟分享玩具，你就可以在商店里挑选零食。"（贿赂）

"你必须分享你的玩具，否则你将在你的房间里度过整个下午。"（威胁）

"你可以在商店里挑一个零食，因为你和弟弟分享了你的玩具。"（奖励）

"我把你所有的玩具都锁起来了，因为你不愿意和弟弟分享。"（惩罚）

这些境遇都没有为孩子提供让他自愿选择分享的机会，这些似乎都表明，我们是以怀着恐惧而不是充满信心的态度在养育孩子。如果我们不给孩子分享的奖赏，我们会担心："他会不会学会分享？如果我们不在他每次分享时给予奖赏，他会继续分享吗？如果我们不试图引诱他分享或惩罚他拒绝分享，他会不会成为一个自私自利的人？"

外部动机并不能激励任何人变得富有同情心、诚实、公平和值得信赖。它只是操纵孩子去完成一项特定的任务。

如果你因孩子的淘气而惩罚他，因他的善良而奖赏他，他就会仅仅为了奖赏而做正确的事。当他进入社会，发现善并不总是得到奖赏，恶也不总是受到惩罚时，他就会成长为这样的人：他只考虑如何在这个世界上生存下去，并根据对自己有利的方式来行事。

——伊曼纽尔·康德（Immanuel Kant），

《论教育》（*On Education*）

🌸 对奖赏有依赖性的 30 条警告信息

以下是你的孩子可能对奖赏有依赖性的警告信号。大多数孩子在努力发展自己的自我意识时，都会表现出其中的一些迹象。但如果这些行为长时间地频频出现，你就应该关注和干预了。

1. 以"取悦"来赢得当权者的认可。

2. 对他人的话言听计从。

3. 缺乏主动性，等待命令。

4. 自我意识是由外部定义的，只有迎合成年人的要求时才有尊严和价值。

5. 他将"我做的事"等同于"我是谁"。如果他做了什么"坏"事情，他就认为自己是"坏"孩子。

6. 用自己的过去作为行为的借口。

7. 性格悲观，容易绝望。

8. 推脱责任："是他让我这么做的。""这不是我的错。"

9. 隐瞒错误，害怕惹成年人生气。

10. 撒谎以逃避后果。

11. 感觉被控制。

12. 只有成为第一名的时候才觉得自己有价值。

13. 竞争心重，会以牺牲他人利益为代价来获得成功。

14. 追求完美，视错误为坏事。

15. 追求认可，害怕不认可，害怕被拒绝。

16. 墨守成规，随波逐流。

17. 通过结果来考虑行为："如果我没被抓住，那我所做的事就没有错。"

18. 专注于过去和未来，错过当下。担忧"如果……怎么办？"

19. 进行消极的自我对话，时刻牢记父母的训诫。

20. 对公众自我有所保留："如果他们了解真正的我……"

21. 只使用简单的技能来解决所有问题。

22. 总是关心"底线"。

23. 说些他认为别人想听的话。

24. 谨慎，缺乏安全感。

25. 唯利是图，自私，以自我为中心，贪婪，为了获得回报或避免惩罚而做善事。

26. 愤世嫉俗，多疑；用"我们"和"他们"的角度来看待世界。

27. 全盘接受当权者的价值观，毫不置疑。

28. 以"应该"作为行为的框架。

29. 对怨恨耿耿于怀。

30. 对批评过于敏感，对赞美不以为然。

🌸 30 条孩子形成强大的、健康的自我意识的迹象

以下清单表明你的孩子正在形成一种强大的、健康的自我意识。下一

章介绍的工具可以用来培养孩子具备坚韧、自律、适应力强和富有同情心的能力。

1. 出于信念而行动。

2. 勇于抉择，即使不被认可，也愿意为某种价值或反对不公正现象发声。

3. 采取主动，不会等待成年人的批准或肯定。

4. 有一种内在的自我意识，生活得有目的、有意义。

5. 为自己的决定、选择和错误承担责任。

6. 接受过去，从中学习，并让它过去。

7. 乐观向上，有切合实际的期望，积极面对未来。

8. 对自己的行为负责并接受其后果。

9. 勇于承担错误，并将其视为学习的机会。

10. 真实且实际。

11. 感觉被赋能并自我导向。

12. 庆祝和珍视自己和他人的成功。

13. 有才干，有合作精神，有决断力；洞悉自己的能力；愿意分享；对他人的想法持开放态度。

14. 愿意承担风险。

15. 有强烈的自我意识，愿意接受批评和赞美，并保有自己的态度。

16. 自力更生。

17. 拥有正直的品格，自我尊重。

18. 用心体验生活，过有意识的生活。

19. 进行乐观、积极、自我接纳的自我对话。

20. 自信且善于表达，听从内心的直觉。

21. 在适当的时候运用创新性的和复杂的推理，探索、超越传统观念，具有创造性。

22. 不必事事都有目的。

23. 即使不确定别人会有什么反应，也愿意分享自己的想法。

24. 自信，自强。

25. 是利他的，有道德的，有同情心的；关注他人的感受和观点。

26. 有亲社会倾向，乐于分享、关心和帮助他人。

27. 在接受价值观之前，会对其进行审查。

28. 用"可以"来框定行为。

29. 放过自己所受的伤害。

30. 能同等地接受批评和赞美。

　　作为父母，我们最重要的任务是把孩子培养成正派的、有责任感的、有爱心的人，致力于把这个世界变成一个更富有同情心的地方。

　　　　——尼尔·库尔尚（Neil Kurshan），《把你的孩子培养成男子汉》（*Raising Your Child to Be a Mensch*）

第四章

鼓励、反馈和管教

> 我们希望孩子不仅拥有健康的身体，我们还希望在孩子的生活中充满了友谊、关爱和善行。我们希望他们渴望学习，拥抱挑战。我们希望他们对于来自我们的传承心怀感激，并为他们自己的成就感到自豪。我们希望他们在成长过程中对未来充满信心，乐于尝试，有正义感，并有足够的勇气正义行事，我们希望他们在面对挫折和失败时始终保持韧性。
>
> ——积极心理学之父马丁·塞利格曼（Martin E. P. Seligman），《教出乐观的孩子》（*The Optimistic Child*）

伊斯兰神秘主义派别苏菲派（Sufis）有句谚语："杀猫之前，先处置好老鼠。"以下就是对"老鼠"的处置。贿赂、威胁、奖赏和惩罚之类的养育手段无法让孩子们茁壮成长。然而，如果你想摆脱这些陈腐无效的育儿工具，你就需要一些新的工具来取代它们的位置。

对于第一次穿拉拉裤的学步儿、尝试拆掉辅助轮学骑自行车的孩子，或者学开手动挡汽车试图弄清油离配合的青少年，以下的贿赂显然是不奏效的。

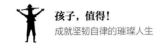
典型言论：

"如果你一整天都不尿湿裤子，晚饭后你就可以吃甜点。"

"如果你一直骑，脚不碰到地面，我就给你买新玩具。"

"如果你一次都不熄火就能开上坡，我就给你5块钱。"

同样的，威胁也没用。

典型言论：

"如果你尿湿了裤子，你就得重新穿一个月的尿不湿。"

"如果你的脚碰到地面，我就把辅助轮装回去。"

"你要是再熄火，我就不陪你练车了。你得去找别人来教你。"

奖赏是无效的。

典型言论：

"你一整天都没尿裤子，我要奖励你一些好吃的，好好犒劳一下。"

"你骑自行车下山的时候表现得太棒了，我会将你想要的那个玩具买给你。"

"哇，你没有熄火，给你5块钱。"

惩罚自然也不起作用。

典型言论：

"你尿裤子了，可真丢人！穿上这个尿不湿，你真是连弟弟都不如！"

"你怎么又把脚放下来了？下车，回家。我可不想教一个胆小鬼。"

"你又把车弄熄火了。算了，你不许开车了，现在我来开！离合器都快给你烧坏了。"

以下这3个孩子只有通过鼓励、反馈和管教才能得到帮助。

典型言论：

"杰弗里，我想你已经可以穿拉拉裤了。让我们挑一件你最喜欢的。""你今天自己去了3次卫生间，我猜你一定觉得自己棒棒哒。""哎呀，你再早点去卫生间就好了。快去拿条拉拉裤，我帮你换上。"

"瑞秋，你想把辅助轮放多高？你再多练一会儿，就可以像高手那样骑自行车了。放心，我一直跟在你身后，不会让你摔到地上。""方向摆正，把握住平衡。眼睛向前看，等你能够骑稳后，我们再练习看其他方向。""今年夏天，你可以和我们一起骑自行车旅行啦，一定很有趣。"

"吉恩，我知道让齿轮、离合器和方向盘协调工作很困难。我记得我当年学开车时，烧坏了两个离合器。别担心，只要坚持不懈地练习，你一定学得会的。""我们开平路时，你换挡已经很有感觉了。可是刚才爬坡时，你在松离合器的同时脚还踩着刹车呢。记得下次爬坡松离合器时，要把脚放在油门上。""今天练车的内容确实蛮挑战的。你是想自己再试一次，还是让我把车开上坡？在我开的时候，你可以在旁边看着，感受下我是怎么换挡的。"

🌸 鼓励——通过语言或行动传达 6 条人生讯息

我在工作中发现了一个普遍真理，每个人都渴望被爱。我们能做的最好的事情就是让别人知道他们是被爱的，并且他们也有能力去爱别人。

——弗雷德·罗杰斯（Fred Rogers），摘自《罗杰斯先生的左邻右舍》（*Mister Rogers Neighborhood*）

在阅读了所有表扬引发的问题后，作为父母，你可能会因此而害怕说话，害怕伤害孩子的自尊。不，你不必保持沉默——尽管沉默也是非常有效的。有时候，孩子需要的只是你的陪伴，给予他们一个无声的微笑或者一个大大的拥抱。还有的时候，你发自内心的喜悦、掌声或喝彩会为孩子激发出无穷的力量。**关键在于，它必须源自内心，而不是虚伪的奉承，或是为了引导孩子的行为而精心设计的策略，并且你的兴奋程度要与孩子的兴奋程度一致。**如果杰弗里在马桶旁兴奋地鼓掌，挥手告别他的臭臭，你可以和他一起庆祝这个成就。如果瑞秋成功骑行下山后激动得原地蹦跳，你也应该和瑞秋一起蹦一起跳，让她知道你和她同样兴奋。如果她只是带着灿烂的笑容看着你，你也可以回报给她一个满怀欣喜的微笑。如果吉恩第 10 次在学校停车场平滑地换挡成功，你可以发出感叹："太棒了，你学会了！现在别再让我在停车场转悠了，我们来练习上坡吧。"这样的话语会让吉恩感受到你因他的进步而欢欣鼓舞。

鼓励可以随时随地。它是不带任何主观判断的，通过表达对孩子的信任来强调孩子的重要性。它是激励人心的，赋予孩子勇气和信心，给予孩子支持的力量。它帮助孩子培养自尊感，增强内驱力，并且，它没有任何想要强迫或控制孩子行为的暗示。

鼓励孩子意味着通过语言或行动传达出 6 条至关重要的人生讯息：

· 我相信你。

· 我信赖你。

· 我知道你能处理好这件事。

· 我在倾听你的想法。

· 我关心你。

· 你对我非常重要。

当父母们向孩子传递这些人生讯息时，表达的方式是多种多样的。这 6 条人生讯息非常具体和明确，它们不需要定义，不需要解释，也不可能假冒。而且，一旦父母真的在向孩子传达时，它们也一定会被孩子接收到。

无论你的鼓励是在孩子尝试一项新活动之前（"我知道你能行！"），还是在孩子努力学习一项高难度技能时（"我知道这个曲子很难弹，如果你把它拆分成几个部分来练，你就一定能掌握"），或者，在孩子毁坏了家里的车之后（"我知道你能搞定。你负责修车、交罚单，并找出原因，看看这次到底是出了什么状况。如果你需要我的帮助，你可以随时来找我。"），这样的鼓励传递出来的信息是你相信他们，即使面对逆境，他们也能做得很好，并让他们对自我感觉良好。

> 善于鼓励人的朋友应当是忠实和忠诚的——他不会牺牲诚信来博取泛滥的情感，而是随时准备好提供援助的手、倾听的耳朵和一颗满怀爱意的心。
>
> ——C.E.罗林斯（C. E. Rollins),《52种鼓励他人的简单方法》
> （ *52 Simple Ways to Encourage Others* ）

反馈

> 毫无疑问，获得高自尊是一种令人愉悦的状态，但是如果试图直接获得高自尊的感受，而忽略了与外部世界的交互，这无疑是严重混淆了手段和目的。
>
> ——马丁·塞利格曼（Martin E. P. Seligman），
> 《教出乐观的孩子》（ *The Optimistic Child* ）

感觉良好和做得好是有区别的。当孩子们得到奖赏或受到惩罚时，往往无法获取对他们所做事情的建设性反馈。如果没有反馈，孩子们很难形成强烈的自我意识，他们会变得谨小慎微（"我能做什么来取悦她？""我怎样做，他才会不生气呢？"），或者自我贬低（"我什么都做不好。""没有人喜欢我。"),或者盲目自大（"我是最棒的！""我比任何人都重要！"）。

反馈能让孩子客观如实地看待自己的情感表达和行为行动。反馈有3

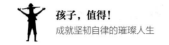

种不同的形式：**赞美、评论和建设性的批评。每一种形式都至关重要，能够帮助孩子们变得更有责任感、更机智和更具韧性。**

赞美——真诚地对孩子所做事情表示认可和感谢

赞美和鼓励最大的区别在于，赞美着眼于孩子做出的具体的事情。它的目的是表达感激，譬如："谢谢你轻拿轻放这个花瓶。这是一份特别的礼物，对我意义重大。"认可孩子的坚持不懈，譬如："我知道当你不断跌倒的时候，要坚持下去是很困难的。你的毅力值得钦佩！"或者对孩子做得好的某件具体的事给予肯定，譬如："你将餐桌摆放得非常好。每样东西都各就其位，你折出来的天鹅餐巾和餐桌中央的陈设非常搭配。"

赞美是针对孩子的行为发出的，而不是针对孩子。真诚的赞美，对孩子所做的事情表示认可和感谢，可以让他们自发地设定更高的目标和明确自己的任务，譬如："爸爸，让我来布置新年餐桌吧。看，我找到了一本很有创意的书，我要让客人们大吃一惊。"赞扬孩子们的坚持不懈，会让他们在未来遇到困难时百折不挠，譬如："如果我能用一个漏斗把所有的液体都装进管子里，我应该也可以用漏斗给汽车加油。"

最重要的是你赞美的意图。如果你的赞美是为了控制孩子的行为，那它只是另一种形式的操纵。你是否遇到过有人对你极尽阿谀，而你深知他这么做是因为对你别有企图？没有人喜欢被操纵。如果你赞美孩子的唯一目的是表达感激，认可孩子的坚持不懈，或者肯定孩子在某件事情上的成就，仅此而已，那么，你的赞美就是真诚的。

赞美不是阿谀奉承，不是所谓正向思考的心灵鸡汤，也不是为了掩盖令人不快的事实。

在做科学作业时，玛丽莲哭了起来，因为她不能将试管里的试剂分配均匀，洒出来的试剂比倒进试管里的还多。最后，玛丽莲放弃了，她坐在桌边号啕大哭："我永远也做不好这件事了。为什么会让我得上脑瘫呀？

我真是笨手笨脚的。"妈妈冲进来试图安慰她："你是班上最好的科学家。你可以做任何你真正想做的事。我们不会让脑瘫这件事来妨碍你。试剂洒出来不是你的错，是试管太小了。"这样的解释根本不能让玛丽莲信服，而妈妈却丝毫不听女儿的倾诉，开始清理脏乱的台面，为玛丽莲准备更多的试剂。玛丽莲又试了一遍，又洒了，她崩溃的把试管扔到了地上："我做不到，妈妈。别跟我说我能行！"妈妈却仍在试图增强女儿的自我意识，她干脆拿起试管帮玛丽莲倾倒试剂，这样玛丽莲就可以继续做实验了。

然而，妈妈试图让玛丽莲感觉好一点的善意并不能抵消事情的真相。妈妈的夸赞奉承、所谓正向思考的心灵鸡汤，以及试图掩盖令人不快的事实，这对玛丽莲都没有什么好处。玛丽莲需要经历错误、失败和成功，才能真正相信自己是一个有能力的人。对妈妈来说，如果能够承认玛丽莲的感受，无条件地支持她，帮助她找到解决问题的方法，这样的处理方式会好得多。"我知道，你的手无法拿稳试管，这让你感觉很沮丧。我敢打赌，一定有办法不用手持试管也能倒试剂。我们可以一起来开脑洞想办法。"在这种时刻，一个大大的拥抱和一点幽默也是非常起作用的。

评论——言简意赅，中肯地指导孩子

> 仅仅告诉孩子你很棒，或者告诉孩子你需要"自我感觉良好"是不够的。更重要的是，孩子需要通过掌握技能和被认可的体验，才能认定自己是有能力的、是有价值的。只有真正的自我效能才能产生相应的自信和积极的自尊。
>
> ——詹姆斯·加伯利诺（James Garbarino），《在有毒的社会环境中抚养孩子》（*Raising Children in a Socially Toxic Environment*）

评论是中肯的反馈，而不是负面的贬低或喋喋不休的抱怨，譬如，平

静地告诉孩子"你的地毯上长了绿色的霉斑"，而不是厉声斥责"你太懒了，大学里没人愿意和你住在一起"或者"我得告诉你多少次要打扫房间"。中肯的评论会引发行动，譬如："我想我该打扫房间了。"而贬低会让孩子放弃尝试，譬如："反正我做任何事她都不满意，我为什么还要做呢？"喋喋不休则会让孩子们远离唠叨者。有些家长每天早上都在不住嘴地唠叨："快点，你要迟到了，别忘了带上你的运动鞋。图书馆的书要还吗？你的外套在哪里？你怎么什么都记不住？"最后孩子毫发无损地上学去了，而父母们却气得濒临心梗。

评论是言简意赅的指导，可以帮助孩子组织和安排活动。

典型言论：

"点火，放油，等油烧热后再倒入鸡蛋液。"

"在你去看足球比赛之前记得喂狗哦。"

"我们来看看洗衣服的步骤。"

"写出日程清单来贴到墙上，可以帮助我合理安排每一天。"

关键是这些评论没有任何情感的负载，也不是别有用心的陈述。它们的目的是指导孩子，而不是攻击或羞辱孩子。建设性的评论不包含任何讽刺、嘲笑或让人难堪的暗示。譬如，"在你离开家之前检查一下你的清单，这样你就能确保带齐所有的东西"，而不是"幸好你的头是长在脖子上的，否则你连自己的头都会忘记带"。

评论可以是鼓舞人心的名言，没有附加的条件。它们可以激发思考，也有助于滋养和支撑一个孩子的精神世界。

建设性的批评——针对性地帮助孩子纠正错误

巧妙的批评关注的是某人已经做的事以及他能够做的事，而不是从一项糟糕的工作中解读出某人的性格特征。

——丹尼尔·戈尔曼（Daniel Goleman），

《情商》（*Emotional IQ*）

谁真心相助，谁就有批评的权利。

——亚伯拉罕·林肯（Abraham Lincoln）

一方面，当我们试图帮助孩子建立良好的自我感觉时，我们可能会大肆表扬而忽略批评，因为害怕伤害孩子的感情。我们也可能用表扬来作为批评的缓冲，譬如："我知道，你是一个聪明的孩子，但是你把这件事搞砸了。"或者帮孩子找借口，譬如："我知道你不是故意伤害弟弟。"另一方面，当我们被孩子一而再、再而三的错误激怒时，我们可能会不管不顾地宣泄一通，用恶毒的批评来攻击孩子，而不是针对孩子犯下的错误本身，譬如："你这个傻瓜！""什么事都不能相信你。""你真是个废物。"由此激发起孩子愤怒、恐惧、怨恨、痛苦、防御和疏远等情绪上的强烈反应。

就像赞美需要着眼于事件本身一样，建设性的批评也只应针对错误或问题，而不能针对孩子。**建设性的批评应当致力于孩子可以改变的行为和可以纠正的错误。与赞美和评论一起，它可以帮助孩子培养起切合实际和乐观的自我意识。**

在批评时，用"这是不对的"比用"这是错误的"更具建设性和启发性。这是因为以下两方面的原因：第一，"这是不对的"可以鼓励孩子们去纠正任何不对的地方；第二，它更具有包容性。例如，两个9岁的女孩，楠和艾丽卡，决定发明一个只有两人能玩的游戏，因为她们不想把不喜欢的罗斯包含在内。楠和艾丽卡都认为发明一个只有两人玩的游戏并没有什么错；然而，当她们的意图是为了冷落他人时，这样做是不对的。另一个例子，你女儿讲笑话来逗乐她的朋友是可以的；但如果这个笑话是以取笑他人作为代价，那是不对的。

建设性的批评也可以用愿望的方式来表达。譬如："我希望我们晚上能多花点时间在一起。我几乎很难见到你，我觉得我对你越来越不了解了。

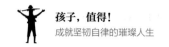
在你去朋友家之前，我们能聊聊吗？"通过愿望的方式表达，能够开启对话的大门，比起以下这种恶意的批评更能有效地解决问题："对你来说，朋友比家人更重要，是吧？看看当你穷困潦倒时，谁会在你身边？"

假装错误不存在，掩盖或粉饰错误，或者攻击犯错误的人都是不妥的。只有建设性的批评能够帮助孩子认识错误、纠正错误并从中学习。

> 在一个人的成年期中，成熟的自尊并不是无论发生什么都能
> 自我感觉良好的能力，而是在综合考虑自我的优点、缺点和人生后，
> 对自己做出现实评价的能力。
>
> ——P. L. 考恩

管教

> 我认为管教是帮助孩子每天学习自律的持续过程。
> ——弗雷德·罗杰斯（Fred Rogers），《罗杰斯先生与父母
> 一席谈》（*Mister Rogers Talks with Parents*）

我们已经认识到，一方面，当我们使用惩罚的时候，孩子就被剥夺了发展他们内在自律的机会。即便在没有任何外部力量让孩子对自己的行为负责时，这种内在自律也能让孩子保持正直、智慧、宽容和慈悲。另一方面，管教不在于我们对孩子做了什么事，而是一个赋予孩子学习契机的过程。它的目标是指导、教授、引领和帮助孩子发展自律——这是一种由内而外的自我约束，而不是来自外部的强制。在赋予孩子学习契机的过程中，我们所关心的绝不是让孩子顺从于我们，而是邀请孩子更深入地探究自我，超越自我的要求和期望。

管教 4 步骤

管教的过程应该做到 4 件事，这是惩罚无法做到的。**这 4 个步骤是：**

1. 指出孩子的错误所在。

2. 让他们拥有问题的自主权。

3. 帮助他们找到解决问题的方法。

4. 让孩子保有尊严。

在我儿子约瑟夫三年级的班级出游中，他在自然历史博物馆里打破了一个钓河狸的诱饵罐。他还算是幸运，如果他损坏的是一个贵重的恐龙标本，情况就会更糟糕了。所幸的是，这只是一个普普通通的诱饵罐。约瑟夫没有因为他的过失而受到惩罚，他没有挨打——不管你怎么看待这件事，挨打就是惩罚。他没有被送到校长办公室——这也可能会是惩罚，取决于校长如何处理这件事。他也不必写 500 遍"我今后不会打破河狸诱饵罐"——这也是一种惩罚。他没有被禁止参加下一次的班级出游——这对孩子来说也是惩罚。老师很智慧地对他说："约瑟夫，你有一个很严重的问题，我知道你能解决。"于是，约瑟夫给自然历史博物馆的工作人员写了一封信表达歉意；他为此又去了一趟博物馆，以更换掉他打破的诱饵罐；他还写下了保证，在下一次的班级出游中他会更好地约束自己的行为。

约瑟夫对此有何感受？事实上，他觉得很开心。这也许会让那些主张惩罚的人觉得不适："当孩子在弥补他闯下的祸时怎么还能感到开心呢？"星期六早上，约瑟夫要去见自然历史博物馆的狩猎管理员，他起了个大早，准备好他的背包，迫不及待地要开始这次冒险，将河狸诱饵罐和里面的东西复原回去。他异常兴奋，直到狩猎管理员非常耐心地教给他应该如何收集雌河狸的尿液。约瑟夫看了看我，又看了看他的爸爸，然后，带着一脸绝望地问狩猎管理员："我必须这么做吗？"狩猎管理员笑着说："是啊，又不是我打破了河狸诱饵罐！"

约瑟夫没有受到惩罚，而是得到了管教——他懂得了自己做错了什么，得到了问题的自主权，学习了解决问题的方法，他的尊严也毫发无损。他玩得很开心，通过这次经历他学到了很多，而且你大可放心，他从此再也没有打破过河狸诱饵罐。

🌸 后果及对策

管教会涉及现实世界里的后果或干预，或者是这两者的结合。它是通过现实情况来进行处理的，而不是通过成年人的控制。

自然后果和合理后果

现实世界的后果要么是自然发生的，要么是与孩子行为内在相关的合理后果：

· 如果孩子将鞋子穿错了脚，他的脚就会疼（自然后果）。

· 如果孩子在寒冷的天气里不穿外套出门，他会觉得冷（自然后果）。

· 如果一个 12 岁的孩子借了你的衣服穿，却不小心将它撕烂了，他就需要负责修补好（合理后果）。

· 如果他还是不爱惜借来的物品，很快就没有人会再借给他衣服了（自然后果）。

· 如果孩子回家晚了错过了晚餐，意味着孩子得吃冷掉的晚餐（自然后果），或者他需要自己加热晚餐（合理后果）。

无需父母的唠叨、提醒或警告，孩子自己就可以从中吸取教训。现实世界的后果教会孩子了解周遭世界，让他们知道自己在生活中拥有积极的力量。他们可以自己做决定，自己来解决问题。

如果自然后果没有危及生命、妨害道德，或是导致不健康的状况，最好是放手让孩子体验这些后果，不需要警告或提醒。但是，如果这样的自然后果是危及生命的，存在道德问题，或会导致不健康的结果，作为一位明智且关爱孩子的父母，你必须介入。

致命的后果

毫无疑问，当孩子面临生命危险的任何时刻，父母都必须介入。现在可没时间让孩子来吸取教训了。

你不会对你18个月大的女儿说："如果你跑到大街上，就会被车撞到，不信你试试看。"不！你要保护孩子的安全，必须将她放在你的密切监管下，防止她往街上跑。你也不可能告诫她说："如果你跑到大街上，我就会把你关起来。"因为她只有18个月大，她根本无法听懂你的说教。

有些父母会争辩说，如果孩子年龄太小，不能理解什么是合理后果，而当自然后果又会危及生命时，"揍屁股"就是唯一的解决办法。我邻居两岁大的孩子向他父母展示了这种推理的愚蠢之处。他能理解因果关系，只是和他父母想的不一样。在他被揍屁股之后，下一次他跑到大街上去时，会用手护住屁股。惩罚通常会让孩子明白，如果他要做一些不该做的事情，他首先需要做的就是"护住屁股"。

如果你10岁的孩子威胁说要从屋顶上跳下去，你不会说："去吧，去体验一下你这不负责任的行为所带来的现实后果。等你跳下来以后我们再讨论。"不！你会紧紧地抓住这个孩子，防止他做傻事。如果你十几岁的孩子烂醉如泥地回到家里，为了开车送朋友回家而跟你抢车钥匙，你不会说：

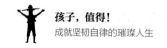

"去吧，去体验一下现实世界的后果。你看我在不在乎？"不，你会要么阻止你的孩子，要么把车钥匙藏起来，要么把分电器盖从车里拿下来——或者三件事都做。

妨害道德的后果

琳恩·雷特（Lynn Leight），《抚养性健康的儿童》（*Raising Sexually Healthy Children*）一书的作者，在回答"为什么我不能？"这样的问题时，将道德考量放入了以下4个答案框架中。

1. 因为这是不友好的。（一个8岁的女孩说，她不想邀请班上的两个女孩参加她的生日聚会，除此之外班上其他的女孩都将受邀。）

2. 因为这会带来伤害。（一个4岁的孩子用力地拽猫的尾巴。）

3. 因为这是不公平的。（一个6岁的孩子不停地从两岁的孩子手里拿走玩具，虽然没打没吵，但这让两岁的孩子感到困惑。）

4. 因为这是不诚实的。（一个十几岁的孩子告诉你，他要为朋友代考。）

在上述的每一种情况下，父母都可以抓住机会教会孩子善良、同情、公平和诚实的美德，并为孩子的行为提供指引。这也是你和孩子谈论行为后果的好时机——这个行为后果不是指对她会发生什么事，而是她的行为会对他人、对她与他人的关系、对她自己产生什么样的影响。例如对于那位想将两个女孩排除在她的生日派对之外的8岁女孩来说，她需要思考，那两个女孩会有什么感受，她们将来和她如何相处，以及她的行为揭示了她是一个什么样的人。

不健康的后果

如果孩子的行为严重危及身体健康，父母或其他关心孩子的成年人就需要进行干预。例如如果一个 12 岁的孩子在戴牙套矫牙期间拒绝定期刷牙，牙医就应该移除牙套，并建议孩子在愿意护理牙齿之后再戴回牙套（合理后果），而不是让他体验到自然和终身的后果，任由他的牙齿腐烂变色。同样，一个暴饮暴食的青少年也需要成年人在他的身体和情绪状况恶化之前进行及时干预。

如果情况不是危及生命，没有妨害道德，或导致不健康的结果，那就问问你自己，孩子所做的事情引发的自然结果是否会给孩子带来学习的契机？如果答案是肯定的，那就别插手，顺其自然吧。如果你蹒跚学步的孩子将鞋子穿错了脚，他很快就会明白的。我还没见过哪个青少年把鞋子穿错脚，我们就不必杞人忧天了。

🌸 4 个方面考察是惩罚还是管教——RSVP

如果一件事不存在自然后果，也不会给孩子带来学习的契机，也许是时候尝试借助合理后果了。许多父母都在殚精竭虑地找出适当的和有意义的结果。可是，如果你需要这么费力地来找到一个后果，不妨退一步问问自己，你到底是想惩罚孩子还是想管教孩子？

自然后果是自然而然发生的，而合理后果确实需要一些推理，但它绝对不应该这么费力。事实上，**管教究其本质来说，需要孩子投入更多的精力，而不是父母费力。**管教是在父母的指导和支持下，依照前文所述的管教 4 步骤（指出孩子的错误所在。让他们拥有问题的自主权。帮助他们找到解决问题的方法。让孩子保有尊严。），由孩子来解决他造成的问题，并从整个经验中学习。

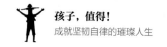
RSVP 合理后果

一个合理的（R——Reasonable）、简单的（S——Simple）、有价值的（V——Valuable）、可行的（P——Practical）后果会促使孩子采取负责任的行动。当我们对后果存有疑虑时，可以从这 4 个方面来进行考察：

1. R——这是合理的吗？

判断一下这样做是否合理，是否合适。如果一个蹒跚学步的孩子打碎了杯子，让他去收拾地上的碎瓷片是不合理的，但让他拿住袋子，方便你将碎片装进袋子里，则是合理的。将他送回房间闭门思过是不合理的，当碎片收拾干净后让他帮着擦地则是合理的。揍他的屁股是不合理的，罚他用婴儿奶瓶喝水，也是不合理的，但让他当天从两个塑料杯子中挑一个来用则是合理的。

2. S——这是简单的吗？

如果你试图和你的青春期孩子起草一份关于使用家里汽车的 10 页的法律合同，那你就是在自找麻烦，你会陷入无限的争吵中，而孩子则会时刻想法钻漏洞。所以最好的方式是教育你的孩子，在有机会使用汽车的同时，也要承担一定的责任。如果他开车不小心撞到了学校停车场的栏杆，那么在汽车送修期间他得骑自行车去上学。而且，他需要想办法来支付修理汽车的费用，也许他还需要为你支付租车费用。采用"如果你造成问题，你就要负责解决"这样的话术来要求孩子，我们就不需要为每一个违反汽车使用规则的行为设定一个后果了。

3. V——作为学习的手段，这是有价值的吗？

你女儿不得不给她的朋友买一本新书，因为她在读这本书的时候涂指甲油，把朋友的书弄坏了。这件事教会了你女儿一心不可二用。斥责她不负责任，是无法让她懂得这个道理的，威胁她今后再也没有人肯借书给她，同样也不如让她自己赔偿同学更为有效。

4. P——这是可行的吗？

告诉孩子在做完所有家务之前不能去上学是不现实的；让他知道如果他在上学前不做完家务，他将不得不在放学后出去玩之前做完家务，这是可行的。

如果不能同时满足以上4个要求，那这个后果可能就没什么效果，或者，它其实是伪装成合理后果的惩罚。当你告诉你十几岁的女儿，她将有一个星期不能开车，因为她没有按时回家，你不得不打出租车去开会，这很简单，但这不合理，没有价值，也不可行。因为她是那个每天早上开车送弟弟妹妹去学校的人，所以这样的后果惩罚的其实是你，因为今后要由你代劳送弟弟妹妹去学校，而她可以借此逃避工作，丝毫不会为自己迟到的问题承担责任。把她关在家里半年，禁足不让外出，这也很简单，但不合理，也不可行。让她支付你的打车钱，这是合理的，简单的，有价值的，也是可行的。如果她养成了迟到的习惯，你大可以告诉她，下周五她必须自己想办法去参加她的课后活动，因为你需要开车去参加会议。

打破河狸诱饵罐给约瑟夫提供了一个很好的机会，让他能够通过合理的、简单的、有价值的和可行的后果来管教自己。惩罚并不能教会他任何解决问题的方法，而管教则提供了4个切实可行的步骤，让他学会了为自己的行为承担责任。

管教不仅仅是指向孩子的。任何年龄的人都能从管教中受益。事实上，如果我们成年人不懂得什么是真正的管教，就很难管教孩子，往往只能诉诸惩罚。

这本书的内容大多来自我平日的讲座，让我放弃那些对听众一直奏效但在书面上显得空洞和不完整的短句是很痛苦的。曾经有一次，一位既是作家又是编辑的老朋友在我为这本书绞尽脑汁的时候伸出援手来帮我。他拿起我的讲稿，一段一段地把它拆开，让我解释我想要表达的内容。他将

我的想法记下来，然后教我如何将讲稿转化为书面表达的形式。他不是替我代劳，也没有贿赂我，或者赞扬我；他没有嘲笑我的付出；他也没有威胁我。他所做的是：

1.指出我做错了什么。（通过将文章拆解的方式。）

2.让我拥有这个问题的自主权。（这是我的书。他告诉我，他知道我能做到，但是我需要放弃很多东西，并且坚信自己的写作能力。）

3.帮助我找到解决问题的方法。（他向我展示了如何从讲座中大量的短句过渡到写书。首先他给我做出示范，然后引导我学会自己做，然后他看着我做，最后确保我真正写出了我自己想表达的内容。）

4.最重要的是，在整个过程中，他保留了我作为一个人、一个演讲者和一个作家的尊严。

如何帮助孩子找到解决问题的方法？——3R 调解

有时候仅仅完成管教的 4 个步骤是不够的。当孩子有意无意地犯了错误或做了坏事造成严重后果时，我们还需要在管教的第 3 个步骤——帮助找到解决问题的方法中引入 3R 调解。这 3 个 R 是修复（Restitution）、解决（Resolution）与和解（Reconciliation）。尤其是在严重的财产损坏和情感伤害后，这 3 个必要的工具能够帮助我们开启疗愈的过程。

还有一个月就要拿到驾照了，你 16 岁的儿子弗兰克偷偷开着你那辆新修复的 1969 年福特野马敞篷车去兜风。他计划在街区上转几圈后就将车开回家，这样你就永远不会知道他擅自开车出去过。然而，为了在朋友们面前炫酷，他猛轰油门，车撞向了车库门，给车和车库都造成了巨大的损坏。

你站在前院，感到伤心、失望、沮丧和愤怒，你知道仅凭管教 4 步骤是无法让车复原的，这4个步骤也同样无法复原你对儿子的信任。你可以暴怒，你可以骂他"愚蠢"，可以将他禁足4年不让出门，可以诅咒他——如果他这样都能拿到驾照，太阳会从西边升起！这样做是多么容易啊！你也可以选择云淡风轻地处理这件事，轻松地耸耸肩，告诉孩子你在青少年时期也经历过类似的冒险。这样做也很容易，但孩子却失去了一个非常重要的成长机会。

事实上，弗兰克需要承担责任，自己来收拾这个烂摊子：他需要弥补他所造成的损失（修复），找出防止这种情况再次发生的办法（解决），并获得你的原谅（和解）。

1. 修复包括弥补财产损害和情感伤害。修复汽车和车库可能比修复情感裂痕来得更容易。他未经允许就将车开走，侵犯了你的权益，并且损坏了你珍视的物品。修复汽车和车库只需要一个精湛的修理工就能做到，而修复情感裂痕却需要发自内心的真诚悔改。

真诚的悔改往往比弥补所有的财产损失要痛苦得多，但正是这种忏悔能让你儿子最终达成与你的和解。不要找借口（"我把油门错当成刹车了"）；不要推卸责任（"是乔激我的，如果我不敢开你的车，他就会说我是胆小鬼"）；没有"但是"（"但是汽车损坏得并不严重，我们只需要换一个新的车库门就好"）；也没有"要是"（"要是你肯让我开你的车，我就不会偷偷开车，也就不会发生今天的事了"）。悔改不是因为懊恼着被抓而不得已表达出的"对不起"。真诚地无条件地忏悔，意味着发自内心地弥补自己的过失，首先要坦诚地承认自己所犯的错误，表达再也不会这样做的强烈意愿，为损失承担责任，并开始修复出现裂痕的情感关系。

忏悔本身并不是目标，它只是整个和解过程的副产品。作为一个明智且有爱心的父母，你不应该去拯救或惩罚孩子，而是应该为他开始这个和解过程提供必要的支持。

2. 解决的重点在于如何避免这种情况再度发生。弗兰克需要弄清楚，除了财产上的伤害外，他到底做错了什么（他违背了你对他的基本信任），以及他能从中学到什么。如果没有这样的举措，忏悔就会变成空洞的后悔，变成当他再度违背你的信任时一个重复性的道歉。仅仅保证这种事情不会再发生是不够的。弗兰克需要一个计划以及让这个计划付诸实践的承诺。

3. 和解是疗愈给他人造成的情感伤害。 它涉及弗兰克方面的承诺，即履行计划，进行修复并执行他的解决方案。它还涉及你的意愿，愿意再度信任弗兰克，愿意重建和你儿子之间的关系。在这一点上，对弗兰克来说，除了进行必要的物质赔偿之外，如果能够投入他的时间和技能为这个家庭做些实事——例如每周给汽车打蜡，不仅油漆车库门，还会油漆整个车库，等等，这都能促进你与他的和解。

管教是需要时间的。惩罚则要快得多，更容易让孩子听话。然而，你花费的时间是值得的。当孩子发展出了内在自律，他们会开始理解，自己所有的行动都有其后果，他们需要为自己所做的事情负责，并且他们有能力为自己所造成的问题承担全部责任。他们这么做，不是因为担心受到惩罚，而是因为他们知道，这样做是正确的方式。

> 管教的全部意义就在于培养良知。我们的目标是让青少年最终成为正直的人，不论有没有人看到，他们都会以有益、善良、慷慨和周到的方式行事。
>
> ——小詹姆斯·海姆斯（James L. Hymes, Jr.），《童年时期的明智管教》（*A Sensible Approach to Discipline in Childhood*）

第五章

与孩子沟通的艺术

通过前几章的内容，你已经知道了有哪些类型的养育工具，你也熟知了不同的家庭类型，你懂得了控制的工具是无法起作用的，现在你就可以开始检视自己的养育工具箱了。你会发现有的工具很管用，有的却很不好用。有的工具你可能都还没尝试过，有的工具你完全可以将之束之高阁，还有些工具稍加改良就会非常顺手。当你发现现有工具不足以为你所用时，那么是时候求助于备选方案了。

🌸 3 种说"不"的替代说法

你有没有注意到我们经常会对孩子说不？

"妈妈，我可以吃块饼干吗？""不行，你会没胃口吃晚餐的。"

"爸爸，我能去特蕾西家吗？""不可以。"

"妈妈，我能用这辆车吗？""绝对不行！"

"爸爸，我能和我的朋友在外面过夜吗？""你

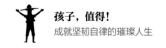

休想！！"

　　因为我们经常会改变主意，孩子并不会认真对待我们所说的"不"。以下是3种让你避免对孩子说"不"的替代方法，这样当你真的需要对孩子说"不"的时候，他们就会认真对待了。

"可以，稍等一会儿"

　　"妈妈，我可以吃块饼干吗？""可以，稍等一会儿。"

　　请注意，我并没有说："不，晚一点你才能吃。"5岁的孩子已经做好了被拒绝时与你继续争执的准备，可是，如果他面对的是一个"可以"的回答，他还怎么争执呢？

　　"哦，妈妈，我实在太饿了。"

　　"好吧，你可以吃一块饼干。"现在孩子已经稍等了一会儿了，至少等了三秒钟。最重要的是，你并没有改变主意，没有把"可以"变成"不行"，你一直都是同意的。记住，不要再加上这句："但是你一定要好好吃晚饭。"如果他不好好吃晚饭，你会怎么办？将饼干收回去吗？你看，那就成了威胁！

"给我一分钟"

　　"爸爸，我能去特蕾西家吗？""给我一分钟。"

　　要求一分钟时间来思考并没有什么错。你可能会想，谢天谢地，我总算可以清静一会儿了（"好的，你可以去。"），或者在今晚客人来之前我们还有很多事情要做（"不行，你不能去。"）。至少当你说"不"的时候，你知道背后的理由是什么。有多少次，我们对孩子说"不"，却根本不清楚自己为什么这么说。我们只是下意识地拒绝，然后就不得不捍卫这个决定。

如果你的孩子想要马上得到答案，"给我一分钟"的说法可能会更有效。"如果你现在马上让我回答，那就是'不'；如果你能等一会儿，没准可以呢。"

"说服我"

"妈妈，我能用这辆车吗？""说服我。"

这句话我在青少年身上用得最多，但它也可以用在任何会说话的孩子身上。为什么在我这个年纪我还需要花费所有的精力试图说服家中那位青春期少女不能拥有汽车呢？应该让她花费她所有年轻旺盛的精力来说服我。

"妈妈，我所有的朋友都能开家里的车。""这不能说服我。"

"可是你让玛丽亚开家里的车了呀！""这不能说服我。"

"妈妈，如果你不让我用车，你就得开车送我们去排练。""你说服我了。"

如果你采用了替代的说法，而不是喋喋不休地说"不"，以至于这个否定的答案不再被孩子认真对待，那么，当你16岁的孩子问你他是否可以和朋友们在外面过夜时，你可以说"不"！这就是你应该说"不"的时候了。

我接触过很多离家出走的孩子、怀孕的青少年和少年犯。我所遇到的这些问题孩子中，没有一个不在渴望他们的生活中能有某个人对他们说"不"。对他们说"不"意味着他们足够被重视，意味着有人真正关心他们，所以才会给他们设限。你和我都被身体的脊柱所限制，因为它的存在，有些事情我们做不到，例如大幅度地向后方弯曲身体。但脊柱可以支撑起我们的身体，让我们灵活运动。

我们同样也受到道德和情感脊柱的限制。有些事情我们不做，不是因为"它违反了法律""它违反了我的宗教"，或者"我们可能会被抓"，而是因为我们已经将某些"不"内化到了自己的道德脊柱上。它是我们良知的一部分，在某些情况下，是我们的常识。大多数16岁青少年的脊柱还

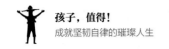
没有发育完全，所以脊柱父母们需要提供自由和必要的界限来帮助孩子构建自己的道德脊柱。

当你儿子问："我能在外面过夜吗？"一个好的答案是："不行！"他可能会问："为什么不行呢？"作为父母，我们通常的反应是——"因为我说不行！"——这其实是个愚蠢的理由。因为他很可能会在你锁上前门后从后窗出去，而且他仍然不知道你为什么拒绝他。你需要告诉他为什么，基本上是因为以下 4 个原因：性、犯罪、毒品和个人安全。

"儿子，你不能在外面过夜，因为性、犯罪、毒品和个人安全。"

"你不相信我！"

"哦，是的，我不相信。我从你早上出门的那一刻到你晚上回到家里，我都信任你，卷入性、犯罪或毒品连 10 分钟的时间都不需要，而我相信你不会。你看，我非常信任你。但是，午夜过后，这个社区的一切场所都关门了，除了性、犯罪和毒品，就没有什么别的事情可以做了。我不想让你陷入你现在还无法应付的境地。"

"但是，妈妈，大家都在外面过夜。"

"这不是真的，至少你不会。"

"你不爱我。"

"不，我很爱你。"

你的孩子并不会表现得被你说服。然而，他们中的很多人会松一口气，因为他可以以此为借口告诉朋友："我不能去，因为我父母不让我出门。"当他们构建自己的脊柱时，你就沦为了"老古板"。

无论我们是什么类型的父母，需要记住的是，我们的孩子拥有自由的意志，同时也在承受来自同龄人的压力。不管我们怎么说怎么做，总是有些青少年会在我们锁上前门后从后窗里偷跑出去。如果我们给出了说"不"的理由，而不是"因为我说不行"，即便他们偷逃出去，也能更好地保护自己。对孩子仅仅说"不"是不够的。

　　砖墙父母是出了名的爱对孩子说"不"。他们只会简单粗暴地说，"因为我说不行"或者是"因为你必须按我说的做"。"不"被他们用作强迫孩子顺从的控制工具。在砖墙家庭里，从不会给出任何有意义的解释。其后果是孩子缺乏独立的思想，对于外部强加的制约逆来顺受，或者，他们会走向另一个极端，反抗一切限制，包括他们在社会中本应当承担的责任，那些有价值的、健康的限制。

　　水母父母则很少使用"不"这个词。这通常是因为，有的水母父母来自砖墙家庭，他们发誓永远不会将这种"严厉"施加于自己的孩子。还有些水母父母自身就根本没有构建出内在的道德脊柱，无法应对孩子的要求。

　　这两类水母父母的孩子都像脱缰野马一样，没有人来指导他们发展自己内在的道德结构；或者，出于对某种秩序和结构的需要，他们会无原则地听从他人的指挥。而我敢保证，你绝对不愿意这些人来指挥你的孩子。砖墙家庭和水母家庭都会面临这样的风险：他们的孩子很容易就会被带入邪教或帮派，在那里，其他人会替他们思考问题。

　　脊柱父母会将他们说"不"的机会保留到重大问题上。而且，当他们说"不"的时候，没有让步的余地，当他们想做的时候，就会坚持到底，这一切都是从对孩子的安全和幸福最有利的角度出发。当他们说"不"的时候，他们会给出一个有意义的解释。然后，孩子就可以开始发展构建自己的内在道德结构，使他们能够负责任地、创造性地在社会上发挥作用。这些孩子也将有勇气站出来，大声抗议不公。

　　当你真正想说"不"的时候，将这个机会留给重大问题吧！余下的时间里，当你的嘴巴上开始说"不"的时候，停下来想想看，**以下这些替代的说法也许对你和对孩子都会更好：**

　　1."可以，稍等一会儿。"

　　2."给我1分钟。"

　　3."说服我。"

🌸 父母的沟通误区

除了掌握说"不"的艺术，我们还要注意以下的沟通误区，因为它们会极大影响到父母与孩子间的有效沟通和积极的家庭关系。

无效的唠叨

天气很冷，乔伊没穿外套就出门了。他并不会被冻僵——那是有生命危险的，如果是那种情况，我必须干预。现在，他只有可能着凉。我本来可以唠叨他："如果你穿上外套，你就不会觉得冷了。"可是他完全知道这个后果。**唠叨通常包含着孩子已经知道的信息，或者很容易就发现的信息。**

在父母喋喋不休的唠叨中，有一些非常经典的桥段："如果你没有打弟弟，你就不会被关进房间里。""如果你没有吃那么多糖，你就不会生病了。""如果你照我说的做，就不会惹上这样的麻烦。""如果你好好学习了，就不会不及格了。"这些信息就像我丈夫经常对我说的话："如果你没撞坏那辆车的话，我们就有两辆车了。"每当孩子将车开走，我不得不去坐公交车时，我最不想听到的就是我丈夫说的这句话。同理，孩子也不想听到你说："如果你当初穿上外套，你就不会着凉了。"

为了避免我对儿子唠叨，我走到他面前说："乔，你看上去很冷哦。"他站在那里瑟瑟发抖："我快冻僵了，我要去穿件外套。""好主意。"我说。**孩子知道如何解决自己造成的问题。**这一点你和我同样清楚，当你被困在与孩子的权力斗争中，你是注定会失败的。如果你要求他穿上外套，他宁愿冻僵也不愿意被你说中——尤其是对于一个 13 岁的孩子，他不会让你赢的。

孩子们所需要的不是父母的唠叨，而是给予他们机会，让他们面对并

解决自己的问题。如果能够有成年人支持他们，相信他们能解决自己的问题，这会非常有帮助："你遇到问题了，我知道你能解决它。"

无益的问题

以下 4 种问题，父母就不应当问，也从来就没有合理的答案。

1. 没有正确答案的问题。

譬如："你为什么要在墙上乱写乱画？"对于这个问题，你曾经得到过让你满意的答案吗？你也许会听到一些有创意的故事，各种各样的借口，或怪罪于他人。你实在没必要去判断这些答案是否合理。你不要问这样的问题，而是要发表陈述，因为陈述句会更有成效。"我们来谈谈你在墙上写字的问题。"或者："道恩，你在墙上写了字。你需要想办法在今晚睡觉之前把墙上的字迹擦掉。"请将问题的自主权和问题的解决留给孩子本人。

2. 没有选择余地的问题。

譬如："你能安静一点吗？"如果孩子拒绝怎么办？你真的给了他同意或不同意的权利吗？没有选择余地的问题实际上是打着选择旗号的命令。同样的，陈述句会更有成效。"请安静一会儿，让我想想我们要去哪里。"

3. 谴责性的问题。

譬如："你有做对过一件事吗？！""我是不是必须一直站在你旁边才能防止你陷入麻烦？"这些都是杀人诛心的问题。它们没有任何建设性，只会挫伤孩子的自尊。显然，对问题的陈述会更加有效。如："你今天早上没有喂乌龟，它看起来饿坏了。""你得想个办法，赔偿邻居的窗户。"

4. 立场不坚的问题。

譬如："这是个好主意，你不觉得吗？""我有一句话，不知当讲不当讲？"这些问题会削弱你作为家长的坚决立场。再说一次，陈述句会更

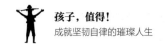

有力量，让你的孩子知道你的真实感受。如："我喜欢这个主意。""我有话要说。"

在向孩子发问前，先问问自己为什么要问。这个问题真的有必要问吗？我是需要得到回答吗？如果我直接给出陈述，效果会不会更好？"我需要有人帮我哄孩子睡觉"，这样的陈述句会比抓狂问自己"这孩子为什么还不睡觉？"要好得多。最好的问题是我们在问别人之前先问自己的问题。

空洞的威胁

"我要打断你的胳膊，拧断你的脖子！我永远永远不会再让你和我们一起出来度假了！"没有人是完美的父母。当我们疲乏劳累、气急败坏、不知所措时，很容易诉诸这些空洞的威胁来吓唬孩子，逼他们就范。当你听到这些话从你嘴里说出来时，放心，你并没有彻底搞砸，还有挽回的余地。你可以这样说："我错了，我并不是真的想要打断你的胳膊。我需要 5 分钟时间冷静下来，在我们讨论怎么解决问题之前想清楚。顺便说一句，如果你有好的建议，我很愿意接受。"

最后通牒

"如果你现在不马上停止胡闹，我就要把你送到你父亲那里去。"真的吗？你刚刚花了 1 万美元的律师费来获得孩子的监护权，现在你却威胁要把他送到他父亲那里去。"如果你不表现好一点，小姑娘，我就要把你送去孤儿院。"你知道你是不会这么做的，但是，你的小姑娘知道吗？

最后通牒没有留出谈判或回旋的空间。为了展示你绝对的权威，你将自己置于没有自由的境地。如果你儿子不停止胡闹怎么办？你真要将他送到他父亲那儿去吗？如果你女儿不表现好一点怎么办？你真会把她送到孤儿院吗？比你失去权威更严重的后果是，威胁给孩子造成的被遗弃的恐惧。

不要在愤怒的时候发出最后通牒。花些时间冷静下来，明确你对孩子的要求，然后再和孩子交流。"吉姆，我现在真的很生气，我需要时间冷静一下，然后我们再来讨论这个问题。"

讽刺、嘲笑和羞辱

我们有时会不自觉地用讽刺、嘲笑和羞辱来贬低孩子。"你姐姐从来不会做这样的事。""你就跟你妈一样。""你会一事无成。""我就知道你会做那样的傻事。""你为什么不懂点事？"

贬低是用标签来降低孩子的尊严和自我价值感。被羞辱弄得伤痕累累的孩子们也通常会使用这些标签来反对自己。"我真是个笨蛋。""我什么也做不成。"他们还会在与他人的关系中使用贬低的方式。"你敢说自己是足球运动员？""你可真蠢！"

更积极有效的方式，是表达得更加具体，更针对问题，而不是针对孩子。"尼克，请把你的脚从桌子上拿开。""用洗碗剂洗盘子前请先冲洗掉食物残渣。""你先想好怎么修理车上的剐蹭，然后就可以开车了。"

训诫、警告和命令

路上结冰了，你的女儿要开车去学校看演出。你的第一个冲动是告诉她"小心点"。如果你担心她不够小心，为什么还要把车钥匙给她呢？你还有个备选方案："路上结冰了，我知道你会小心开车的。让我们来复习下，如果车子打滑，你该怎么办？"你孩子很可能不耐烦："哎呀，妈妈！"但是一旦她告诉你她会如何处理汽车打滑，你就应该祝她玩得开心。说不定她回家后会告诉你，她的车在高速公路上因为打滑转了个 360 度。她知

道问题会发生，她也知道你对她处理问题的能力有信心，她可以和你讨论这些问题而不用担心受到惩罚。如果你告诉她"小心点"，那么，估计只有你邻居才听得到你女儿在高速公路上转了360度的故事了。

"小心点"实际上是一种请求，是一个指令，或者是一种包装起来的命令。你也许是想通过这种方式来表达对孩子的爱和关心。如果是这样，你只须说："我爱你，我有点担心。"

几年前，我从中学部转到小学部教书，带领一群孩子进行危机求生训练，结果发现我自己正处于危机之中。这并不奇怪，只不过这只是我的危机，而不是孩子们要面对的危机。我经常会被学生的父母指责，因为我拒绝提醒这些小学高年级孩子冬天出门前应该穿上外套戴上手套。这些父母经常说，他们希望孩子学会独立思考，学会做出正确的决定，不要轻易被他人左右。尽管如此，他们还是坚持要我让他们10岁的孩子在出门前穿外套戴手套。

当我问我的学生，为什么他们应该穿外套和戴手套时，他们举手回答："因为我妈妈这么说的。"或者："因为如果你不这样做，你就会得肺炎。"第一个理由不是一个好理由，而第二个理由根本就不正确。

如果你碰巧既是学校的老师又是学生的家长，我敢打赌你一定见过那些从不穿外套的孩子，而且出人意料的是，他们几乎不生病。他们每天都来上学，他们从不得流感，也从来不会得水痘，他们更没有患上肺炎。你还会见到一些孩子，他们的父母将他们一层层包裹起来，在他们上车前会先把车子预热，开车将他们送到学校，然后交给老师一张纸条，上面写着："今天不要让他出门，外面太冷了。"这些孩子反而在冬天因为流感发烧或者肺炎经常缺课。显然，不穿外套不戴手套并不会让你得上肺炎。当你在教孩子如何思考时，不要对他们撒谎。

我会教给孩子们真正的原因。我举起一块冻肉，说："孩子们，看看这块肉，它是不会动的，对吧？摸上去冰冰凉。现在摸摸你自己的身体，暖暖的，对不对？摸摸你的心，它正在跳动。如果你扣好你的外套，将温暖的空气留在里面，你的心脏会继续跳动。但如果你把外套全敞开，或者更糟糕，根本不穿外套，那么所有的热空气都会跑光光了，冷空气会进来，将你的器官冻结住。你的心脏、肾脏、肝脏等等内脏，就会像这块肉一样。"孩子们说："天哪，好恶心。"我没有对他们撒谎。这就是穿外套的原因，这样你的器官就不会冻结。"但是你们不必担心，你的身体会照顾好自己的。它会从那些不那么重要的器官上吸收热量来保护自己，首先是你的手。"我向他们展示一些照片，黑乎乎的冻伤的手指，还有冻掉手指的光秃秃的手掌。"这就是为什么你们需要戴手套。"在我结束了这节课之后，大部分孩子都做出了不让自己的器官冻结的决定。

如果你发现自己在替孩子思考，这样的做法多半来自家族遗传。回想上次你去自己父母家的情景，当你出门的时候，你妈妈有没有说，"别忘了多穿点"。你现在是一个负责任的成年人了，但你仍然会听到爸妈对你说"别忘了多穿点"。或者当你带着自己的孩子走出家门，你爸爸会对你说："你是不是给孩子穿得太少了？"你父母是为你着想，但其中隐含的信息是："你最好听我的。"

理查德·莫法特（Richard P. Moffat）讲述了一位朋友周末去探望母亲的故事。一天的旅行让她觉得很疲累，她很早就上了床，开始读书。几个小时后，她的阅读被打断了，因为她妈妈过来敲门说："都快半夜了。你不觉得现在还看书有点晚了吗？""妈妈，"她回答她那97岁的母亲说，"我已经62岁了，我想多晚睡，就可以多晚睡！"

孩子们不需要你给他们灌输想法，而是需要了解关于他们自己和关于周遭世界的大量信息，以及给予他们许多做决定的机会，包括做出一些不那么明智的决定。只要他们的决定不会危及生命、没有道德威胁，或者没有损害健康，那就让他们自行选择吧，自己面对后果，并且从中学习和成长。

要想成为一个负责、机智和坚韧的人，第一步就是要信任自己。正如

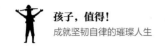

美国著名作家菲丝·鲍德温（Faith Baldwin）所说："人格的建立需要漫长的过程，但它却能在难以置信的瞬间被摧毁。"**孩子不需要太多的"不"，不需要任何的唠叨、不必要的问题、空洞的威胁、最后通牒以及训诫、警告或命令。他们真正需要的是支持、解释和鼓励、让他们自己负责的机会以及引导他们独立思考。**

　　让我们彼此善待。

　　　　　　——奥尔德斯·赫胥黎（ Aldous Huxley）临终前的讲话

第六章　我要做我自己

> 我希望你们能为你是谁、你在做什么、你拥有什么，以及你在追求什么这类的问题感到兴奋。我要让你看到，你可以远远超越现在的你。
>
> ——维琴尼亚·萨提亚（Virginia Satir），
> 《家庭如何塑造人》（*Peoplemaking*）

当襁褓中的宝贝对你微笑时，你情不自禁地微笑；当他迈出人生第一步时，你兴奋地鼓掌；当他叫出第一声"妈妈"时，你喜悦满怀——啊，为人父母的体验是如此美妙、收获满满。可是很快，你的宝贝就学会了说这个可怕的词："不"。他将"不""不要""不行"时刻挂在嘴边。他已经走出婴儿期，进入了"可怕的两岁"，这是他们人生的第一个叛逆期。于是你开始翻找出生证明，想看看上面有没有退货条款。

孩子们通常会在以下 3 个年龄段经历叛逆期：两岁、5 岁和青春期。为了彰显自己的个性和独立性，他们在身体上和情感上都与最亲近的看护人保持距离。两岁的孩子会反抗他们的母亲："我要做我自己，我和你不同！"通常爸爸很难理解为什么妈妈无法和这个可爱的、独立的两岁小孩好好相处；而妈妈快要疯掉了。如果爸爸是第一看护人，情况则正好相反。5 岁的时候，他们会同时反抗爸爸妈妈："我要做我自己，我和你们两个不同！"现在爸爸快要疯了，妈妈则安慰他说："这种情况我已经经历过一次了，一切都会过去的。"到了青春期，孩子就会反抗所有的上一代人，而你我恰好就是上一代人的代表。"我要做我自己，我和你们所有人都不同！"如果你碰巧同时拥有一个两岁的孩子、一个 5 岁的孩子，还有一个处于青春期的孩子，你会时时有崩溃抓狂的感受，现在你终于找到了原因。如果你碰巧还有一个年近 40 的配偶，恭喜你，你已经收集齐了叛逆期的全部年龄样本！不过不用担心，你要顶住，它终究是会过去的。

在每一个叛逆的年龄阶段，孩子们都试图通过与父母分离来建立自己的身份认同，他们会用各种各样的方式宣告："我要做我自己。"两岁的小男孩会坚持要自己穿衣服，即使他把第 1 个扣子扣到了第 3 个扣孔里，他的裤子穿反了，鞋子也穿错了脚。

5 岁的小女孩则喜欢在父母和朋友交谈时公开反驳她的父母。"妈妈，你弄错了。我没对哥哥说过这句话。""但是，爸爸，你全都说错了！"

学校的舞会上，你 13 岁的女儿不打算穿裙子，而你刚刚在最堵车的时段开车 20 公里去干洗店帮她取回这条裙子。她穿上了你的阔腿裤和她爸爸的毛衣去舞会。"现在没人穿裙子去跳舞。"

尽管这三个叛逆的年龄对于父母和孩子来说都是艰难的成长时期，但这 3 个家庭都会在第 3 个叛逆期面对最大的冲击。因为在这个阶段，青少年会说："我要做我自己，我和你们所有的上一代人不同！"

一位少年梳着爆炸头发型走了进来。砖墙父母说："我的孩子绝不允许留这种发型。你现在就给我把它拉直，否则你就别走出家门。"少年心想："在这个家里，我没法做我自己。"

一个十几岁的女孩浓妆艳抹地走进客厅。砖墙父母说："我的孩子绝不允许脸上画着这些垃圾出门。你现在就把它洗干净，否则我就亲自来擦掉。"女孩心想："在这个家里，我没法做我自己。"

在我十几岁的时候，一个来自砖墙家庭的朋友会在上学后把头发卷起来，化妆，把裙子截短，当她的父母走进学校时甚至都无法认出自己的女儿！在她父母面前，她不能做她自己，也不能表达出她的真实想法。我朋友说："我只有在父母面前，才是他们所认为的那个样子。我不能告诉父母我真实的样子，因为他们是不会同意的。"

砖墙父母设置了森严僵化的规则，以"你不许"和"你胆敢"的方式来命令孩子。他们不教导孩子，也从不让步，相反，他们会不断地挑起一场场意志的较量。在第 3 个叛逆期的意志冲突中，要么是父母取得决定性的胜利，让孩子压抑自己的愤怒，将它们深藏于心；要么是孩子冲破樊篱，显现出危及生命、有道德威胁或是损害健康的严重叛逆。无论哪种方式，青少年都会失去尊严和自我价值。孩子说："在这个家里，我没法做我自己。"

> 人若一直遵照标准和迎合他人的期许来展现自我……当他揽镜自照时，他将无法看见自己。
>
> ——玛丽·山姆·瑞（Mary Summer Rain），《轻言细语的智慧》
> （*Whispered Wisdom*）

水母家庭有两种类型，A 型水母父母不愿意疏离他们的青春期孩子，他们想要效仿他们。如果孩子烫个爆炸头，妈妈也会烫！在这个家里不只是一个青春期孩子，而是两个——妈妈和孩子。少年会想："在这个家里，我没法做我自己。"

男孩拿着一条破洞牛仔裤回家，爸爸问是否可以借给他穿。男孩想："在这个家里，我没法做我自己。"

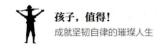
十几岁的女孩正在练习一种新舞步。水母父母说："教教我们。"这个可怜的孩子于是不得不忍受父母在学校集会上跳流行舞。女孩想："在这个家里，我没法做我自己。"

A型水母家庭的青少年竭力想要获得任何形式的承认，证明他是独立于父母而存在的，他是不同于他们的，他是一个独特的有能力的自我。问题是水母家庭让这个少年如此迷茫，他无法从父母那里学会应该怎么做。"我不能做我自己，我甚至不知道'我'是谁。"

在B型水母家庭中，父母很少为孩子提供监督或指导，他们自己通常都还处在叛逆期中，无法找到自己的身心归属。为了赢得他人的认可，来自这类水母家庭的青少年常常会穿着出位、行为出格。

孩子说："我没法做我自己。家里没人注意到我的存在。我要设法让他们注意到我！我'做自己'做得还不够吗？他们为什么不在乎呢？"

> 当一个人的个性完全被忽视时，就像是被人悄无声息地从生活中驱逐了出去，就像是一盏被人吹灭的灯。
>
> ——伊芙琳·斯科特（Evelyn Scott）

这些家庭里的孩子没有一个能有机会去探究他们是谁，或者他们将会成为谁。砖墙少年必须成为父母希望他们成为的样子，或者冒着严重叛逆的风险，试图同父母证明他可以做自己，那种让父母无法接受的自己。水母少年则缺乏榜样或指导，无法从父母那里得到指引。水母少年会依附于他人以获取支持，哪怕需要牺牲自我。或者，他会将自己封闭起来，不再感到失望和被伤害。在将自己封闭起来逃离痛苦的同时，他也关上了寻求帮助、勇于尝试、拥抱他人的幸福之门。

作为脊柱家长，当你的孩子顶着爆炸头走进来时，你能做的一件事就是让他知道，你不喜欢这样。当你喜欢时，这就不是叛逆了。如果你告诉他你喜欢他的爆炸头，他就不得不将两侧的头发都刮掉，将顶部的头发染成紫色，喷上发油，以期达到让你憎恶的效果。你看着他说："真难看！"然后补充说："但这是你的头发。"你正给予这个十几岁男孩一个机会，让他感觉到："在这个家里，我可以做我自己！"

你身边的亲戚朋友可能会对你指指点点。脊柱父母通常需要承受来自砖墙亲戚的谴责："你就让你的孩子这样出门吗？"你还真需要点勇气才能对所有人说："这是他自己的头发！"

结果是，即使在砖墙亲戚面前，你孩子也能坚定地说："我可以做我自己。"

> 当我面对孩子时，会激发出我的两种情感：爱他现在的样子；尊重他将成为的样子。
>
> ——法国著名微生物学家路易斯·巴斯德

❀ 发型的叛逆——孩子需要从小的错误中学习成长

唐·萧（Don Shaw）是我们校区的健康教育总监。他说，如果你在孩子进入青春期之前就让他们自己做大多数的决定，前提是他们的决定不会危及生命，也没有道德威胁，又不损害健康，那么当他们进入青春期后，他们很少会有天翻地覆的叛逆，因为一个人很难反叛自己的决定。

在我儿子约瑟夫六年级的时候，唐的话应验了。约瑟夫向我走来，说他想理一个莫西干发型，就是把两侧的头发剃掉，并在上面刮出两道条纹。我告诉他我肯定不会喜欢，但既然它不危及生命，也没有道德威胁，又不损害健康，而且头发还会重新长出来，我是可以忍受的。当发型师给约瑟夫洗头的时候，我正坐在旁边读一本好书。发型师说很多女孩都宁愿舍弃自己的牙齿来交换约瑟夫那头好看的金发，而约瑟夫却告诉她，他想要理莫西干头。发型师走到我面前，对我说："你儿子想要莫西干头，可以吗？""我说我不喜欢莫西干头，但它并不危及生命，也没有道德威胁，又不损害健康，而且我知道头发还会重新长出来。"发型师看着我说："你儿子也说了同样的话。"你看，孩子们学话有多快。

发型师给约瑟夫理了莫西干头，经过她的巧手打理，这发型在第一天里看起来还不错。结果第二天，约瑟夫就悲剧了，他自己不知道应该如何打理这个怪异的莫西干头，只能顶着这个奇形怪状的发型去学校，接受同学们的嘲笑。在这次理发风波之后，他在那一年里又做了七八次特立独行的发型尝试，然后，他终于在七年级的时候回归了传统发型。

约瑟夫的六年级对我们来说也同样是一个阻力重重的难关。在家庭聚会上，我们经常遭遇亲戚的批评："你不能只管工作，不管孩子。"亲戚们觉得，约瑟夫理莫西干头是我的错。我每个月有 5 到 7 天的时间在外面巡回演讲，有 23 到 25 天的时间在家，而约瑟夫理了个出格的发型，这都是我的错。亲戚们通常认为，如果你外出工作，孩子出了什么问题，那就是你的错，因为你"只管工作，不管孩子"。如果你是全职在家照顾孩子，孩子们出了任何问题，也是你的错，因为你纵容了他们，似乎你怎么做都是不对的。

你还会经常听到的声音是："如果你让他在 11 岁的时候就做这样的事，那他在 16 岁的时候还有什么事不敢做？"可是我相信，如果你让孩子做出选择，允许他们犯点小错，他们以后就很少会犯那些代价高昂的大错。孩子需要从这些小的错误中学习成长。

当我们家族的一位亲戚当面斥责约瑟夫的发型时，他的姐姐玛丽亚为他辩护说："姨妈，这并不危及生命，也没有道德威胁，又不损害健康，你看，它已经长回来了。"

　　玛丽亚的好朋友让玛丽亚帮她梳了一个小辫子，她男朋友非常喜欢这样的发型，问玛丽亚能否帮他也梳一个。玛丽亚自然乐意帮忙，她细心地将他的全部头发都编成了小辫子，并且确保每根辫子都竖得笔直。男孩像一只受惊的豪猪，走进了自己的家，女孩们就跟在他的身后，他们都期待着男孩妈妈的强烈反应。男孩的妈妈只是惊叫道："我真的很喜欢你的这件衬衫。"她丝毫也没有评论他的头发。男孩扎着满头的发辫睡了两个晚上，他父母都没有对他的新发型做出任何反应，于是，他请求玛丽亚帮他解开了发辫。

🌸 教他们如何思考，而不是灌输想法

　　父母真正的力量在于为孩子赋能，而不是控制他们，让他们听话。这件事说起来容易，做起来却困难重重。我们声称我们希望孩子能成为自律、坚韧、有爱心的人，知道如何独立思考，而不是接受他人的想法。然而，我们却经常发现我们正在教他们按照我们的想法来思考。从孩子蹒跚学步时起，我们就听到自己对他们说："自己想着点儿，别忘了你的外套和手套。""自己想着点儿，你马上要有考试了，你难道不该复习吗？""如果你将鞋子放在一个固定的地方，你就不会找不到它了。要我告诉你多少遍，自己想着点儿？"很多孩子在他们成年后的头几年都试图学会独立思考，因为他们一直是在接受我们的想法，却很少有机会去练习如何思考。

　　为了相信他们能解决自己的问题，孩子需要自尊、正直和自我的力量感。责任和决策有助于创造这种能力。教孩子掌握决策之道的一个有效办法是让孩子自己做决定，在整个过程中引领他们，不要加以评判，让他们在自

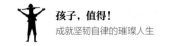
己决定的后果中成长。错误和糟糕的选择都将成为孩子自己的责任。只有在孩子建设性地解决了问题之后，这些选择所带来的伤害和不适才会消失。通过掌控局面，孩子的尊严、正直和自我价值都会得以提升。

因为责任和决策是自律的先决条件，我们需要给予孩子信任，让他们去承担责任，并在他们的整个童年时期给予他们机会去做重要的决定。他们的责任和决策需要与他们的年龄相称，并且要有意义。比如说，让 15 岁的孩子修剪草坪是适当的，而要求 5 岁的孩子去修剪草坪就明显不合适；4 岁的孩子可以帮忙在洗衣服前分拣衣物，12 岁的孩子应该会分拣、洗涤、晾干、折叠和收好衣服，虽然他做这些事情时并不一定会很开心；6 岁的孩子还不具备学校选课所必需的技能和智慧，16 岁的孩子可以查看学校的课程目录来安排自己的选修课程，而 18 岁的孩子则可以自行决定要不要去上学，并且接受他所做选择带来的后果。

然而，有些事情是不容置疑的，绝不会让孩子来决策。在我们家，无论你是 5 岁、15 岁，还是 40 岁，如果你骑自行车的话，一定要戴头盔。我们家孩子都知道，只有所有乘客系好安全带后，我们家的汽车才会发动。

有些决定和责任必须是由父母来承担。具体是哪些责任，不同的父母会做出不同的选择。但是家长首先要问自己的是，我之所以做这个决定或承担这个责任，是因为我害怕将决定权交给孩子，害怕失去控制，还是因为这是作为一个明智和关爱的家长必须要做的事？

检查一下你作为父母承担的责任和你愿意让孩子承担的责任。从我们开始让他们承担责任和自主做决定的那一天起，直到他们长大离家，我们需要不断增加他们承担责任和做决定的机会。然后，当他们真正离家时，他们将自己做决定，并为自己的行为承担全部的责任。

孩子做决定承担责任的能力并不是水到渠成的，它需要我们循序渐进地引导和培养。

🌸 让孩子做决定

我的孩子安娜、玛丽亚和约瑟夫要做很多决定，但他们不用做全部的决定。当约瑟夫还是个蹒跚学步的孩子时，我不会问他："你现在想不想睡觉？"这不是他在3岁时就能做出的决定。但我会这样问："你想现在穿红睡衣睡觉还是蓝睡衣睡觉？"穿什么睡衣是一个3岁孩子可以决定的。然后，我那极有主意、极富创造力的儿子穿着蓝色的上衣和红色的裤子出现了。混搭睡衣并不会危及生命，没有道德威胁，也不会损害健康，所以，为什么不呢？这本不该是我的选择，但对孩子来说，这却是个小小的机会，让他觉得"我可以做自己"。当他准备起床去上幼儿园时，我说："这里有三套衣服，你可以选出你想穿的那套。"曾经有一段时间，约瑟夫喜欢混搭这三套衣服。当我送他去幼儿园时，人们总会用异样的眼神看着我。我受够了这种眼神，就做了一张铭牌，约瑟夫自豪地将铭牌挂在身上，上面用粗体字写着："我自己选衣服！"最近这段时间，我也真的很想再将这张铭牌挂在我家那几个青春期孩子的身上。

随着孩子年龄渐长，让他们做决定和承担责任的机会越来越多。"玛丽亚，这是你的校服，这是你的运动服。你自己来决定今天穿什么。"玛丽亚经常会将衣服穿得一层摞一层，漏出里面衣服的边儿。在体操日，她会穿深绿色的紧身裤、浅绿色的紧身衣、红色短裤、白色袜子，袜子要穿到短裤和脚踝的半中间，这样可以露出深绿色紧身裤；高帮鞋，没有鞋带，超大号的衬衫，上面有红色、绿色、黄色还有蓝色的条纹，上面的绿色绝对不会匹配她的绿色紧身裤和紧身衣，这样她的紧身衣才能凸显出来。我需要再次提醒自己，这样穿丝毫不会危及生命。

我18岁的女儿安娜从两岁半就开始自己挑选衣服了。我不用对她说："这里有三套衣服，你挑一套。"或者："这是你的校服，这是你的运动服。"

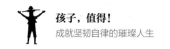
她完全不需要这样的协助。我认为她现在已经很有能力自己搭配衣服了。我很乐意她向我征求穿搭建议，但我也相信她独立思考的能力。

一位 6 岁女孩的妈妈担心孩子无法自己准备上学穿的衣服，因为每天早上都是妈妈提前替她打点好。几天前，妈妈终于给了女儿自己准备衣服的机会，但当女儿一只脚穿着蓝袜子另一只脚穿着黄袜子来吃早餐时，妈妈大吃一惊。如果是妈妈准备衣服，这种情况是绝对不会发生的。妈妈提醒女孩穿了两只不同颜色的袜子，女儿回答说："哦，是的，我只能找到一只蓝袜子，一只粉袜子，还有一只黄袜子，你我都知道，粉色和蓝色是不能搭配的。"你看，女孩已经在独立地思考，并做出了她认为是合乎逻辑的选择。

砖墙家庭——为什么我的孩子变得不听话了？

当砖墙家庭的孩子刚开始步入青春期时，父母不会让他们增加承担责任和做决定的机会，反而是继续制约他们的选择。（"这里有三套衣服，你挑一套。"）现在，这个孩子已经学会了如何取悦砖墙父母。他知道如果选错了衣服，父母就会冲他嚷嚷："你不能穿那个！"或者委婉地说："如果你喜欢，你可以这样穿，只是不要告诉任何人你是我们家的孩子。"还有一种更委婉的说法："你可以穿这身衣服去参加家庭聚会，但要记住，你奶奶的心脏不好。"

当青少年决定不再取悦父母时，重大的问题就出现了。砖墙父母经常对我说："你看我们家孩子！他曾经是那么听话的一个孩子，那么乖，那么有礼貌，那么穿着得体。现在看他变成了什么样子！"我会回答说："你知道吗？你的孩子并没有变。从他很小的时候起，他就照你说的穿，照你说的做，照你教的说。他一直在听别人的话，一直在照别人的要求做。他现在也没有变，他还是在听别人来告诉他该做什么。问题是，这个'别人'

已经不再是你了，而是他的同伴。你们家孩子还没有学会如何独立地思考。"

水母家庭——没有决策的机会，就没有自我意识

在水母家庭中，青少年很少有承担责任和做决策的机会，而且这种情况还将持续下去。这些青少年要么寻求依从别人的领导，要么完全自行其是，拒绝他人的支持、鼓励或建议。那些寻求他人领导的人往往会依附于强大的、有魅力的领导者来填补内心的需求或空缺。他们很容易被领导者洗脑，任其掌控自己的意志、精神和身体。由于缺乏强烈的自我意识，这些青少年只能通过他们与领导者的依附关系来定义自己。而那些变得完全自行其是、极度独立的青少年则永远无法体会到人与人之间相互依赖的便利和乐趣。他们的座右铭是："如果要做这件事，我就得自己动手。"

脊柱家庭——强意志的孩子 + 支持型的父母 = 独立思考者

有些孩子从小就有强烈的自我意志，作为他们的父母并不容易。但我想指出的是，当孩子很小的时候，你也许还无法领会强烈意志的好处。而等到他们进入十五六岁直到 20 岁出头，你会发现养育这样的孩子往往比养育顺从的孩子要容易得多。顺从的孩子在小时候很容易被引导，因为他们依赖成年人的认可，习惯于取悦成年人。他们在十几岁的时候也很容易被引导，因为他们仍然在追求同样的两件事：取悦他们的同伴，获得他们的认可。意志强烈的孩子从不会轻易被任何人领导——他们不会被你领导，也不会被他们的同伴领导。所以，为你孩子在幼年时期的强烈意志喝彩吧，在他特立独行得让你棘手时，给这个拥有强烈意志的孩子一个拥抱，要知道，你培养的独立思考能力将让他在十几岁的时候大为受益。

仔细审视一下你在家里给予孩子做决策和承担责任的机会，看看随着

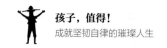

孩子年龄的增长，你是否在逐渐给予他们更多的机会。作为一个明智的关爱的父母，有些决定和责任你需要牢牢把控在自己手里，其余的机会，你都可以逐渐移交给你的孩子。

脊柱家庭的青少年从他们很小的时候开始就知道他们是被倾听和被关心的，他们对于父母很重要。他们可以自由地表达自己的感受，可以犯错误，从错误中成长，并逐步地成长为一个负责任的、机智的、坚韧的和有爱心的人，他们可以从自己的最佳利益出发，站出来行使自己的权利，同时也会尊重他人的权利和合法需求。他们是在真正发展自己的个性。**脊柱父母会通过 6 条重要的人生讯息来为孩子提供全方位的支持；他们通过赋予孩子学习的契机来管教孩子；他们教孩子如何思考，而不是灌输想法；他们允许和鼓励孩子的叛逆，只要它不危及生命、没有道德威胁或损害健康。孩子们说："在这个家里，我可以做我自己。"**

如果你允许孩子在他们年纪尚幼的时候就通过小的反叛、选择和决定来表达他们自己，当他们成长到第三个叛逆期时，他们就会有脊柱的支撑来生发出他们的自我。

胜人者有力，自胜者强。

——《道德经》

第七章　要冷静，不要麻木

任何人都会生气——这很容易。但对正确的人、以正确的程度、在正确的时间、为正确的目的生气——那并不容易。

——亚里士多德

在我的特教班上有一名9岁的学生，据他的父母、老师和辅导员说，他的手眼协调能力很差，眼睛和手有时无法接收到大脑指令。然而有一天，他表现出了非常好的协调力，对着另一个学生的下巴一拳揍了过去，又准又狠。他看着我抱怨道："我叫我的手别这么干，可它还是干了。"

他经常用这个理由作为借口，期待着这次也同样奏效。所以他对我的回答非常意外。我对他说："你很生气，你自己要对你处理愤怒的方式负责任，别人帮不了你。我觉得你需要一些时间冷静下来，然后想办法解决这个问题。我知道你能做到。在我们班上，如果你打了人，你就得静坐，但你不是在教室里静坐，你得去'机会室'，因为这是你留在这里的最后机会。"

111

这个学生习惯了将自己的残疾作为借口，他恳求道："是他让我生气的，这不是我的错，是他让我打他的！"这个孩子还远不能理解人际关系中一个重要的真理：别人是无法让你愤怒的。他们可能会戏弄你，挑衅你，惹你生气，但你才是选择对此作何反应的那个人。你要为自己的选择负责，并承担随之而来的后果。

一名 12 岁的学生大发脾气，躺在教室的地上哭闹不休。作为一名有特殊需要的学生，他接受过各种各样的治疗，所以他对所有的术语都了如指掌。他可以告诉我他是否在接受弗洛伊德疗法后走出了他的本我、自我或者超我；在格式塔疗法中，他是"优势"（Top Dog）还是"劣势"（Under Dog）；他还能告诉我，在交流分析疗法中，我是属于父母型、成年型，还是儿童型。事实上，在我就读硕士学位的情绪障碍综合考试中，这个孩子甚至可能会比我考得还好。当他挥舞着双臂和双脚，捶打着地板时，我只是站在那里，难以置信地盯着他。他抬起头，一滴泪珠从脸颊滑落下来，他哭喊着："我控制不住，我有情绪障碍！"他说得没错。他还不能理解，当初正是因为他的行为使他进入了这个情绪行为失调的班级。如果他不这样做，他就不会有情绪障碍了。

在我班里还有一个小女孩，她总是试图顾及别人的感受，并总会因为自己而道歉。她经受过严重的虐待并遭到遗弃，当她发现自己玩得很开心的时候，她就会感到内疚和害怕，时刻警惕着大人们有没有发出愤怒、沮丧或准备攻击她的微小信号。

这些孩子没有学会接受和掌控自己的感觉，也没有认识到他们可以为自己在这些感觉上的行为负责。

在我的成长过程中，我经常会将自己的暴怒归咎于我的急性子，这肯定是从我父亲那儿遗传来的，而我父亲说他是遗传自他的父亲，这可真是有其父必有其子。然而在我 18 岁那年，我终于意识到，我的坏脾气其实与我父亲无关——他有他的坏脾气，我也有我的坏脾气，而我是唯一那个要对自己脾气负责的人。坏脾气不会自行消失，而我需要学习更多更好的方法来应对它。

即便是现在，我已经 45 岁了，每当我感到疲乏、劳累、沮丧、束手无策的时候，我发现从前那些行为模式、那些坏脾气都会显现出来。我知道自己即将爆发，但现在的我有自我觉察的能力，我会在我挥舞着坏脾气的斧子伤人之前就将它放到一边，花时间去寻找一个更合适的工具来养育我的孩子。

在破坏性工具伴随下长大的我们可能永远无法完全摆脱它，但我们可以确保不要将它用在自己孩子的身上。令人庆幸的是，只要我们有决心有办法，我们的孩子将不会在他们自己的工具箱里找到这些工具。在这一点上，我的孩子给了我极大的希望，他们没有"继承"我的坏脾气。我不认为坏脾气是遗传，而是孩子在学习我们如何处理情绪。

那些在愤怒和沮丧中撕烂数学书的孩子也许不知道其他表达愤怒的方式，他们可能目睹过愤怒的父母在厨房里摔盘子。殴打同伴的孩子可能自己也曾被父母打骂过，其原因是他们犯了一个小错，或者仅仅只是妨碍了父母的工作。一不如愿就在地上打滚、撒泼耍赖的孩子是在用这种技巧来要挟成年人。这些行为都是孩子们学来的。

我们可以教会孩子用更恰当、更负责任的方式来表达自己的情感，以替代这些不负责任的行为。但首先我们需要让孩子知道，他可以表达自己的情感，不论他感觉到快乐、焦虑、悲伤、愤怒、沮丧……这都是正常的。 情感是成长的动力，或者是警示我们需要改变的信号。当我们开心或快乐时，我们就有了成长和向外发展自我的能量。当我们生气或受伤时，我们的情感在头脑和身体发出信号，告诉我们有些事情是不对的，需要做出改变。有时候需要改变的不是事情本身，而是我们对它的看法。例如虽然我仔细挑选了一条看起来最快的队，但我仍然在收银台前排了很长时间，我为此感到生气，可是这个生气的感受让我既不舒服又没有帮助，而且还使等待

的时间看起来更长了。于是我决定用这个等待的时间来记账。我已经改变了自己对事情的看法，因为在那一刻我无法改变排长队的事实。我们无法控制发生在我们身上的事情，但我们可以选择自己应对事情的方式。情绪也是如此。**情绪没有好坏之分——它们是真实的。而我们应该对我们出于情绪所采取的行动负责。**我可以生气，让愤怒吞噬我，疯狂地攻击身边的任何人和任何事，或者我可以把这种愤怒当成一个警示信号，提醒我有些事情需要做出改变——不管是事情本身还是我对待事情的态度，选择权在我。

精神病学家、大屠杀幸存者维克托·弗兰克尔（Viktor Frankl）在《活出生命的意义》（*Man's Search for Meaning*）一书中生动地写道："我们这些生活在集中营里的人，会记得那些在营房里抚慰他人、将最后一块面包送给别人的人。这样的人尽管为数不多，但他们提供了有力的证据，证明人所拥有的任何东西，都可以被剥夺，唯独人性最后的自由——也就是在任何境遇中选择自己态度和生活方式的自由——不能被剥夺。"

🌸 3 类家庭的情感

砖墙家庭——负能量导致的 3 种结果

在砖墙家庭中，父母要求孩子服从，并通过恐惧来进行统治。孩子在很小的时候就被父母教导不允许表达他们的真实情感和真实自我。喜悦、关心和幸福这类情感的自然流露被遏制住了，因为所有的情感都被父母所遏制。孩子流露出愤怒、敌视、反对和悲伤之类的情感还会受到惩罚。久而久之，孩子对父母变得非常警惕，他们不会再自然而然地表达任何情感，而是必须先和父母"确认"一下，看看这种感受是否合适。

当砖墙家庭的幼儿开始探索外部环境时，他们会因为好奇好动而受到训斥，甚至是挨揍，被要求安静下来，不要乱动。当他们为了好玩跳进泥坑时，会被告知要马上回家清理干净，并且再也不许这样做。当他们试图安慰伤心哭泣的弟弟妹妹时，会被警告不要理他们。当他们好奇地伸手去抓空中曼舞的雪花时，会被父母推进房间，以免他们患上感冒。如果他们经常被父母这样对待，打断和忽视他们的感受，孩子会开始认为他们没有价值，当他们快乐时会感到内疚和焦虑。他们会对父母暴怒发作前的微妙信号保持经常性的警醒。因为他们很少见到父母开怀畅笑和享受生活，孩子自己也很少能够开心和享受生活。这其中隐含的讯息是，生活是受苦，而不是享受。

孩子愤怒、恐惧、悲伤或受伤的情绪不仅被压制，他们还会因此受到惩罚或被否定。

典型言论：

"别跺脚，否则我打你屁股。"

"不许那样对我说话，否则我就用肥皂将你的嘴巴洗干净。"

"在你这个年纪，早就该关着灯睡觉了。"

"你是个胆小鬼。"

"别哭了，有什么好怕的，那只是一只老鼠。"

"大男孩不能哭。"

"我会一直揍你，打到你不哭、向我道歉为止。"

"起来，你摔得没那么重。"

因为被勒令禁止表达这些情绪，孩子们会困顿于自己的愤怒、恐惧、悲伤和受伤的情感中。他们有时甚至拒绝承认自己生气或感觉到受伤，也无法摆脱这些感觉带来的负面能量。

典型言论：

"我爸爸就是这样的，我已经习惯了他的粗暴，他这样做是为了我好。"

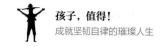
"我妈打我的时候，我从来都不哭。我永远不会让她看见我哭。"

"这其实也没那么难过。"

这些负面能量在孩子的体内积聚，就像是锅炉里的蒸汽压力一样，最终会导致以下 3 种结果：

1. 消极的自我破坏行为

消极的自我破坏行为是缺乏自尊，甚至是自我憎恨的信号，例如自我贬低的言论、自残、性成瘾、吸毒成瘾、酗酒、身心失调、饮食失调、抑郁症，以及最终的自我毁灭行为——自杀。消极破坏型的人经常回避表达自己的情绪，或者会指责他人"造成"了这些情绪。消极的破坏行为不但无法解决问题，反而会对身陷问题的人造成伤害。

典型言论：

"没关系，我不难过。"

"是他逼我这么做的。"

"反正没人关心我。"

2. 针对他人的攻击性行为

针对他人的攻击性行为是指故意伤害他人的行为，例如打架、争吵、怪罪他人、勒索、虐猫、虐待儿童、虐待配偶以及谋杀。攻击型的人试图通过暴力、言语辱骂或者两者兼施来控制他人。然而，攻击他人的行为并不能解决最初的问题，相反，它们还会带来新的问题。

典型言论：

"把你的午餐钱给我，否则我就把你踹到地上。"

"嘿，笨蛋，你连鞋带都不会系吗？"

"你看起来像个流浪汉！到这里来，看看将你脸上的这些垃圾擦掉是什么感觉。"

3. 消极的攻击性行为（以上两种行为的结合）

消极的攻击性行为会以一种创造性的方式将以上两种行为结合起来，

表明这个人既不对自己负责，也不对他人负责。康斯坦斯·登布洛斯基（Constance Dembrowsky）是责任导向教育领域的一位著名权威作家，他在《个人和社会责任》（*People and Social Responsibility*）这本书里描述了消极攻击型的人，即那些暗中设计让他人失败的人。他们不直接处理人或事，而是用不正当的方式进行打击报复……他们使用讽刺或贬低的言论，却说自己只是在开玩笑。他们假装忘记了自己的愤怒，却极力通过以下方式来报复：搞砸事情；忘记事情；假装误会而做错事情；找借口迟到；故意曲解别人的意图。他们实际上是在隐藏愤怒，并利用负能量想办法以间接的方式报复那些让他们生气的人，就好像他们不是有意为之。

消极攻击型的人会在身体、精神和情感上毁灭自己，伤害别人，并产生更多的问题。

> 上帝拯救孩子们
>
> 他们被困在诡计中
>
> 生活在恐惧里
>
> 隐藏起痛苦
>
> 被魔鬼重击
>
> 他们徒劳地尖叫
>
> 感受到愤怒
>
> 然后做同样的事情
>
> ——史蒂夫·林奇（Steve Lynch），
>
> 《卡尔顿之声》（*In the Carleton Voice*）

水母家庭——界限模糊导致孩子依赖他人

水母家庭的孩子无法学会辨识他们的感受或者负责任地表达感受，因

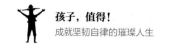
为父母通常是以极端的方式来表达自己的感受以及回应孩子的感受。他们要么用自己的感受来压倒性地替代孩子的感受，不鼓励孩子直面和处理自己的情感，以此来保护他不受情感表达的后果影响，要么父母会完全无视孩子的感受。

典型言论：

"振作起来，这事没那么糟糕。我们去吃个冰激凌，别再想它了。"

"哦，我会打电话给你的朋友，告诉他你不是有意伤害他的。我们会邀请他过来玩。"

"别为那只沙鼠难过啦，我已经买了一只新的给你。"

"我知道你不是故意要打她的。再说，她一开始就不该来烦你。"

"别烦我了。难道你看不出我已经够头痛了吗？"

由于在水母家庭中很少或者根本不存在界限，父母和孩子的情感常常会交织在一起，孩子根本搞不清这是谁的感受。例如孩子赢得了单词拼写比赛，妈妈喜出望外，夸奖儿子说："我真为你骄傲。你让我太开心了。"然而，孩子自己的感受从来没有被探讨，甚至没有被承认过，重点只在于妈妈的感受。于是乎，孩子觉得自己有义务赢得越来越多的比赛，好让妈妈高兴，尽管他并不真的想参加这些比赛。孩子想：妈妈这么高兴，我要是不去做这些让她高兴的事，我会觉得内疚的。那么，我也应该试着为参加这些拼写比赛高兴起来，虽然我已经极度厌烦了。他从来都没法向妈妈坦言："我连想到另一场比赛都会害怕。"儿子学会了假装，对自己的真实感受感到困惑，并不惜牺牲自己的感受来取悦父母。他过分在意别人的需求和感受，而牺牲了自我意识。在他的认知中，自己的感受没有别人的重要。他学会了顾及他人，却牺牲掉了自己的身心健康。

如果水母父母不断地将孩子从感受的困境中解救出来，孩子就会学会依赖他人来定义自己的感受。她在解决自己的问题时变得无能为力，而且很快就会把责任推到其他人身上。"别为金鱼哭了，苏珊，我知道你是想按时喂它的。"爸爸说，"我们都有忘记事情的时候。而且，我敢打赌，你朋友送给你这条金鱼的时候，它就已经得病了。我们出去给你买一只真正的宠物吧。"最终，孩子会因为没有真正地被人倾听而感到愤怒和怨恨；她开始质疑自己的感受，听任别人为她收拾残局，或者攻击那些认为她有能力自己处理问题的人。

对于另一些放弃和忽视孩子的水母父母，孩子会学着将恐惧、受伤、悲伤和愤怒的感受隐藏起来，因为这些感受会妨碍他们与父母建立联结。他学会了不要相信别人，并且学会了操纵他人来得到他所需的东西。他无法感受到喜悦、关爱和幸福。长此以往，他要么变得自我封闭，不允许生活中有亲密关系；要么变成一个缺爱的成年人，只能借助他人来让自己感到平安、被爱和有安全感。他可能成为邪教、帮派、卖淫集团的主要候选人，或者长期深陷不幸福、令人失望的婚姻。他经受着生活的磨难，却忽略了自己的身心。他也有可能会变成一个愤怒的霸凌者，用言语和行动攻击别人。或者，在最极端的情况下，他会变成行尸走肉般全无怜悯之心的复仇者，去攻击任何妨碍到他的人和事。

脊柱家庭——处理情感时常做的 5 件事

脊柱家庭处理情感的方式则截然不同。在一个脊柱家庭里，父母通常会做以下 5 件事：

1. 承认自己的感受并给它们贴上标签。"我生气。我很受伤。我心烦意乱。我高兴。我伤心。我沮丧。我担心。"父母会表达出各种各样的情感。孩子看到父母笑、哭、欢欣、悲伤、生气、受伤、沮丧……也因此学会了去感受和表达他们的感受。

2. 采取负责任的行为来表达这些感受。他们不仅会通过言语表达自己的感受，还会借助身体语言以果敢的方式来表达。例如当他们的眼中充满

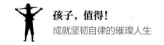
泪水时，他们不会否认自己的悲伤。当他们感觉到愤怒时，他们也不会矢口否认，而是步履沉重地走出房间。孩子由此学到了用建设性的方法来表达自己的感受，他们不需要否认或为自己的感受找借口。

3. **对自己做出果敢的陈述。**"我能做到！""我可以处理！""我能做出改变！""这次我搞砸了，但我会想办法弥补的！""我可以接受。"这些话语能让人产生一种掌控自己生活的力量感。孩子由此学习到，他们也可以拥有这样的力量，对生活有掌控感的孩子不会消极和被动。

4. **认可孩子们的感觉是真实的、是合理的，不会对这些感觉进行评判。**孩子会明白自己的感受很重要，父母相信他们有能力处理自己的感受，当他们需要时，也可以随时寻求他人的支持。

典型言论：

"你抓雪花的样子看起来很开心。这里对我来说太冷了，我要进去了，等你告诉我你抓到了多少片雪花。"

"你好像真的很为狗狗难过。你是想坐过来让妈妈抱一会儿，还是想一个人待着？"

5. **教孩子如何果敢地处理自己的感受。**当孩子以不负责任的方式来表达感受时，脊柱父母会承认孩子的感受，将其贴上标签，并帮助孩子找到一种既负责又果断的表达方式来替代，如出去跑步、散步，或坦率地表达自己的愤怒，或果敢地直面让他们感到愤怒的人。

有时候，在孩子感受之初就简单地帮孩子辨析这种感受，并且认可孩子有此感受的权利，对于引导孩子采用果敢负责的感受处理方式会非常有帮助。譬如："你看起来很生气。""当你感到悲伤的时候，你完全可以哭出来。""你在公园玩得很开心，我知道这时候让你回家非常让人沮丧。"你只需要说出孩子的感受，认可孩子的感受，就是这么简单，有时候却可以避免孩子陷入一场即将爆发的情绪风暴。

情绪风暴——感知孩子的需求，辨识孩子发脾气的根源

孩子们是一定会发脾气的，情绪风暴的出现往往不可预料。父母们可以机智地做好准备，也可以畏惧它们，然后在孩子的情绪风暴来临时选择忽视。这两种方法都不能防止孩子发脾气，但后一种往往会使事情变得更糟。如果父母们能够了解引发孩子情绪风暴的原因，就可以在孩子发脾气之前做好准备。

当孩子感觉到疲累、饥饿、受挫，或者三者兼而有之时，就会发脾气。如果父母此时能保持冷静，就可以协助孩子提前消除引发情绪风暴的原因，或者将孩子的精力引导至更负责任、更有建设性的方向。

通常在孩子的身心与精神发展上即将发生重大突破时，他们会变得非常激动、沮丧、愠怒或生气。比如，在他学会走路之前，或她骑上两轮自行车之前，或在他学会写字之前，或者她月经初潮之前，情绪风暴成了家常便饭。如果父母能够平和理性地面对，这种局面终将成为过眼烟云。

情绪风暴并不局限于重大突破之前，孩子们也倾向于在3个叛逆期里展现自己的脾气：两岁、5岁和青春期。处在这些年龄阶段的孩子将自己定义为独立的个体，试图与周围的人区分开来。而且，在这些时期，孩子的语言能力往往无法匹配他们的情绪状态。例如你5岁大的女儿可能非常伶牙俐齿，但她依然会大发脾气，因为伶牙俐齿和用语言能力来表达情绪并不是一回事。她可能会说很多话，甚至时有超出年龄程度的惊人之语，但是用正确的语言来描述外部世界比用正确的语言来表达情感要容易得多。对孩子们来说，能够用语言表达自己累了、饿了或者有挫败感是一项需要反复学习的技能。如果早在孩子的第一个叛逆期里，他就学习到他的感受是真实的、是可以接受的，而且有人能协助他用语言表达出来，并用负责

任的方式来处理自己的感受，那么在他的后两个叛逆期里，他就能更得心应手地运用这些技能去适应新的挑战，他会有合适的方法来应对自己的疲惫、饥饿和沮丧。他会知道在接下来的两个叛逆期中，身边的成年人会给予他支持和鼓励，特别是在他面对疲惫、饥饿、挫折以及荷尔蒙挑战的第三个叛逆期！

这些想法看上去很美好，但实施起来却不那么容易，尤其是在商场的过道里，或在你那些自称育儿有方的亲戚面前，或在公交车站的众目睽睽下，孩子的哭闹不休确实非常让人尴尬。在这些情况下，我们完全可以预见砖墙父母和水母父母的反应，我们也同样可以预见到他们令人挫败的毫无成效的对策。

砖墙父母会抓住孩子大吼："马上闭嘴，不然我会让你哭个够！""起来，不许赖在地上，否则整个下午你都要在床上度过。"然而，这些威胁会加剧孩子们发脾气的程度，直到他们体力透支地瘫倒在地上，这场歇斯底里的发作耗尽了他们的精力，他们最终会疲累地睡过去。或者，更糟的情况是，因为害怕挨打，孩子立即停止了哭泣，压抑住自己饥饿、沮丧或疲惫的感觉。他们开始认识到，自己的感受是不重要的。

水母父母一开始会试图忽视孩子的脾气，假装什么事都没有发生，或者将它当作必须容忍的事情而不予理会："当她没能按照自己的意愿行事时，她就总是这样，让她哭会儿就没事了。"如果孩子还是哭闹不休的话，他们就会试图收买孩子："如果你不哭了，我就给你这块糖。"或者："好宝贝，别哭了，我会让你坐副驾驶座。"或者是父母让步，让孩子得到他想要的任何东西："好吧，你赢了，我给你买这辆车，你快别哭了，我真的受不了了。"

如果这些办法都不起作用，在砖墙家庭中长大的水母父母会拿起他唯一知道会"奏效"的工具，因为这个工具曾经对他"奏效"，那就是武力加上大嗓门。他会一把抓住孩子，冲孩子大喊："马上闭嘴，不然我会让你哭个够！"孩子会被吓到，出于自卫而变得过度警觉，他认识到自己的感受对于父母不重要，甚至都不被父母承认。他还知道，如果自己哭闹的时间够长，他就可以得到他想要的东西，但对于那些他真正需要的东西，他是无力的，也是无助的，根本没有办法得到。

相反，脊柱父母会试图感知孩子的需求，辨识出孩子发脾气的根源，他们会极力避免让孩子陷入过度疲劳、过度饥饿或极度受挫的状况。例如他们会意识到孩子现在需要的是午睡，而不是去超市购物；或者当他们在超市购物要路过零食通道时，最好提前给他点小吃食，让他占住嘴；再或者，避免他看到电视广告，那种要而不得的感受会让这个两岁的小人儿崩溃。

但现实情况是，有时候即便你做出了最周密的计划，孩子的情绪风暴也在所难免。例如你在超市购物时孩子突然发作了，因为你没有同意给他买昂贵的麦片，他就躺在地上号啕大哭。四周有十多双眼睛盯着你和你那失控的孩子。这一刻，你真想假装你和这孩子毫无关系，你根本就不认识这熊孩子。

或者，在家庭聚会上，你两岁大的儿子想要马上吃到那个摆放在桌子中央的庆祝蛋糕，他一刻都不想等。每个人都教你如何对付这个"被惯坏的孩子"。你妈开始了一个很长的讲座，标题是"我早就告诉过你"。乔治叔叔认为你儿子欠揍，需要好好收拾一顿；他妻子却冲他嚷嚷，谴责他不留情面。安妮姑妈正想办法为你儿子偷一小块蛋糕。而你却只想从这个家庭聚会上偷偷溜走。

又或者，因为暴雨，你和孩子被困在一辆公共汽车上，这个两岁的小人儿又累又饿又易怒，同时被困在车上的还有二十多个又累又饿又易怒的成年人，也包括你自己。

每个人都要赶时间，而公共汽车却开得慢慢吞吞，一点不着急。你已经没有任何的零食和新点子可以用来安抚孩子了。没有太多的方法可以避

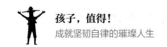
免即将爆发的情绪风暴——事实上根本一点办法都没有。如果公共汽车还不能到站，你都无法控制住自己的脾气。

但是，在以上所有这些情况下，作为脊柱父母，你清醒地知道一个失控的孩子最不需要的就是一个失控的家长。所以，请给自己一点时间，告诉自己你能处理好这件事。如果有可能，先带孩子离开众目睽睽的现场，这是最好的选择。如果不可能，那么就请做第二好的选择：假装你已经离开了那个场景，假装那些盯着你看的人并不真的存在。

如果你的孩子是躺倒在超市的地上，你可以蹲下来，抚摸他的头顶和后背，平静地回应他，说出他的感受，并让他知道你正在帮助他应对他的感受。"我知道你很累（或者很饿，或者很沮丧，或者三者皆有），我会在这里陪着你。没关系，你会没事的。"你也许会看到旁人不赞成的眼神，也许会听到一些负面的评论，不要理会！等孩子平静下来后，你可以给他一个拥抱，并想办法来缓解他的饥饿，你也可以尽快结束购物，以便他能尽早回家睡觉。或者，你可以将他的注意力从麦片上引开，交给他一个有趣的差事，让他跑向下一个购物通道。

对付一个两岁大孩子的情绪风暴已经很不容易了，要应对一个大发脾气的青春期孩子则更加困难。然而，他们也同样需要你的帮助来标记出自己的感受，并找出建设性的方法来处理它们。

你正坐在餐桌前准备和家人共进晚餐，你7岁的女儿口无遮拦地说到你14岁儿子脸上的青春痘。于是，战争爆发了！你的青春期儿子对妹妹大喊大叫，控诉你从不管束妹妹的粗鲁言论，然后冲进他的卧室，砰的一声摔上了门。

砖墙父母会从桌子上跳起来，冲到儿子的房间，咆哮道："你破坏了我们所有人的晚餐。我受够了你总是这样欺负妹妹，你应该为自己感到羞耻，你的行为就像个两岁大的孩子。"然后他又开始唠叨不休："如果你少吃点薯条和巧克力，你就不会长这么多青春痘。"

　　这位青春期少年的感受被否定了，他也没有合适的出口来宣泄这些感受所产生的负面能量。他会变得消极：我很丑。我很受伤。没人关心我。我表现得像个两岁大的孩子，我不知道该怎么办。或者，他会变得很有攻击性，找机会戏弄和折磨他的妹妹，让家庭陷入混乱纷争的循环中。又或者，他会展示出消极的攻击性，鬼鬼祟祟地陷害他的妹妹，说一些挖苦的话，然后声称他只是在开玩笑，难道她开不起玩笑吗？他并不喜欢自己所做的事，但又不知道如何打破这种怪圈，最终只能给自己和妹妹制造更多的麻烦。

　　水母父母会告诉孩子，他不应该如此敏感——从本质上说，这是在否认孩子的感受。或者，父母会马上斥责7岁的妹妹欺负哥哥，并冲出来"保护"这位青春期少年。"哦，亲爱的，你的青春痘没那么严重，你不说我都没发现。我像你这么大的时候，至少有30颗青春痘。你是个英俊的小伙子，看看你宽阔的肩膀和你漂亮的头发。别哭了，来和我们一起吃甜点吧。笑一个，让你的妈妈开心一下。"于是这个少年明白了，不仅他的真实感受无足轻重，他还有责任让妈妈开心。

　　作为脊柱父母，你尊重儿子离开饭桌冷静下来的需要。随后，你会给他一个拥抱，告诉他你理解脸上长青春痘的感觉一点都不好玩，尤其被一个7岁的孩子评头论足，即使没有恶意，也会感觉像是在伤口上撒盐一样。在承认了孩子的感受后，你可以和他谈论应该如何表达他的感受，而不是跺脚上楼梯，砰的一声摔上房门。当然，这种表达比他离开桌子时把妹妹从椅子上推下来要好得多。是的，他可以离开饭桌，但如果他想用更成熟的方式来传达自己的感受，就必须取消跺脚和摔门声。当他审视自己的愤怒时，他会发现里面其实还掩藏了其他的情感，比如尴尬和沮丧。

　　教会孩子果敢地处理自己的感受是需要时间的，但在这样做的过程中，你教会了他们，他们自己的感受很重要，你信任他们能够处理自己的情感，还有，当他们觉得自己无法处理时，他们可以随时获取你的支持和指导。

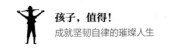

🌸 果敢的正面交锋

对愤怒的清醒认知

有时候，正面交锋是必要的，但太多的正面交锋意味着无休止的争论，浪费大量的时间精力争吵不休，却不能解决任何问题。孩子们需要学习更好的方法。**为了有效地进行正面交锋，他们必须首先对自己的愤怒有一个清醒的认识：**

· 愤怒是从哪里来的？（来自自己的内心深处。）

· 我是不是在用愤怒来掩盖其他感受？（我感到受伤？受挫？失望？害怕？）

· 我为什么这么愤怒？（因为我在乎。如果我不在乎，我就不会生气了。我不会为我不在乎的人或事生气。）

一旦孩子对自己的愤怒情绪建立了清醒的认识，他们就可以与让他们生气的人正面交锋了。

如果你打算教孩子如何果敢地正面交锋，最好的方法就是给他们做出示范。想想你是如何处理冲突的。你的孩子将臭烘烘的运动衣和跑鞋扔在了他脱下来的地方——浴室的地上。你会选择一种消极的方式来应对吗？捡起衣服，然后告诉自己，你很幸运，至少他还愿意去参加越野跑，而不是只在购物中心里绕圈。或者，你会采取咄咄逼人的攻击性方式，将衣服鞋子甩到大门外？或者，采用消极的攻击性，一边默默地捡起每一件衣服，一边将愤怒压进心底？这个问题还没有大到需要大吵一架的地步，所以你就继续收拾衣服，日复一日。直到有一天，你已经忍无可忍，当那个年轻人走进来，随手将外套扔在椅子上时，你终于发作了："你以为我是谁，保姆吗？你这个懒鬼！我再也不会帮你收拾衣服了。就让你住在猪圈里，我才不管呢！"你十几岁的孩子震惊地看着你，从没料到你会有这样的爆发。他将这一切归咎于你的经前综合征，他发誓要躲你远远的，直到你能冷静下来。

以上这些反应说明，你并没有承认自己的感受，同时也没有采用一种负责任的、有目的性的行为来处理这些感受。孩子乱扔衣物的问题没有得到解决，而且很可能还会继续出现。你的感受要么在你体内发酵溃烂，要么会一股脑地喷射出来波及他人。而你的孩子则会学到用你教他们的方式来解决问题，消极的自我破坏行为，攻击性的行为，或消极的攻击行为。

正面交锋 7 步骤

作为脊柱父母，你应该为你的孩子做出榜样，向他们展示一种果敢的正面交锋方式，承认自己的感受，并用负责任的行为来处理问题。通过以下 7 个步骤，你就可以构建出一个富有成效、果敢的正面交锋：

1. **当你难过或生气时，要用难过或生气的语调说出来**。让你的整个身体以一种直接、果敢的方式来传达信息——不要咄咄逼人，也不要消极被动。用坚定的声音说出你的感受。你的语气完全可以传达出愤怒，无需大声的尖叫或颤抖低语。

2. **告诉对方你的感受**。"我很生气！"你的身体和嘴巴要说同样的话，这一点很重要。当你抓起外套扔在地上却说你没有生气，这就是消极的攻击。轻声地说出你很生气，显然你的身体没有参与进来传达信息。事实上，当你平静地说出你很生气，你的生气很可能是在掩盖另一种感受，比如失望或悲伤。这种时候，你就需要问问自己，你的真实感受到底是什么。

3. **大声说出你的主张，但要避免负面评论**。"我认为我们每个人都应该把自己的脏衣服捡起来，放到洗衣篮里。"一定要避免这样的负面评论：

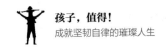

"你从来都不捡衣服。""你真是个懒鬼。"这些言论只会攻击他人，对解决问题毫无帮助。清晰地阐明你的信念，当人们正面交锋时，这一点常常被大家忽视，但是，让对方知道你的主张是非常重要的。

4. 受到伤害时要及时表达受伤害的感受，提供直接的反馈。 譬如："这个礼拜我每天都帮你收拾内衣和运动服。你总是将它们扔在淋浴间外，不管不顾。"清晰地告诉他，他做错了什么，不要抱怨说，他从两岁起就一直是这个样子，也不要说，他姐姐就从来不这样。这样一些抱怨不仅在贬低他，还有可能激起怨恨和愤怒。不要说，他四个星期前忘了倒垃圾，两个月前还撞坏了家里的门。告诉你的青春期孩子你还在为前段时间的某些事情生气，这样的做法不仅没有成效（因为他早就忘掉这件事了），还说明了你需要学习如何有效地处理你的愤怒情绪：你不应该翻旧账！

5. 明白无误地说明你想让对方做什么。 譬如："我希望你每次洗完澡后将你的运动服扔进洗衣篮，将你的跑鞋放回鞋柜。"通常来说，告诉对方你想要什么就足够了，而不必给对方下最后通牒。有时候，你只需要让他对问题引起重视。但如果你真的下了最后通牒，就一定要说到做到，贯彻到底。当你告诉儿子，"如果你洗完澡后不把它们捡起来，我就把它们放在浴室的塑料袋里，留给你自己洗"，那么，你千万不要在第二天因为他需要赶着去上学就又来帮他收拾衣服。不要做无谓的威胁。

6 接纳对方的看法。 给你的青春期孩子一个说话的机会，并且认真倾听。也许是因为你们两人有不同的期望，或者他从来没有考虑过要收拾衣服，或者他确实指望你来帮他收拾。在果敢的正面交锋中，问题往往会在这个阶段得以解决。孩子最终会同意去做你要求他做的事情，因为这既是合理的也是公平的要求。

7. 协商出一个双方都能接受的方案。 如果孩子对你提出的解决方案有不同意见，你们就需要协商出一个双方都能接受的解决方案。也许他会同意在地下室里洗澡，然后将衣服堆在角落里，等到星期六他自己来洗。也许你俩都同意，他去买一个带盖子的洗衣篮放在浴室里，这样他就可以在脱衣服的时候直接扔进去。记得要找个时间，双方聚在一起讨论下这个方案进行得是否有效。

如果你还不能适应这样的正面交锋，可以找一个你正在遭遇的问题，先在镜子面前或者在一位值得信赖的朋友面前练习这些步骤，然后再去面对你需要正面交锋的人。认清你受伤、悲痛、挫折或愤怒的感受，三思而后行，远胜过行动后反悔。

当你习惯了果敢的正面交锋后，可以帮助你的孩子来演练这7个步骤。因为他们无须用这个新的习惯来代替旧习惯，他们很有可能会比你学得快。如果是这样，你就有机会向他们学习了。

3 个规则确保交锋的公平性

即使你用这7个步骤来进行一场公平的抗争，交锋总是令人恐惧的。作为孩子和成年人，都需要认识到，如果想确保公平，就要接受以下的规则：

1. **要求暂停。**譬如："我们都太气愤了，现在不是讨论问题的好时机，我们以后再谈。""我现在太伤心了，没法冷静思考。我需要暂停一下。"如果任何一方过于生气或者过于沮丧，以至于不能冷静、负责任地谈话，那么就必须暂停，随后再另找时间解决问题。

2. **不可施虐。**如果一方在言语上、身体上或情感上有虐待行为，另一方有权拒绝接受这种虐待。你可以这样说："当你叫我懒鬼时，我很受伤。""请不要那样攻击我的家人。""你可以生我的气，但你不能动手。"

3. **坚持公平对待。**譬如："如果我没有请示过你，我不会穿走你的衣服，我希望你穿我衣服之前先问我是否同意。""当我进入你的房间前，我会敲门请求进入，我希望你也能这么对待我。""仅仅因为我没有及时收拾就把我的运动服扔进垃圾桶，这是不公平的。"公平对待并不总是代表完

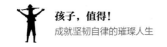

全一致的相同的待遇，但它应该是诚实的、适当的和公正的。

我们需要帮助孩子认识到什么时候需要喊暂停；要让他知道自己有权不接受任何人的言语或身体虐待，有权得到尊重、尊严和公平的对待。他们也有责任不要感情用事；他们也无权对他人进行身体、言语或情感上的虐待；并以自己所要求的同样的尊重和尊严来对待他人。公平对待能使父母和孩子将他们的情感作为积极的能量来源，来建立和维系家人之间以及与外人之间富有成效的关系。

最近，我女儿玛丽亚告诉我，她很生一个朋友的气，因为那个朋友提前告诉了某个男孩玛丽亚将邀请他参加聚会。我和玛丽亚很快地演练了一遍这 7 个步骤，玛丽亚觉得她只需要用到前 5 个步骤就可以了。**以下是她与朋友正面交锋时所采取的步骤：**

1. 和 2. "我感觉很受伤！"——说出你的感受！请注意，这种感受已经从愤怒变成了受伤。她愤怒的原因正是她感觉到受伤。

3. "我认为我可以邀请任何我想邀请的男孩参加聚会，不需要你提前告诉他。"

4. "我告诉过你我要邀请新来的男孩参加聚会。我相信你不会告诉任何人，尤其不会告诉他。但是你在第二节课上就先和他说了。"

5. "我需要知道，我可以告诉你这些事情，而你不会告诉任何人。"

这场正面交锋简单而迅速，而且两个孩子都有所收获。玛丽亚表达了她的感受，她的朋友道歉说她没有意识到自己伤害了玛丽亚。孩子们学得多快啊！

我们可以学会在紧张的情况下保持冷静，而不是对我们自己的情感麻木不仁。一旦我们认识到我们的情感是真实的、是正当的，我们就可以拥有选择的自由来处理我们的情感。自由，正如维克托·弗兰克尔所说，"在任何境遇中选择的自由"，我们就能承认孩子的情感同样是真实的、正当的，并为孩子做出表率，用适当的方式来处理我们的情感。如果我们尊重我们

自己的情感，尊重孩子们的情感，这种果敢的正面交锋将成为一种越来越自然的解决冲突的方式。

　　智者劝诫我们，言论发表之前需要先通过三扇门。在第一扇门边，我们要问自己："这些话是真实的吗？"如果是，它就可以通过，如果不是，就要被驳回。在第二扇门边，我们要问："这些话有必要说吗？"在最后一扇门边，我们要问："这些话说出去厚道吗？"

——艾克那·伊斯瓦兰（Eknath Easwaran），

《冥想》（*Meditation*）

第八章

如何对待错误？

请赐予我平静，去接受我无法改变的。请赐予我勇气，去改变我能改变的；请赐予我智慧，去分辨出这两者的区别。

——莱茵霍尔·德尼布尔（Reinhold Niebuhr）

孩子学习如何对待生活与我们作为父母如何对待生活关系紧密。我们的态度与行动同等重要。如果我们是乐天派，会积极寻求办法解决问题；如果我们是悲观派，就会寻找替罪羊来背锅。

当砖墙父母犯了错误时，他们往往会归因为别人的错。

典型言论：

"要不是你将自行车放在车道上，我怎么会撞到它？"

"你应该早点叫我，我就不会搞得这么晚。"

"都是因为你们两个整天吵个不停，今晚我才忍不住发火的。"

水母父母要么试图让错误显得无关紧要，要么会认定是因为外部力量导致了事件的发生。

典型言论：

"没关系，那辆自行车已经很旧了，反正我们要给你买辆新的。"

"我总是迟到，这是家族遗传的。"

"我真的控制不了自己的脾气，每次都是这样。"

脊柱父母则会承认他们所犯的错误，为错误负责，避免找借口，并努力找出弥补错误、解决问题的办法。他们还会关注到错误是否或者如何影响到他人，并采取措施以确保下次不会再犯类似的错误。

典型言论：

"我今天倒车的时候将你的自行车给撞坏了。我倒车之前本应该先检查车道。我先看看自己能不能修好它，如果我修不好，我就把它送到修理店去。我很抱歉这几天你无法骑车了。下次倒车前，我会绕着车走一圈，看看有没有什么东西挡在路上。"

承认问题承担责任，你就是在向孩子展示，自己的错误要自行负责。你可能会争辩说，孩子本不该将自行车停放在车道上。对，没错，但是，如果你为自己的错误（倒车前没有检查周边的状况）承担责任，你的孩子就会学习到为他的错误（将自行车停放在车道上）承担责任。而且，通过这种方式，你还教会了孩子，等他到了可以开车的年龄时，在倒车之前应该先绕车查看一圈。

自此以后，你儿子会找一个远离车道的地方来停放他那辆修理过的自行车。如果他再一次将自行车停放在车道上，你倒车时也不会再撞到它了，因为当你绕车检查时你一定能发现，然后，你会将自行车从车道上搬开并上锁，告诉你儿子一周内他都不能再骑自行车了。于是，他再次把自行车留在车道上的可能性将大大减少。

有些时候，你确实不得不去承受一些并非因你而起的问题。你可以怨天尤人、抱怨宣泄，也可以寻求借口来逃避现实，或者，你还可以接受现实并想办法解决问题。

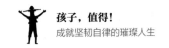
几年前，因为暴风雪导致航班延误，我在机场滞留了 8 个小时。你真应该看看当时有些乘客的反应。"你们不能这样对我。""我再也不坐这家航空公司的飞机了。""我要退票！"

有些人愤懑咆哮了 8 个小时；有些人在酒吧泡了 8 个小时；而有些人读了 8 个小时的书。8 小时后，这 3 组人都登上了飞机。第 1 组人仍然非常生气，甚至打算掐死飞行员，这无疑只会使航班晚点更多；第 2 组人早已是酩酊大醉，甚至不确定也不在意自己是否还需要坐飞机；第 3 组人则读完了他们的书。想想看，你最近一次不受打扰地尽情享受阅读是什么时候？这样的机会有多么难得！

起决定作用的是你的态度。我们通常无法控制发生在我们身上的事情，但我们能控制的是如何利用它。利用的关键在于，你要学会区分哪些是可以改变的，哪些是必须接受的。 飞机晚点 8 小时这是事实，是我们必须接受的。如何利用这 8 小时却是我们可以选择的。有人选择了愤懑和咆哮，有人选择了酒吧买醉，而有人选择了读一本好书。

我曾经辅导过一名年轻女孩，她已经怀孕 5 个月了。我问她面临什么问题，她难以置信地看着我，就好像我是个疯子，然后气愤地拍着她突出的腹部说："我怀孕了！"

我说："这并不是问题本身。怀孕 5 个月并不是问题，很多女人几乎愿意付出一切来与她交换——能够怀上一个健康的孩子。你需要思考的是，因为怀孕，你真正面临的问题是什么？"

于是，这位女孩开始列出问题清单："我父母要将我赶出去。我的男朋友不肯和我结婚。我想留住这个孩子。"

"孩子，你确实面临着问题。事实上，你有 3 个大问题。任何时候，当你将两个或者更多的问题放在一起时，你就陷入了困境。而我所知道的解决困境的最好方法就是把它拆解成可以解决的问题。你的每一个大问题都是可以解决的。你可以做到，这里有人可以帮助你。"

还有一次，一位 15 岁的学生告诉我，他要离开学校。我问他出了什么问题，他说："我要休学。""这不是问题，"我说，"如果真想休学，你不需要通知任何人，直接回家就好了。你真正的问题是什么？""我有 5 门课不及格。""这确实是个问题。""5 门课不及格"是现实，但"5 门课不及格"这个问题还是有办法解决的。

我曾经服务于一些有特殊需要的孩子。我惊讶地发现，他们的父母经常会花费时间、精力和金钱来试图解决他们孩子是残疾这一现实。如果他们和孩子都能够接受残疾的现实，并投入时间、精力和金钱来解决伴随现实而来的问题，情况会好得多。如果我们能够接受现实并解决随之而来的问题，我们将会省去无效的悲伤，也将教会我们的孩子如何乐观和坚定地看待生活。

错误是用来学习的——无论得到什么分数，都应该鼓励孩子但说无妨

当你的儿子在拼写考试上得了 A＋，你的反应将决定孩子今后是否有勇气告诉你他那些考砸了的分数。如果你对孩子的好成绩感到兴奋，把他的好成绩和他作为一个人的尊严和价值联系起来，你就是在鼓励他将错误看成对自己的负面反映，是应该被否认或者应该怪罪于他人的东西。

你对孩子说："我为你感到骄傲，你的聪明随了妈妈家的人。我们要把这张卷子贴在冰箱上给你爸爸看。"你真这么做了。我向你保证，当你下次去学校开家长会时，如果你拉开孩子的课桌抽屉，你会看到所有不是 A＋的试卷。你儿子不敢将它们带回家，因为他知道，在你家里，犯错是不好的。

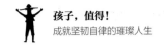
所以，无论孩子得到的分数是 A+ 还是 D−，你都应该鼓励孩子但说无妨。他可能会和你分享他的快乐，为了得到 A+ 他付出了很多的努力；他也可能会告诉你，他有多么失望，尽管他努力学习了，却仍没能取得好成绩；或者，他会解释说，现在他认识到了，他并没有认真对待这次考试，下一次他一定会好好准备，认真复习。因为你的无条件接纳，孩子没有必要为他的错误寻找借口，譬如："试卷印得不够清楚。""老师没有给我们足够的时间。""我后面的那个女孩一直在说个不停。""我的坏记性遗传自爸爸。"相反，孩子会将错误看成学习的机会。

🌸 明确问题的归属——既不要越俎代庖，也不要袖手旁观

当你开始解决某个问题之前，首先需要明确的是这究竟是谁的问题。如果是你的问题，那它才是你需要解决的问题。大多数情况下，你越俎代庖地去解决别人的问题对于你们双方都没有好处。你经常会遇到这样一些时候，逻辑和情感会向你的大脑发送两种不同的信号。在逻辑上，你很清楚地知道你不应该将孩子从他自己制造的麻烦中解救出来，但从情感上，你会觉得由你出手解救比他自己解决会更加简单、更加有效；另外，如果你帮他解决了这个问题，他会更爱你（或不再那么讨厌你）。每当这种时候，你都需要特别警醒，想一想，当你冲过去帮孩子解决问题时，你正在向孩子传达出什么样的信息。请记住，**养育孩子不是一份以解决问题的效率为导向的工作，也不是一场讨好孩子的竞赛。**

另一个极端的做法是当孩子遇到任何问题都袖手旁观，即便是在孩子已经束手无策急需你帮助和支持的时候。孩子同样也会觉得迷惑，这会让他的处境益发艰难。这样的做法给孩子传递的信息是：当他真正需要你的

时候，你不会施以援手。

如果你发现自己或者是在包办代替地解决问题，或者是在袖手旁观地回避问题，这都说明你仍在沿用从父母那里学来的养育方法。是时候回想一下了，在你的孩提时代，你的父母如何回应你的问题？他们冲过来解救你了吗？他们对你的问题置身事外了吗？他们是不是有时候包办代替，有时候冷眼旁观，让你捉摸不定？而你，是否正在无意识地重复这些儿时学到的养育模式呢？

🌸 需要接受的现实 vs 需要解决的问题

3 类家庭处理现实、错误和问题的方式截然不同。

你们家的 3 岁小朋友不愿意用塑料杯喝牛奶，他坚持要用玻璃杯。即便你反复告诫他要小心，啪嚓，杯子还是掉到了地板上，摔得粉碎。

砖墙父母会气急败坏地大声咆哮："你这个毛手毛脚的东西！我敢说，你一辈子都只能用塑料杯。你马上给我从厨房里滚出去！"砖墙父母传达出的信息不是"你有问题"，而是"你就是个问题"。

水母父母会柔声安慰："站到一边去，亲爱的。小心点儿，别让玻璃碴扎到你。妈妈犯了个错误，是我给你的玻璃杯太滑了，都是妈妈的错。来，让我给你拿一个新杯子，我们往牛奶里加点巧克力好不好？算是妈妈给你的安慰。我来把这里收拾干净。"水母父母传递出的信息是："我会来照顾你的。你照顾不了你自己。当你犯错时，那都是别人造成的。"

脊柱父母会平静温和地说："你有问题要解决了，我知道你能自己解决。快去拿个纸袋来。"我们不能让 3 岁小孩捡拾玻璃碴，但他可以拿住纸袋，方便你将碎玻璃放进袋子里。当玻璃碴收拾干净后，这位小朋友还可以帮忙擦去洒到地板上的牛奶。然后，你递给他两个塑料杯，问他说："这两个塑料杯，你今天想用哪一个呢？"你给孩子传递出的信息是："你有问题要解决了，我知道你能自己解决。我不是来拯救你或者惩罚你的；我是为了帮助你、鼓励你和支持你。"

玻璃杯摔碎了是事实，这不是什么需要解决的问题，而是我们需要接受的现实。即便你再怎么狂吼大叫，再怎么哭泣悲叹，都不能将杯子复原。我们面临的问题是如何收拾残局，找到恰当的杯子来用，而这些问题都是可以解决的。你们家小朋友没有必要撒谎说"是猫干的"，也无须找借口说"都怪你，给我的杯子太滑了"，或者试图把玻璃碴藏在垃圾桶后面。你对他的错误进行的回应会帮助他学习到——现实是可以接受的，问题是可以解决的。

给予孩子机会弥补错误

在一场高中足球锦标赛上，明星守门员约瑟夫连续两个时段成功抵御了对方球队极具攻击性的进攻。当第三时段开始时，他们球队的一名前锋因受伤不得不离开比赛。因为约瑟夫同时也是一名出色的左脚球员，教练让他替换下前锋，由另一名队友来担任守门员。

比赛继续进行。约瑟夫被自己的鞋带绊倒在地，尽管他有点晕头转向，却还是跳了起来控制住球。在人群的呐喊声中，他带球进入前场，正好绕过了尖叫着、挥舞着双手的守门员。当他们自己这一队的守门员疯狂地试图阻止他时，约瑟夫得分了——他射进了自己的球门。

看台上的许多家长愤怒异常；另一球队在欢呼雀跃；约瑟夫的队友们都难以置信地摇着头。教练将约瑟夫叫到边线外，对他说："对于对方球队来说，这可真是个好球。现在你要回到球场上，为我们队也踢进一个好球。你能做到的。"在教练的鼓励和支持下，约瑟夫很快就进了一个一个又一个的好球。试想一下，如果教练让他退出比赛，严厉斥责他，不给他机会来弥补错误，结果会大不相同。如果约瑟夫对自我的正向评价依赖于不允许犯错、需要掩盖自己的错误，或者将错误归罪于他人，结果也可能会大不相同。

当孩子们被鼓励去解决他们自己制造的问题时，他们就不太可能害怕承担风险，这个风险可能导致巨大失败，也可能带来巨大成功。当他们经历挫折和失败时，他们不会放弃，他们可以从逆境中学习，并利用这些体验创造新的机会。

❀ 让孩子自己解决问题

就在我们即将出发去奶奶家时，我的大女儿安娜将奶奶的生日蛋糕掉在了地上。这是我花了两个小时做的糖霜蛋糕，我将它小心安放在一个白色的蛋糕底座上。为了向她的朋友展示蛋糕，安娜端起蛋糕底座，想将它从橱柜移到餐桌上。一不小心，这块精心装饰过的蛋糕掉到厨房的地板上，糖霜碎得无法修复。

想到我花了那么多时间装饰蛋糕，我不得不退后一步，深吸一口气，意识到歇斯底里是没有用的。尖叫只会伤害我的肺和安娜的耳朵，它不会让蛋糕恢复原样。

我看着安娜说："安娜，你有个大问题。"

安娜回答说："妈妈，我不是有意的！"

我说："我当然知道你不是有意的。我们要面对的现实是糖霜被打碎了，你要解决的问题是我们需要带一个蛋糕去奶奶家。我知道你能处理好。"

安娜看了看蛋糕，又看了看我，说："我想我能挽救这块蛋糕。"

安娜端着盘子，我把手伸到蛋糕底部，我们一起把蛋糕放了回去。地板上的面包屑嵌进了打碎的糖霜里。安娜知道她必须刮掉所有沾着面包屑的糖霜，换上新的糖霜。

我走进另一个房间，留下安娜独自处理这个问题。她做到了，而且一直玩得很开心！如果你受到了惩罚，你是不会开心的，但是如果你得到了管教，你依然会觉得开心。通过拥有问题和解决方案的自主权，安娜体验到了管教的 4 个步骤：

1. **让她明白她做错了什么**。安娜知道是她不小心摔坏了蛋糕，所以没有必要指出来她犯了什么错误。

2. **让她对问题负责**。我没有说："马上从厨房滚出去！"相反，我告诉她我相信她能处理好这件事。

3. **告诉她解决问题的方法**。"我们没法带蛋糕去奶奶家了，你自己告诉她为什么我们不给她准备蛋糕。"如果认定这个问题是无法解决的，会让孩子感到痛苦和内疚。安娜自己想出了解决问题的办法，无须我告诉她。

4. **让她保有尊严**。"你这个笨蛋，你什么事都做不好。"这句话会削弱孩子的自尊，让她觉得问题出在她身上。"我知道你能处理好。"这句话则肯定了孩子解决问题的能力，让她保有了尊严。

我想让我的孩子明白，当遇到问题时，他们需要的是一个好的计划，而不是一个好的借口。责备孩子只会促使他们寻找借口，而不是寻找解决问题的办法。如果孩子们在很小的时候就学会了如何解决自己的问题，那么当他们长大后，我们就不太可能听到诸如"我喝醉了，不是我的错"之类的话。

听从内心直觉对孩子做出回应，走出逻辑和情感困境

直觉是从 A 到 Z 的旅程，沿途不会在任何其他字母上停顿。

它是知其然而无须知其所以然。

——加文·德·贝克尔（Gavin de Becker），

《恐惧的礼物》（*The Gift of Fear*）

直觉是我们个人生活中被误解和被忽视的方面。它常常与情感相混淆，或者被女性直觉这个词微妙地否定。但是直觉和情感是非常不同的，女人、男人和孩子也都有直觉。

能够承认、信任直觉并按照直觉行动，对和谐健康的生活至关重要，当你面对复杂问题时尤其有用。如果你愿意倾听内心的直觉，它通常可以带你走出逻辑和情感带来的困境。

直觉是你内心的自我在说话。克拉利萨·品卡罗·埃斯蒂斯（Clarissa Pinkola Estés）在她的书《与狼共奔的女人》（*Women Who Run with the Wolves*）中，将直觉描述为"一种占卜的工具……透过水晶，你可以看到神秘的内在视觉……这种巨大的力量。直觉，是由闪电般的内在视觉、内在听觉、内在感知和内在认知组成的"。

直觉通常会给你提供一些对你的逻辑头脑或感性的心灵来说并不明显的选择。如果你的头脑和你的心灵没有被直觉所滋养，它们就很容易偏离正轨。你的头脑会让你指责和惩罚，问一些愚蠢的问题，譬如："你怎么能做这么蠢的事？""你为什么就是记不住你的家庭作业？"你的心灵会劝你赶紧介入，将孩子从他们自己的选择、决定和错误的后果中解救出来，并试图阻止孩子经历因承担后果而带来的痛苦和折磨。你会为孩子找借口："这不是他的错，是她逼他这么做的。""她没有办法，她有学习障碍。"直觉这个词的词根是 tuere，意思是"守卫，保护"。

相信你的直觉可以防止你在与孩子的关系中让你的头脑或心灵占据上风。

如果你的头脑、你的心灵和你的直觉是相互联结的，无论是大小危机，

你都可以做出回应而不是做出反应。诸如"听从你的直觉""我的直觉告诉我这不是个好主意"和"我有一种感觉……"都是直觉的真实表达，即"闪电般的内在视觉、内在听觉、内在感知和内在认知"。相信它。

你接到了孩子一周内从学校打来的第 4 通电话："我又忘记穿运动服了。"有些父母会说："我看到它就在柜子上，但我今天不能给你送过去，我知道你可以想出一个办法，在没有运动服的情况下上体育课。"这样说很棒，对不对？但其实你已经有多少次帮他将运动服送到学校去了？你有多少次喋喋不休的说教："如果你按照我说的将运动服放进书包里，你就可以上体育课了。我需要做什么才能让你记住带运动服？把它绑在你脖子上吗？这是我最后一次给你送运动服。你知道花了我多少时间吗？你哥哥从来不会忘记带运动服！"尽管如此不满，你还是给他送去了运动服。然而，在大多数学校，忘记穿运动服并不会危及生命，只是孩子会觉得不方便，没错，但这绝不会危及生命。

我能听到你在抗议："等一下，你的意思是我不应该把孩子忘带的运动服、乐器或他花了一整晚写的作业送去学校？"

砖墙父母说："不行，绝对不行。就应该让他难受，他才能学会承担责任。"

水母父母说："当然是要送去的呀。事实上，不用等他打电话来，我就会给他送去了。"

脊柱父母说："偶尔帮孩子送一下忘带的运动服、乐器或作业是可以的，但是要听从你的直觉。"一方面，如果这是孩子第 4 次忘带运动服，你的直觉应该告诉你，你不应该再去"拯救"孩子了。另一方面，直觉有时候也可能给到你相反的答案。有一天，我的大女儿打电话来问我是否能够帮她把书包送去学校。那一天我很忙，我问她书包里有什么重要的东西。她哭着说："有我的情人节礼物。"那是二年级的情人节，于是我将她的书包送去了学校。我当然知道，合乎逻辑的做法是告诉她，她可以第二天再把礼物带去学校。但是，不能与同学分享情人节礼物给她带来的痛苦和尴尬，将远远超过她可能学到的记住带书包的教训。

你 17 岁的儿子刚和女友分手，他把家里汽车的挡泥板撞坏了，他被大学篮球队除名了，他正经受着戴新牙套的痛苦，他早上醒来脸上满是青春痘……这段时间他可谓是诸事不顺。事实上，他的整个世界似乎都要坍塌了。他惊恐地从学校打来电话，他把摄影课的作业忘在家里了，而今天早上必须交作业。我应该把作业给他送过去吗？我的直觉给出了肯定的答复。当我到了学校，我还会给他一个拥抱，告诉他坚持住，他会挺过这一切，而我愿意为他提供帮助。

你蹒跚学步的女儿为了给她的小弟弟腾出房间，刚从她的婴儿房搬到"大女孩的卧室"。昨天她从台阶上摔了下来，膝盖擦破了皮，还因为抢小弟弟的毯子被奶奶训斥了一番。她很累，脾气暴躁，今天想让你给她穿衣服。你的大脑说："不要让步。她需要自己穿衣服。"直觉却说："我们来玩个游戏吧，我要么帮你穿衣服，要么帮你穿裤子，你来挑选，然后你自己穿好剩下的衣服，最后我们一起来穿鞋子。"

你的直觉会让你知道何时出手，何时不出手；何时说话，何时沉默；何时坚持，何时放手。将你的头脑和你的心与你的直觉联结起来，你就能以一颗明智的心对孩子做出明智的回应。

🏵 解决问题的 6 个步骤

问题表述得好，就等于解决了一半。

——查尔斯·F. 凯特林（Charles F. Kettering）

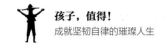
1. 识别并定义问题。

2. 列出解决问题的可行选项。

3. 评估选项——探究每个选项的优缺点。

4. 选定一个选项。

5. 制订计划并执行。

6. 评估问题和你的解决方案：是什么导致了问题？将来能避免吗？现在的问题是如何解决的？

摔烂了杯子，忘记穿运动服，忘记带作业，这些都是相对容易解决的问题。然而，有时孩子和父母会面临更困难或更复杂的问题，这些问题没有简单的解决方案。解决问题的 6 个步骤可以提供必要的脊柱结构，在此基础上构建解决方案。如果问题是家庭成员共同关心的问题，家庭会议则可以成为解决问题的有效工具。

1. 识别并定义问题。

珍妮弄丢了好朋友的棒球手套，而她的朋友现在就想要回来。珍妮记得将它放进了那个她以为是玩具袋的大包里。她不知道的是那个包其实是要捐给当地慈善机构的玩具，手套早就一并捐出去了。

2. 列出解决问题的可行选项。

珍妮自己想出了两个选项：（A）躲她的朋友远点；或者（B）假装她从来没有找朋友借过手套。你可能会嘲笑孩子给出的选项，但是你有没有见过成年人躲避债主，或者假装从来没有找你借过书？

孩子也是人。珍妮提出了两个成年人也会想到的选项，但这并不意味着它们是好的选择。你可以建议她继续列出选项，而不要对任何选项进行评判。最后，她需要选择对她来说最有意义的选项。记住，你是在帮助她学习如何思考，而不是向她灌输你的思考。其他可能的选择是买一个新的手套来赔给朋友，或者把珍妮自己的手套送给朋友。

3. 评估选项。

重要的一点是，珍妮是那个评估选项的人，她可以得到你的指导、支持和鼓励。"第 1 个行不通：我们每天一起走路上学，我不想躲着她，她会难过的。第 2 个也不行：她从来不会忘记任何事情，而我不想对她撒谎。第 3 个行不通：我没有足够的钱买一副新手套。第 4 个也不行：如果把我的手套给她，我就没有手套了。"这些选项看起来都不太好，但如果它们看起来不错，那就不存在需要解决的问题了。珍妮需要选择哪些选项较为可行。

通过下面 4 个问题，她自己就能排除掉前两个选项。

这是不友善的吗?

这会伤害别人吗?

这是不公平的吗?

这是不诚实的吗?

选项（A）是不友善的，选项（B）是不诚实的，后两种选项相对来说较为可行。如果珍妮没有发现前两种选项有什么不妥的话，那么现在就应该为她提供指导了。

4. 选定一个选项。

珍妮觉得最简单的方法就是把自己的手套送给朋友，因为赚到买新手套的钱需要很长的时间，而珍妮则可以用她哥哥的旧手套。在选择一个选项时，重要的是问题的解决方案不会给其他人带来问题。如果珍妮用哥哥的手套时，哥哥也需要手套，这就给哥哥带来了问题，所以这不是一个好的解决方案。珍妮就得考虑另一个选项了。

5. 制订计划并执行。

也许对一个孩子来说，最困难的一步就是制订计划并真正贯彻到底。珍妮对自己犯下的错误承担了全部责任，她向朋友解释了自己的所作所为，没有找任何借口，并拿出了自己的手套来赔给朋友。一个新的问题出现了。朋友告诉珍妮，她不想要用过的手套，她只想要回自己的手套。孩子需要

知道，如果第一个选项不起作用，她需要回到其他选项上，看看另一个是否可行，如果不行，就继续寻找新的选项。珍妮解释说，她已经无法找回朋友原来的手套了，但她会把自己的手套先借给朋友用，直到她赚到足够的钱，再给朋友买一双新手套。然后，她开始为邻居们修剪草坪，以便赚钱买新手套赔给朋友。

6. 评估问题和你的解决方案。

这可能是解决问题中最容易被忽视的一步，但它对学习过程至关重要。

· 问题出在哪里？把手套放进一个看起来像是玩具袋的包里是个错误，但再次发生这种情况的可能性很小。然而，如果珍妮经常把借来的东西放错地方，她就需要检讨一下自己的行为了。

· 类似的问题将来能避免吗？珍妮在把朋友的东西放进任何包里之前都会仔细看一看。她可能还会专门找一个地方来存放所有借来的东西。

· 当前的问题是如何解决的？珍妮尝试了一种选项，但没有成功，而第二种选项成功了。珍妮对自己承担错误和解决问题的能力感到满意，她的自尊心和个人诚信都大大增强了。

砖墙父母很可能会斥责珍妮的不负责任，然后指示她如何解决问题。"你这个不负责任的孩子，今后再也不要向你的朋友借任何东西。在接下来的6周里，我要扣掉你的零用钱，来给你的朋友买双新手套！"

水母父母可能会说教几句，然后出手为珍妮解决问题。"如果你先仔细检查下那个包，你就不会把手套放进去了。什么都不要告诉你的朋友，我来买双一模一样的手套赔给她。"

作为父母，帮孩子做决定要容易得多，但教会孩子自己做决定更有意义。通过解决问题的过程，珍妮可以学习成为一个自信和负责任的人。她可以为自己的最大利益行事，为自己挺身而出，在尊重他人权利和合法需求的同时行使自己的权利。她是值得信任的，她会为自己制造的问题承担责任，并为这些问题提供解决方案。

🌸 家庭会议的 3 项基本要求

没有问题经得起持续思考的冲击。

——伏尔泰

　　许多问题通过前面的 6 个步骤就可以解决，但有时问题更复杂或影响到好几个家庭成员，在这种情况下，家庭会议可以成为解决问题的宝贵工具。

　　家庭会议可以让孩子们学习检查问题，提出解决方案，并在父母和哥哥姐姐的指导、支持和示范下评估结果。家庭会议是一个很好的机会，帮孩子强化这种观念，即我们都是相互依存的，我们做什么或不做什么会影响到我们周围的人。一旦孩子长大到可以提出解决问题的想法，他们就可以参与到解决问题的过程中来。年幼的孩子可以通过在家庭会议上观察年长的家庭成员来了解这个过程。这种会议有 3 项基本要求：

　　1. **这个问题必须是重要的，与所有人相关。**苏忘记穿运动服，这对她姐姐来说不重要，甚至都无关紧要。但是，苏的湿衣服挂满了浴室，这对她的兄弟姐妹和爸爸妈妈就是既重要又相关的了。

　　2. **父母需要提供不带评判的引领。**如果由父母告诉其他人如何解决问题，这就不是一个真正的"家庭会议"。"你必须把湿衣服挂到别的地方去，你还要把浴柜上的化妆品收拾干净，拔掉卷发棒的插头，把毛巾挂起来，把肥皂放进肥皂盒里，并且要把镜子擦干净。你明白吗？"所有参与者都需要感觉到他们的意见、感受和想法是有价值的。

　　3. **环境需要有利于分享。**比如，每个人都围坐在餐桌边，可以看到彼此，这就比全家人坐在车里，在匆匆忙忙赶去上学或上班的路上，更有利于家庭会议。

在家庭会议上，问题被简单明了地陈述出来，然后再加以澄清。譬如："当我早上需要用卫生间时，看见到处都挂着湿衣服，我会很不开心。""如果卷发器不拔掉插头，我担心有火灾隐患，会烧掉我们的房子。""镜子看起来脏兮兮的，我都搞不清到底是镜子上的斑点还是我脸上的粉刺。""可是早上有人不停地敲门，着急使用卫生间，我根本来不及打扫。"现在我们可以明确，问题是挂在卫生间里的湿衣服，没有拔下插头的卷发器，溅了水的镜子，以及早上全家人共用一个卫生间实在是太紧张了。

所有的家庭成员踊跃提出各种选项，并讨论这些选项的可行性。增加第二个卫生间可能只是一厢情愿的想法，不太可行。湿衣服可以考虑挂到洗衣房里去。在浴室里可以放一个纸巾架，方便每个人在用完牙膏、发胶、化妆品和剃须膏之后及时把镜子上的污迹擦掉。

提出了解决方案，商定了行动计划并付诸实施。苏在晚上洗澡，简在早上；每个人都会在离开卫生间前清理自己留下的脏乱环境；这个家庭将投资一个自动关闭的卷发器；乔将设计和制作一个衣架，可以用来挂湿衣服在洗衣房。

然后对结果进行评估。一个月后，每个人都同意淋浴的时间表改变是有效的，镜子的清洁仍然需要大家更多地注意，衣架看起来很好用，但如果将它从洗衣房搬到卫生间会更加方便。孩子们发誓，将来他们买自己的房子时，一定会确保有两个卫生间。

在家庭会议上，所有的家庭成员都提出了自己的想法，倾听了彼此的理由，并合作解决了问题。所有家庭成员开始认识到，大多数问题没有绝对的对错之分，不是仅有唯一正确的解决方法。集体决策需要开放和合作的态度，每个人都感觉到自己被倾听、被关心、被重视。在家庭会议中学习到的这些技巧将帮助孩子有效地处理他们在其他社会环境中可能遇到的问题。

如果我们做父母的能接受问题是生活的重要组成部分，而不是对每个

问题都做出反应,就好像这个本应完美的世界出了什么问题一样,我们就
能在解决问题时向孩子展示出平静和自信。我们可以教会他们,没有什么
问题大到不能解决。通过告诉他们,我们知道他们有问题,我们知道他们
可以解决问题,我们就可以传递出一种现实的态度,并赋予我们的孩子自
信和自我价值感。

　　智慧是知道下一步该做什么,技能是知道如何去做,而美德
是动手去做。

——大卫·斯塔尔·乔丹(David Starr Jordan)

第九章　让孩子远离犯罪、毒品和自杀

> 你可以不完全了解一个人，但你仍能全心全意地去爱他。
>
> ——电影《大河恋》

因为我们的青少年拥有自由意志，并且受制于宇宙中最强大的力量——同伴压力，所以我们作为父母，就不得不出面处理孩子给他们自己带来的巨大麻烦。比起在地板上乱扔衣服这类小问题，这些大麻烦要难处理得多，但是，我们依然能够找到解决问题的办法。你很难对一个静脉注射毒品的 16 岁孩子父母说，这个麻烦大到无法解决。你也很难对一个企图自杀的 15 岁孩子父母说，这个麻烦大到无法解决。对一个儿子刚进监狱的父母来说也是如此。这 3 个孩子最不需要的就是有人试图拯救他们或惩罚他们。

当青少年感觉到他们的整个世界都濒临坍塌时，他们真正需要的是有人站在身旁，告诉他们："我相信你。我信赖你。我知道你能处理好。我在倾听你，关心你，你对我来说很重要。我们不在乎其他人怎么说。我们爱你，我们在这里不是为了拯救你、责备你或惩罚你，我们是来支持你和管教你。"最重要的是要记住最后一点——管教，因为没有管教，帮助就很容易变成拯救。我们不妨以救孩子出狱为例。

❀ 非暴力干预——帮助孩子与社会和解

你的孩子打电话来告诉你他今晚无法回家了——因为他被扣留在警察局里。3 类家庭的父母将会以 3 种截然不同的方式来处理这种情况。

砖墙父母倾向于惩罚，他们自己就是在以惩罚和训诫为家常便饭的家庭中长大的。"你居然被拘留了？真有你的！你就在那儿好好待着吧！明天早上见。"这些话语里隐含的意思是："如果你表现好，我们就爱你；如果你表现不好，我们就不爱你。我们对你的爱是有条件的。"

但其实，我们对孩子的爱应该是无条件的。我们的喜好憎恶可以有条件，我们可以不喜欢孩子哗众取宠的发型、骇俗出位的鼻环和怪里怪气的鞋子，但我们的爱需要超越这一切。让孩子在警察局里待上一晚上来接受教训，这样做得不偿失，他正处于不安全的状况下，可能会遇到生命威胁，也可能遭遇道德冲击。现在不是惩罚孩子的时候，我们应该来帮助他。

然而，现在也不是拯救孩子的时候。A 型水母父母通常会这样做，他们以最快的速度赶到警察局，一路上都在和配偶不停地抱怨："我早就告诉过你，如果你让他和那些孩子出去，就会发生这种事。我就知道！你不该这么早就给他车钥匙！他还太小了。他真是随了你们家的人！这都是你的错。"他们也会抱怨这个孩子："我就知道会这样！你怎么能这么做呢？你就不应该和那些孩子玩。我说过他们会给你惹麻烦的，可你从来都不听我的。"

尽管如此，水母父母还是会将孩子保释出来。如果需要出庭，他们还会替他出面摆平纠纷。如果这些父母有足够的关系和人脉，他们的孩子甚

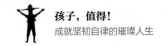
至都不用亲自出庭。

孩子们脱离麻烦的概率是与他们自己的努力成正比的，而不在于你耗费的心力。出手拯救你的孩子，这样的做法全无好处。你将来还得不断地将他们保释出来，因为他们永远不必长大，不必为自己的错误承担后果。

还有一类水母父母，我们姑且称之为 B 型水母父母，他们会直接逃避责任，将孩子甩给少管所："你们管教他吧，我无能为力了。"

作为脊柱父母，你会尽快赶到警察局，搂住你十几岁的孩子，告诉他："我爱你。你现在遇到了麻烦，我知道你能处理好，我是来支持你的。"如果他需要的话，你可以帮他找个律师，但让他来和律师沟通，让他支付律师费。他可能需要耗费很多个周末在律师事务所跑腿打杂，以此来偿还他的费用。

你出现在法庭上，站在孩子的身后，一言不发。要对孩子的麻烦"袖手旁观"并不容易，但请记住你是来支持他的，不是来拯救他的。

假设孩子被捕的原因是他和几个朋友恶作剧毁坏了一对老夫妇的房子和前院。你不要去赔偿损失，而是要让你孩子制订一个计划来弥补这种破坏行为，例如他可以每周去修剪草坪、种花、帮忙粉刷被他破坏的房子。

他没有被拯救，也没有被责罚，而是受到了管教：意识到自己的错误，承担问题的责任，提出解决问题的方法。他的尊严完好无损，甚至还可能得以增强了。

在美国，如果你的孩子因为"身份犯罪"而被逮捕，你和他可能都会觉得这有些小题大做。"身份犯罪"的定义是，任何被指控或定罪的未成年人的行为，如果是成年人犯下的，则不构成犯罪。身份犯罪包括离家出走、逃学、不受父母控制、未成年人持有酒精和违反宵禁。在这种情况下，你拯救孩子的冲动可能会很强烈，但你更需要的是帮助孩子解决导致他们被逮捕的问题。

如果孩子面临的法律问题是"身份犯罪"或轻罪，如破坏公物、入店行窃、小偷小摸或情节轻微的打架斗殴，解决问题的过程会比较简单直接，通过管教的 4 个基本步骤就可以轻易地完成。可是如果孩子一犯再犯，或者犯罪情节比较严重，如持械抢劫或攻击他人，这个解决问题的过程就会困难和复杂得多。

当你家的青少年严重触犯法律时，除了必要的法律顾问外，你和孩子都需要得到专业的建议和支持。在处理违法青少年及其家庭方面受过训练的咨询师可以帮助你找到问题的核心所在，并提供解决问题的方案，他还会给予你和孩子充分的拥抱和倾听。在这种时候，砖墙父母只会狠狠地责罚孩子，而水母父母则会为孩子的行为百般寻找开脱的借口。

在美国，按照国家监护人（parens patriae）的原则（即政府扮演家长的角色，而不是青少年的敌对方），大多数处理青少年罪犯的警察会致力于犯罪预防，帮助青少年成为有价值、有责任感的社会成员。如果你愿意他们来帮助你的孩子，他们就会和你一起工作。这样的合作不可能存在于惩戒、憎恶或报复的氛围中，也不可能存在于漠不关心的氛围中。我们必须要共同创造一个仁爱、温柔和耐心的氛围，只有在这样的氛围下，我们才能帮助青少年完成管教的 4 个步骤，同时还要注意遵循 3R 原则（即修复、解决与和解）的指导。

当家庭和社区面对青少年暴力问题时，往往呼吁采用迅速报复和惩戒的手段，加强惩罚、加重刑罚。人们希望这些解决方案能够以某种方式“解决”问题。然而，有效的解决方案并没有那么简单。在依靠威胁和惩罚来处理暴力问题的家庭和社会里，孩子是无法找到和解方法的。如果我们的主要目标是让青少年为他所做的事情“付出沉重的代价”，并试图杀鸡儆猴，警示其他面临相同困境的青少年，仇恨和痛苦就会找到滋生的土壤。被杀害的民权活动家马丁·路德·金（Martin Luther King, Jr.）的女儿伯尼斯·A.金（Bernice A. King）牧师在她的《艰难的问题，用心的答案》（*Hard Questions, Heart Answers*）一书中，解释了这种报复性的社会问题。

　　那些渴求复仇的人可能会体验到满足的错觉，但这种错觉在有良知的人心中永远不会持久，因为每一个暴力行为的背后都会留下更多暴力的种子……复仇和报复永远不会产生真正的治愈。它们只能剥夺幸存者获得宽恕与和解的机会，而这正是治愈过程所需要的。

　　无论是严厉的惩罚还是全面的宽恕，都不能治愈受害者或肇事者。非暴力的干预才是真正的和解性正义的核心：愿意面对错误的行为并向错误的人伸出援手。在《在危机中为人父母：帮助处于失落、悲伤和变化中的孩子》一书中，我写了一节关于和解性正义的内容，这是我非常珍视的话题，也是我帮助问题青少年的核心。我相信，如何对待青少年犯罪将极大地影响这些青少年长大以后成为什么样的人，也关乎我们其他人将过上什么样的生活。如果我们不帮助他们与社会和解，他们很可能会让自己一生都处于恐惧、不信任和混乱之中。

　　我们可以相互指责，推诿责任，将学校变成严加管束、严厉惩戒的堡垒，将一代又一代人扣在偏见、仇恨和不宽容的枷锁之下。我们也可以采取必要措施，让我们的孩子在心中、头脑中和手中卸下武器。当整个社会都致力于和解性正义时，年轻的罪犯才会获得救赎的机会。我们的目标是修复和弥补，而不是孤立和惩罚。我们寻求的不是惩戒和报复，而是治愈人与人之间关系的方法。

　　和解性正义是切断暴力枷锁的工具。它不会贬低受害者的尊严和价值，也不会否定压迫者的人性。它为痛苦伸张正义，而不会使仇恨持续下去。这是正念和慈悲战胜报复和惩戒的胜利。

　　今天，看看你是否能伸展你的心，扩大你的爱，使它不仅触及那些你能轻易给予它的人，更能触及那些非常需要它的人。

　　　　　　　　　　　　　　——达芙妮·罗斯·金玛（Daphne Rose Kingma）

当你怀疑孩子吸毒时

如果你的孩子看起来受到了毒品的影响，试图与他讲道理是没有用的。如果他是喝醉了或是嗑了迷幻药，你是很容易觉察到的，而且你知道你必须采取干预措施。然而，吸毒的症状往往不那么明显，它是循序渐进的，它还可能与抑郁症和其他情绪问题或身体问题反映出来的症状颇为相似。

雨下得很大，你把车开进了加油站，你儿子跳下车去给油箱加油，你在想："他这么做，真是太体贴了。"然后你注意到他俯下身子，脸离油嘴只有几英寸。他一定是在检查油箱是不是快满了。你确定吗？

你女儿抓起几乎空了的生奶油罐，把它放在嘴边，想吃下最后一点生奶油。你告诉她把那个喷嘴从嘴里拿出来。她说："别担心，妈妈，奶油都吃完了，我只是想把空气清空。"不要相信她！

你在浴室里发现 3 个空的眼药水瓶。你猜想儿子一定是过敏了。我劝你再想想。

你儿子的卧室里弥漫着一股浓烈的甜香味，你觉得是他的脏衣服弄得房间满是气味，他为什么不打开窗户透个气呢？你做出了错误的假设。

你女儿打电话告诉你，她决定今晚住在朋友家。她太累了，不能开车回家。她听起来真的很累，累得连话都说不清楚了。你还在欣慰她能如此谨慎以安全为重。且慢，先别那么肯定。

你的咳嗽药吃完了。客人们喝了太多的酒。你钱包里有两张 20 元的钞票不见了，你觉得有可能是你丈夫拿走了，忘了告诉你。这不太可能。

你的孩子不好好吃饭；他变得很好斗；他结交的那些新伙伴言谈举止非常奇怪。他们一直在谈论 "喝得烂醉""好东西""吸一口，抽一口，舔一口"。你以为这不过是青少年间的胡言乱语、流行词汇。其实并非如此。

你刚刚错过的是使用毒品的一些明显迹象。这些并不是证据，只是迹象。

但是，如果你的孩子有吸毒问题，如果你是一个警醒的并愿意及早干预的家长，你就更有可能来解决这个问题。美国无毒品伙伴组织（Partnership for a Drug-Free America）给出了提示，指引父母寻找以下孩子使用毒品的迹象：

明显的迹象

慢性红眼病、喉咙痛或干咳

谎话连篇，尤指在行踪上撒谎

频繁更换朋友

偷窃

与家人的关系恶化

剧烈的情绪波动、敌意或虐待行为

长期疲劳，孤僻，不注意个人打扮

饮食或睡眠模式发生重大变化

对喜爱的活动、爱好、运动失去兴趣

学校问题——成绩下降、旷课

其他需要警惕的迹象

衣服上有毒品的标语

含有毒品术语的语言

有很多钱或没有钱，两者都缺乏合理的解释

歇斯底里地哭或歇斯底里地笑

偏执的行为

使用香薰

使用毒品的直接证据

吸毒用具

大麻植物、种子或叶子

毒品的气味

皮肤上的针孔痕迹、疖子和溃疡

嗅到汽油、胶水、溶剂或气溶胶的气味

砖墙家庭的过度监控

砖墙父母会不断地留意任何吸毒的迹象，也会将监视发挥到极致。任何使用眼药水的行为都是可疑的；咀嚼薄荷口香糖的目的一定是试图掩盖酒精。孩子每次外出都要询问 20 个以上的问题。他不相信青少年能对自己的身体做出正确的决定，也从不告诉他吸毒的危害。家里信奉着代代相传的绝对原则。

典型言论：

"你绝对不许喝酒。"

"我们家孩子要是敢吸毒，我要他的小命！"

"如果被我发现你吸烟，你就得马上收拾行李滚蛋。"

青少年缺乏强烈的自我意识，几乎没有解决问题的能力，他们容易被引导，并希望脱离父母，是吸毒的高危人群。有趣的是，一旦砖墙父母面对孩子吸毒的迹象时，他们或者开始否认："不，我女儿没有吸毒。"或者试图向她灌输一些道理，或者把家里所有的问题都归咎于她。譬如："如果不是因为你，我和你妈妈就不会成天吵架。"或者让她立即参加戒毒计划，而自己却拒绝参与其中，因为这都是她的问题——她是个坏孩子。

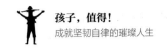
水母家庭的否认和袒护

两种类型的水母父母处理孩子吸毒迹象的方式非常不同。A 型水母父母通常会予以否认。"我的孩子吸毒？绝不可能。他目光呆滞？你开什么玩笑？他灵活得很！"或者他会指责自己的配偶，而不是将注意力放在青少年身上。"看看你对你的孩子做了什么！"再或者，为孩子的这些反常行为寻找其他的借口："她有学习障碍。""他只是对我们离婚的事感到沮丧。"

B 型水母父母根本不认为孩子吸毒是一个问题。他们认为："偶尔为之不会伤害到他，也不会妨害到我。"他们或者为青少年使用毒品进行袒护。譬如："每个人都这样做。只要他不上瘾，我就不介意。"或者索性提供毒品。"来，和我一起抽根大麻吧。""告诉你的朋友们，我会为你下次的派对买桶酒。"于是，孩子就这样步入了父母的后尘。

这两类水母家庭，对青少年都缺乏任何有意义的支持。当他还是个孩子的时候没有任何管束，当他在十几岁开始接触毒品的时候，他没有能力来判断毒品是好是坏，是健康还是不健康。因此，他可能会用毒品来填补情感上的空虚，来取悦同伴，或者通过毒品来被某个团体认同接受。

脊柱家庭的觉知与陪伴——父母可采取的 10 项举措

当你留意到孩子可能吸毒的迹象时，你首先要接受这种可能性，认识到这是他需要解决的问题，然后承诺长期陪伴在他身边提供支持。美国国家执法出版公司（Premier National Law Enforcement Publishing Company）在他们的小册子《儿童与毒品——我们的下一代》中列出了父母可以采取的 10 项举措：

1. 不要惊慌，也不要因为愤怒或恐惧而做出反应。

2. 尽可能地让自己了解毒品知识：向当地的图书馆、当地与毒品有关的救助项目、学校当局等查询。要记住，你的孩子可能已经知道很多了。

3. 确定谁和你的孩子关系最好（可能不是你），并向他寻求帮助。保持沟通的渠道畅通。

4. 和孩子开始一场平和的对话，以确定孩子为什么以及如何做出使用毒品的决定，或者是什么让他使用毒品。请记住，孩子涉及毒品可能是短暂的和试验性的，不要用偏见、威胁或道德说教把他逼到墙角。

5. 吸毒，或大量吸毒，很可能是其他问题的症状，这些问题也许更为紧迫。不要忽视它们，或认为它们无关紧要。

6. 如果恰当的话，让其他人参与进来，最好是在孩子自愿的情况下。在选择时要谨慎，使用专门从事药物或酒精滥用治疗的人员或服务。

7. 诚实和实事求是：接受孩子可能提出你的虚伪之处，不要因此而失去冷静。

8. 毒品会让你和孩子的关系重新得到审视，这可能是一个非常宝贵的机会。

9. 如果你做了所有的努力，仍然认为问题非常严重，必须采取更多干预，那么就应该寻求专业人员的帮助。

10. 记住，如果你发现你的孩子在吸毒，他的一些朋友也会吸毒。因此，你可以和其他家长一起，尝试为整个团体提供比毒品更好的东西。

脊柱家庭无法阻止青少年尝试毒品，但可以给他提供支持，使他免受毒品文化的诱惑。脊柱父母在他们的孩子出生前就开始创造这种支持的环境。他们以尊重和关怀的态度对待自己，反过来也以尊重和关怀的态度对待自己的小婴孩。他们为他提供爱的关怀、情感的支撑、食物、温暖和爱的触摸。他们不会对他进行身体虐待，或者是忽视，甚至遗弃他。随着他的成长，他被教导要以尊重和关怀对待自己。他学会了倾听自己的身体。当他吃饱了，他不会被强迫吃更多。他被鼓励（而不是被贿赂或被威胁）学习控制自己的身体功能，包括排便。他有很多机会做出选择，并对这些

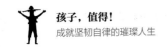
选择负责。他解决问题，修正错误。他学会尊重自己的感受，并负责任地表达感受。他知道自己可以寻求帮助。

脊柱家庭会和孩子谈论毒品对青少年的健康、教育、社会生活和家庭生活的严重影响，对可能会传染上艾滋病和其他性传播疾病、可能丧失记忆、丧失协调性和丧失感知能力的后果做出了清楚的解释。父母在孩子很小的时候就教会他们如何对同伴压力说"不"，并教给青少年避免或摆脱危险处境的具体策略。这意味着要和孩子谈谈他可能会被鼓励服用有害物质的具体情况，以及教给他如何应对。

典型言论：

"不，谢谢，我不喜欢那东西。"

"我今天开车来的，我必须保持神志清醒。"

"我不想做任何会让我被踢出球队的事。"

"我试过一次，吐得一塌糊涂。"

我女儿曾经这样答复她的朋友："如果被我妈发现，她会杀了我，而且我妈肯定会发现的。"这句话显然夸大其词了，但如果这样说能对她有所帮助，我宁可接受她对我的声誉的诋毁。

和他谈谈他可能感受到的压力，以及朋友们对他的看法。他可以使用什么样的自我对话？譬如："我不需要这个来让自己感觉良好。""我非常喜欢我的精神和我的身体，我可不想被这些东西搞得一团糟。""我宁愿记住我在派对上做了什么，而不是早上起来发现自己意识不清。""我喜欢掌控我自己。"

提醒他，他随时可以打电话回家，你会来接他。如果他做出一个愚蠢的选择，你会帮助他解决这个问题，并帮助他回到正轨。

作为脊柱家长，你需要持续参与孩子的学校生活、娱乐和社会活动，并了解他的朋友。保持你和孩子朋友的父母之间的沟通渠道畅通。让他们知道他们可以放心，在你家举行的任何聚会上都会有一个成年人在家监护，而且不允许喝酒和使用其他毒品，并且得到其他家长的承诺，确保他们也会这样做。

一盎司的预防胜过一磅的治疗。

——本杰明·富兰克林

自杀未遂——不是失败的尝试，而是绝望的呼救

我去看望一个因自杀未遂而住院的年轻女孩，我问她为什么要割破自己的一只手腕，然后打911。她坐直了身子，说："我不会割破另一只手腕的，那是我投球用的手。"她的自杀企图显然是在寻求帮助。她并不想死，她只是被生活，特别是她的家庭生活压垮了，不知道她还能做些什么。她有一位砖墙父亲，用铁腕统治这个家庭，她还有一位水母母亲，为了避免挨打、抚养3个孩子而身心俱疲。在捡起地上破碎的碗碟、安慰了妈妈，并安顿弟弟妹妹去上学后，她自己在课堂上睡着了。她被英语老师责骂，被旁边的男同学嘲笑，她已经受够了。当她看到教室门上贴着她那令人难堪的考试分数时，最后一根稻草出现了，她已经为这次考试付出了很多努力。中午，她割破了自己的手腕。

许多自杀未遂不是失败的尝试，而是绝望的呼救。砖墙家庭和水母家庭都会孕育出这些绝望的呼喊。

多年来，砖墙父母一直告诫孩子要抑制自己的痛苦、愤怒和挫败感。

典型言论：

"站起来，像个男人一样接受它。"

"男孩不哭。"

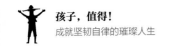
"不许走，你得听我说。"

"照我说的做，不许争辩。"

问题的解决方案是由父母对孩子发号施令，没有讨论或对话的机会。

典型言论：

"你要提高你的考试成绩，必须每天晚上学习两个小时。"

"你要赔偿史密斯先生的花盆，并告诉他你很抱歉。"

"你必须和妹妹分享那个玩具。"

爱是父母对认可行为的奖励，而父母对不喜欢的行为则会撤回爱。

典型言论：

"如果你表现好，我就会爱你。如果你不乖，我就不爱你。"

"离我远点，你是个坏孩子。"

"来，让妈妈给她的宝贝女儿一个大大的吻，因为她赢得了拼写比赛。"

完美是好的。错误是不好的。例如一个优等生只得了 B，他会认为整个世界都坍塌了。一个小女孩饿着肚子，是想像模特儿一样拥有"理想"的体重。

水母父母在表达自己的感受时缺乏一致性。前一刻还在为一个小的违规行为大发雷霆，后一刻就对孩子昨天受罚的事情大笑。他们会完全忽视孩子的感受。

典型言论：

"马上回你的卧室去，在里面待到明天早上。你这样跟我说话就该得到教训。"

"你有没有听到他是怎么骂老师的？他可真有胆量。"

"他不伤心。他没有什么可难过的。"

问题没有得到解决，而是被忽视或被掩盖了。

典型言论：

"别担心史密斯先生，他会消气的。那只是一个旧花盆，我知道你不是故意打烂它的。"

"3 个 D 和 4 个 F，这分数也没那么糟糕。你应该看看我在你这个年龄时的成绩单。"

在水母家庭里，爱也是高度有条件的，而且它的条件是不一致的。某一天，孩子得到了一个拥抱，"只是因为我想给你一个拥抱"。第二天孩子又没法得到拥抱了，原因是孩子"惹爸爸生气了"。

到了青春期，孩子们经常会有一种习得性的无助感，再加上受伤和愤怒，来自砖墙家庭和水母家庭的青少年在面对这个年龄段正常的挫折时，会变得抑郁和自我毁灭。他希望得到帮助，但不知道如何寻求帮助，于是就通过伤害自己来让别人注意到他真正的痛苦。如果愤怒大于伤害，青少年可能会试图通过自杀来惩罚他的父母。"看看你们对我做了什么？我现在要让你们痛苦。"

如果伤害、愤怒和抑郁变成了慢性病，青少年可能会认为除了死亡之外没有办法摆脱这种痛苦。那么，这种尝试就不是在呼救了，它就真的是一次失败的自杀。自杀是青少年死亡的第三大原因，事故和暴力行为分列第一和第二位。有些事故实际上是隐蔽的自杀企图。吸毒也可能是一种慢性自杀。

脊柱家庭的孩子很少面临自杀的情况。在孩子成长的环境中，他的感受被接受，他的想法被重视，他的基本需求被满足，他的错误被看作学习的机会，这为他提供了有力的支持，使他能够认知真正的自我，并提供了必要的工具来帮助他解决他所面临的种种问题。在脊柱家庭里，没有任何求助的呼喊会被忽视，被嘲笑，或被视为愚蠢而不予理睬。

10 种自杀的迹象

1. 有过自杀企图。

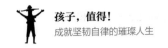

2. 与家庭成员的关系恶化。

3. 长期疲劳、孤僻，不注意个人打扮。

4. 饮食或睡眠模式的重大改变。

5. 学校问题——成绩下滑、旷课。

6. 对完美的痴迷。

7. 对喜爱的活动、爱好和运动失去兴趣。

8. 将珍贵的个人物品送人。

9. 撰写关于死亡的文章。

10. 慢性抑郁。

父母可以采取 10 项举措来帮助有毒品问题的青少年，也可以用 10 项举措来帮助有自杀倾向的青少年。关键是要在他身边给予你的爱、你的支持和帮助。

尽管我们可以通过一些方法来防止孩子自杀，但要记住的是，我们没有办法完全杜绝自杀的发生。自杀可能会影响到任何家庭。我们可以给予孩子我们的时间、我们的情感和我们的乐观精神。我们可以献出我们的爱，表明我们的关心，这就是我们所能做的全部。正如一位父亲在谈到他儿子的自杀时所说："我开始明白，我们可以帮助一个畏惧死亡的人，但是很难帮助一个畏惧活着的人。"

> 我不得不接受，最终，自杀是哈利自己的选择。我所能做的就是不同意这个决定。
>
> ——卡拉·范恩《没时间说再见了》

所有的孩子都会犯错，这就是成长的一部分。成长可能是痛苦的，我们不愿意看到自己的孩子处于痛苦之中，但要让错误和糟糕的选择成为孩子自己的责任。这并不意味着你要袖手旁观，让他们毁了自己的生活。如果它是危及生命的，威胁到道德的，或是不健康的，你确实要介入，给予爱的支持和指导，有时还要给他们穿上束身衣。就像你可能会约束一心想要伤害自己的愤怒幼儿一样，你可能不得不寻求专业的帮助，来约束吸毒的儿子，或者给厌食的女儿静脉注射。干预和控制只是暂时的，之后仍需要让位给青少年，让他们最终掌控自己的问题和解决这些问题的方法。只有在他们建设性地解决了自己的问题之后，因他们的选择而产生的伤害或不适才会消失。通过对诸如这样痛苦的情况拥有积极的力量，他们的尊严、正直和自我价值都会得到提升。

> 每当你遇到一种情况，尽管你当时认为这是不可能的，觉得你正经历了诅咒的折磨，但一旦你遇到了它，并经历了它，你就会发现，以后的你永远比以前更自由。
>
> ——埃莉诺·罗斯福

第十章

平和解决手足之争

> 如果我们知道如何看待暴力，不仅仅是社会上的暴力……也包括我们自己内心的暴力，那么也许我们就能够克服它。
>
> ——吉杜·克里希那穆提（J. J. Krishnamurti）

🌸 如何看待冲突——视为挑战，并作为成长和改变的机会

孩子们会打架。下次当你的孩子们打起来的时候，深呼吸并告诉自己："这很正常。"冲突是不可避免的，就像睡觉、吃饭和纳税一样，是生活的一部分。随之而来的痛苦也是如此。如果你能直接且有创造性地处理冲突，你就可以解决冲突，让它不那么痛苦。尽管当你身处家庭战乱之中时很难相信这一点，但是，冲突真的可以成为一个成长的机会。

孩子们会打架，几乎世界上所有的父母都不希望他们打架。因为冲突对任何人来说都不是一件好事，

所以想要避免冲突似乎是合理的，但从长远来看，避免冲突很可能是不健康的。那些不打架的孩子，那些避免冲突或总是让步的孩子，长大后会成为被动的成年人，或是压抑着愤怒和怨恨的成年人。被动的成年人很可能忍受各种虐待，无论是企业的剥削还是当地汽车修理工的欺诈。他们也是非常糟糕的配偶。如果你现在和一个拒绝对抗、逃避冲突或希望冲突自行消失的人生活在一起，你就会知道我在说什么。被压抑的愤怒和怨恨所激怒的成年人要么会将敌意引向外部，对他人采取暴力行为，要么会将敌意指向自身，对自己采取暴力行为。

知道如何处理冲突不仅仅是在家里创造和平的问题，这也是在我们自己和我们的孩子身上创造和平的态度，以便我们能够在家庭里创造出和平的气氛。不幸的是，这种能力并不是与生俱来的，孩子从娘胎里出来时并不知道如何处理冲突，这是一种需要学习的技能，而且无论如何都要学会。如果父母没有进行有意识的、明智的引导，他们可能学到的"技能"是暴力和攻击，或者是被动和逃避。孩子们需要被教导如何进入冲突，并以非暴力、建设性、创造性和负责任的方式来处理冲突。

作为父母，我们不必故意制造冲突来教孩子如何以非暴力的方式处理它。冲突总是会发生的，而我们看待冲突的方式会使我们在处理冲突时产生差异。砖墙父母和水母父母都倾向于将冲突视为一场竞赛，有人必须赢，有人必然会输。在竞赛中，特别是涉及强烈感情的竞赛中，情绪或身体攻击会成为首选的工具。如果我们认为冲突是一场我们需要赢而我们又有可能输的竞赛，我们就很有可能假装它不存在，或试图逃避它，但它并不会消失。如果我们不肯直面它、解决它，冲突或争斗就会进入我们的内心，并在我们的身体和心灵中不断地累积，变得更加棘手。

砖墙父母将冲突视为一场竞赛，一场受害者与胜利者之间的活动，他们会以惩罚来威胁孩子。

典型言论：

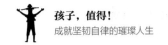

"你马上过来，否则我就打你的屁股。"

"你敢？！"

"你就等着你爸回家收拾你吧。"

"这里由我负责，你必须照我说的做，否则后果自负。"

水母父母倾向于避免冲突，他们说教，或扮演和事佬的角色。

典型言论：

"当他生气的时候，你就不要烦他了。"

"不要打架，孩子们，你们要彼此相爱。"

"如果你们两个在后座上不能和睦相处，你们中的一个就过来坐在我旁边。"

脊柱父母认为冲突不是一场竞赛，而是一场危机。"当然，"你会说，"这有什么稀奇的？每次我的孩子打架，或者我和我的配偶吵架，对我来说都像是一场危机！" 你是对的，但不同的是，我们习惯于把危机看作要避免的负面的东西。危机其实是一个中性词，意思是 "局势的突然变化或转折点"。中国人敏锐地意识到危机、危险和机遇之间的联系。中国的"危机"一词，是由"危险"和"机遇"两个词组成的。脊柱父母不会发起攻击或逃避冲突，而是拥抱它，将其视为一种成长的挑战和机会。拥抱冲突尽管不容易做到，但它肯定比战斗或逃跑的选择要好。

典型言论：

"我需要和你谈谈这件事。"

"我们可以解决这个问题。"

"你可以生气，但是不可以打弟弟。是不可以的。"

你 16 岁的女儿刚刚走进来，穿着一套你不许她穿的衣服——那是你的衣服。她没有像她说的那样把洗碗机里的碗碟拿出来放入碗柜——事实上，她把脏碗碟和干净碗碟放在一处，她还和一个你不喜欢的孩子混在一起。

砖墙父母倾向于将自己的身体和精神锁定在战斗的姿态上。这个被称为"家"的空间变成了意志的战场，有人会以牺牲另一个人的利益为代价赢得胜利。争吵、吼叫、威胁和暴力都是他们常用的武器。

水母父母会试图解决冲突，或者完全回避冲突，希望它能自行消失，甚至干脆把青少年送去寄宿学校。否认、逃避、恳求和遗弃都不是解决冲突的好办法。

脊柱父母则将冲突视为挑战，并将其作为成长和改变的机会，他们会使用果敢的对抗和其他非暴力工具。通过拥抱冲突，父母和子女之间进行的是一场舞蹈，而不是战斗。冲突会变成一个合作的挑战，一个过程，一个在两个或更多的人之间来回交互的过程。如果你将它看作一场战斗，我们前进，进攻，防御，后退，我们会赢得或丧失领土，即我们的情感"空间"。如果你将它看作一场舞蹈，我们会分享这个空间，与对方一起或围绕着对方移动，有时引领，有时跟随。我们时而引导和发言，时而观察和倾听。我们接收情感，并对所有参与人的想法和愿望持开放态度。**与其加入战斗，我们不如通过"跳舞"来解决冲突。谁会不愿意跳舞而更喜欢打架呢？**

冲突的解决之道

以身作则，指引孩子采取建设性的方法

以身作则是教会孩子处理冲突的有效方法，孩子们倾向于用他们所看到的父母处理冲突的方式来处理冲突。然而，我们处理冲突时却常常缺乏思考，没能给孩子做出很好的榜样，因为我们应对冲突的技巧也是从我们的父母、学校老师、同龄人和媒体那里学来的。如果我们被教导将冲突视为一场竞赛，我们就可能会与"对手"进行身体上或言语上的战斗，直到

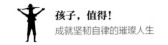

其中一方获胜，另一方被彻底击败。如果我们看到我们的父母逃避冲突，我们可能也会示范给我们的孩子如何逃跑。如果我们足够幸运地看到生活中重要的人果敢地处理冲突，而不是咄咄逼人或被动承受，我们就可以为我们的孩子树立同样的行为榜样。

如果你一怒之下将盘子扔到房间的另一头，当你的孩子将数学书扔到教室的另一头时，你不要感到震惊。如果你对配偶或孩子动用武力，那你的孩子也可能会动手打弟弟和邻居小伙伴，甚至还会虐猫虐狗。如果你觉得大喊大叫是唯一能让你的意见被对方听到的方式，那么当你从你5岁的孩子嘴里听到同样的音量和语气，你不必觉得意外。如果你对每一个冲突都轻描淡写，那么当你的孩子不再告诉你什么在困扰或伤害他时，你也不要惊讶。你对儿子说："振作起来，儿子，没有那么糟糕。你遇到什么事了？"儿子却会回答："没什么，妈妈，忘了它吧。"

但是，如果在你与配偶或朋友意见不合的时候，你的孩子听到你说："当你这样做时，我感到很受伤。"或"你需要我怎么做，才会让你感觉好一点？"你就会发现他在自己的冲突中使用类似的技巧。而且，当你对你的孩子生气时，如果你告诉他你要去你的房间冷静一下，然后再继续谈话，你可能会发现在他下次生气的时候也会做同样的事情。

当然任何父母都会有失控的时刻。在疲惫、烦闷、沮丧和压力之下，你看到你最心爱的真丝衬衣穿在你女儿身上，并被她踩踏得皱皱巴巴，那些你曾发誓永远不会说出口的话会从你嘴里脱口而出："我要打断你的胳膊，拧断你的脖子。你永远都不要再找我借衣服穿。你被禁足6个月！"肾上腺素飙升，冲昏了你的理智。现在是时候走开了，不，是跑开——冷静一下，然后回来重新开始。你刚刚为孩子树立的榜样是你不希望她效仿的，此刻你可以说："对不起，我失控了。我不会打断你的胳膊，或者扭断你的脖子，你也不会被禁足6个月。给我点时间，让我想想如何解决这个问题，顺便说一句，我愿意接受你的建议。"你已经准备好接受冲突，并与你的女儿共舞来解决问题。我们大多数人都会有失控的时候。孩子们需要知道，如果他们失控了，他们可以回来再试一次。

指引和指导往往是相辅相成的。当我们为孩子提供脊柱结构来解决他们自己的冲突时，我们是在指引和指导他们采取建设性的方法来替代战斗、逃跑或僵持。

双方共同制订计划，以非暴力方式处理冲突

许多家庭中的一个典型场景是这样的：两个孩子为了看电视而争吵不休。

"轮到我看我的节目了。"

"不，不是。"

"是的，就是！"

"妈妈！"（这音量比城市噪声条例的允许值大约高出了 10 分贝）

砖墙父母冲进来，愤怒地关掉电视机，喊道："不许吵！谁都不许看了！"他这句话的意思是，孩子们不能解决自己的问题，必须由成年人来替他们解决。

水母父母会跑进来救援："哦，别这样，孩子们。你们不能彼此相亲相爱吗？吵架对你们没有任何好处。我们为什么不坐下来一起看电视呢？"他并没有教给孩子如何解决冲突。事实上，他没有认识到冲突的价值，只是希望有和平的表象，并不惜一切代价维持和平的表象。

无论是水母父母还是砖墙父母，都没有给孩子解决冲突的任何帮助。他们都在以自己的方式试图阻止冲突。砖墙父母和水母父母暗含的信息是："你们需要我来解决你们的冲突。"

与之相反，脊柱父母则会有耐心地提供必要的工具，以非暴力方式处理冲突。

当孩子们起冲突时，你必须认识到，你出手得越慢、越安静，冲突就越有可能在你到达之前结束。唯一的例外是，如果其中一个孩子打伤了另一个，你要尽快出面干预。如果当你到达那里时，冲突还在继续，站一会儿，不要说话。沉默是你最有力的工具之一——好好利用它。你可以走到电视机前，轻轻地把它关掉，你正在为你的孩子树立冷静和耐心的榜样。当你关掉电视时，他们可能会抱怨："但是，爸爸……但是，爸爸！"

这时你就可以转身对他们说："你们两个在吵架。只要你们双方制订好一个计划，就可以把电视重新打开。现在，你们想怎么做？"

他们可能会用气呼呼的声音回答："制订计划。"当他们不高兴的时候，很少会有好的反应，所以不要指望他们好声好气的说话。你唯一需要做的就是让他们明白，他们需要做什么才能看电视：他们必须想出某种双方都能接受的方案。你的任务是提供必要的工具和环境，使他们能够解决问题。

当给予适当的工具时，孩子们可以并且确实提出了一个有成效的计划来解决他们自己的冲突。对于年幼的孩子，你可能要给他们一些可以选择的方案。随着他们年龄的增长，接下来可能会发生以下3种情况：

1. 他们会分享——但不要指望这一点，这种情况并不常见。我们经常对孩子说："分享，分享，分享。"可你有没有观察过成年人的分享呢？我们做得并不是很好，我们更愿意分享那些我们不介意分享的东西。对于我们不愿分享的东西，我们同样也不会乐于分享。孩子也是人，他们会倾向于遵循我们为他们树立的榜样。

在我的育儿研讨会上，一位女士说："我想尝尝我儿子的冰激凌，他却说不。你不觉得下次他想尝我的冰激凌时，我也应该说不吗？"我回答说："这要看情况：如果你想让孩子知道你可以和他一样自私，那就不要分享。但如果你想用另一种方式教他，那就分享。"**我们需要成为孩子的导师，向他们展示我们认为得体、有爱心和负责任的行为。**有些孩子需要更长的时间来学习，但我们不能放弃。我们不要变得像他们一样，我们对待他们就像我们希望别人对待我们一样。

2. **他们都会起身离开，去找别的事情做。**如果我们鼓励他们自己解决问题，而不是为他们解决问题，这种情况会经常发生。

3. **他们中的一个人会提出一个双方都同意的计划。**只要想出这个计划的人不使用暴力或恐吓来达到目的，就随他去吧。有人可能会说："如果你不让我看我的节目，我就打你的头。"这算是一个计划，但这不是一个你可以接受的计划。你可以说："这不是一个好计划，再想一个。"如果大一点的孩子向小一点的孩子建议："你今天让我看我的节目，明天你就可以看两个你的节目。"请保持沉默，尽管你和大一点的孩子都知道明天并没有小朋友想看的节目。第二天，当年幼的孩子向你抱怨计划不公平，因为今天电视上没有他想看的节目时，一个好的回应是："我注意到你对哥哥做了很多的让步。你想学几招对付他的好技巧吗？"现在是时候教他一些为自己主张的说法了，比如："如果我能在周一和周三看我想看的特别节目，我就愿意让你今天看这个节目，而且我希望你能将这个协定写下来。"如果你能教被动的孩子主张自己的权益，就没有人会欺负他了。

作为父母，我们倾向于袒护更年幼（或更弱小，或更缺乏创造力）的孩子。我们会说："别欺负你妹妹，今天让她看她的节目，她比你小。"如果你的某个孩子总是听从于更年长、行动更迅速或更有创造力的兄弟姐妹，即使这个姐姐没有使用暴力或恐吓（她只是善于从她的妹妹那里骗取东西），重要的是教这个孩子为自己站出来，表达自己的愿望和需求。"我今天想看我的节目。昨天和前天都是看你想看的。我觉得总是我屈服于你。我今天宁愿坐在这里，不看任何节目，也不愿再向你屈服。"你可以帮她练习这些台词，直到她能自信、坚定、有把握地说出来。大孩子和小孩子都需要给予和索取，但是小一点的孩子已经被"索取"了很多次，他们需要学会为自己做点什么，否则他最终会成为"当我说不的时候，我感到内疚"的那种成年人。

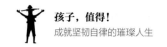
请注意，在这种情况下，我会要求这两个孩子想出一个计划。我并没有要求他们对发生的事情给出自己的版本。最会讲故事的人可能会胜出，我就只能做出判断，而问题并没有真正得到解决。当问题仅仅是两个愿望的冲突时——一个孩子想看一个节目，另一个孩子想看另一个节目——两个不同的故事不会对结果产生很大的影响。每个人都会试图让你相信发生了一些严重的不公正的事情，而你要以所罗门的智慧对这个案件做出判断。事实上，这只是一个妥协的问题。

如果冲突涉及的不仅仅是相互妥协的问题，了解故事的两面性对两个孩子都会有帮助。丹娜想要弟弟马特的小熊。两人因此争抢起来，被撕扯的小熊有可能失去一条胳膊和一条腿。马特并不介意丹娜玩他其他的玩具，但这只小熊是奶奶送给他的特别礼物。丹娜却不想要其他的玩具。她想要这只熊来进行一次小熊斯莫基的冒险，其他玩具都不行。作为父母，你可以倾听，并且帮助他们相互倾听，引领他们找到解决问题的办法。不要给他们答案，但一定要帮助他们想出解决问题的办法，并向他们保证，你相信他们能够处理好这个问题。

这里的目标是和平解决。Shalom，希伯来语中表示和平的问候语，也有"合在一起"的意思，在某种意义上是创造一个和谐的整体。这两个孩子学会了创造他们自己的和谐。

理解对方观点，不同角度下看待问题

两个孩子跑进屋里，身后的纱门砰砰作响。

"妈妈，他把我从秋千上推下去了。"

"不，我没有。是她自己掉下来的。"

"但是他拽住了秋千。"

"但是你做了……"

"但是他做了……"

"就是该我玩了……"

思维敏捷的妈妈给一个孩子递上记事本，给另一个孩子递上铅笔，要求两个孩子编一个故事。他们两人坐在那里，试图就一个故事达成共识。

"好吧，你就写当时我在秋千上。"

"我不会这么写。是你先把我推下去的。"

"我不会让你把这些写在记事本上的。"

经过一番讨价还价，他们同意以"曾经有一个秋千……"作为故事的开头。在工作中，他们学会了观察故事的多个侧面，并理解社论和新闻故事之间的区别。他们意识到，无论他们的出发点是什么，他们都需要在同一个地方结束——写出一个他们双方都能接受的故事。

当我在教学中使用这种方法时，我的两个更愤怒也更有创造力的学生拿起记事本，把它撕成两半，并把铅笔掰成两截各自使用，然后递给我两个不同的故事。我读了这两篇故事，让他们交换阅读，回来时提出一个他们都同意的结尾。在这个写出各自的故事、阅读对方的故事并写出创意结尾的过程中，他们的怒火消散了，最后他们彼此大笑，用他们的精力想出了不是一个而是几个滑稽的结尾。

能够看见对方的观点是解决冲突最有效的技能之一。当我们给孩子讲故事的时候，我们可以通过让他们看看故事的另一面来教会他们这种技能。我们必须在这方面发挥创造性，因为大多数故事都只从一个角度讲述。你有没有想过从巨人的角度讲述《杰克与魔豆》？如果每次你醒来的时候，都少了一样东西，你会有什么感觉？试着把故事的结尾去掉，让你的孩子想出一个巨人和杰克都能接受的结尾。我的一个孩子描述了杰克教巨人从不同的角度看待小事；描述了巨人帮助杰克达到他自己永远无法到达的高度；还有杰克的妈妈教他们两个人，金子并不像人们说的那么好。

有时候从不同的角度看一个故事，而不仅仅从某一方的观点出发，这是有帮助的。灰姑娘是最古老的童话故事之一，可以追溯到 9 世纪。在所有的版本中，灰姑娘是孝顺尽职的女儿，而继母是邪恶的父母。继父非常幸运，他们不存在于童话故事里，可继母的名声实在太差了，她们把孩子扔进森林里，让他们吃有毒的苹果，不让他们去跳舞。然而现实生活中，我们却需要告诉孩子："你真的会喜欢你的继母。"灰姑娘没有告诉你为什么她不能去参加舞会，她是因为在上次舞会上的不当行为被禁足了。而她衣衫褴褛的原因是她的继母，一位脊柱父母，非常慈爱地说："如果你把脏衣服放在洗衣篮里，我就帮你洗衣服；如果你不放，我就不洗。"灰姑娘没有将自己的脏衣服放进洗衣篮。她衣柜里唯一没有扔在地上的东西就是她的破衣服，所以她只能穿这个。这绝对是一个不同的视角，而这种视角绝对会影响我们看待问题的方式。

当两个孩子发生冲突时，如果我把其中一个孩子看作"好孩子"，另一个看作"坏孩子"，那么我对冲突的反应将与我把冲突看作对两个孩子的挑战和机会大不相同。在前者中，会有一个赢家和一个输家。而在后者中，两个孩子都有可能得到成长。

简·史密斯（Jane Smith）在《重头来过，灰姑娘：旧故事的新视角》中，超越了不同的视角，提出了一个全新的观点，并邀请灰姑娘"更加内省，为自己承担责任，而不是等着别人来拯救"。给孩子们解决冲突所需的工具将使他们能够超越彼此的视角，创造一个全新的视角，这是一个"1+1 > 2"的解决方案。

敏锐观察周边情况，用理智行事

当我们教育孩子从多个角度看待事情，制订计划，并在家里说出主张自我权益的话，他们就能更好地处理学校和社会上的冲突。有一次，我的一名 7 年级学生被 3 个街道上的小混混打得浑身是血。当他回到学校时，他大声说："我完全有权利待在那个街区，他们没有权利打我。不行，我还要去找他们算账！"这位身高还远不及成年人的小孩竟然准备去打败3个暴徒。

我搂着他说："你知道吗？你完全有权利待在那个街区，他们没有权利揍你。但你要动动脑子。当你看到3个暴徒朝你走来时，要仔细观察情况。如果你认为你能毫发无损，那就去做吧。但如果看起来不确定，就不要主动出击，你会输的。"我们没有必要长篇大论地讨论输的部分，因为他已有足够的体验，但我也告诫了他不要表现得胆怯怕事。"不要低着头、耷拉着肩膀从他们身边走过，因为好斗的人有时会无缘无故地攻击怕事的人。"

"我还能做什么？"

"先动脑，再动脚。对自己说：'嗯，我们在人数上是1：3，体重上是1：6。我明显地处于劣势，这不是一个好地方，再见！'——然后让自己尽快离开那里。"

我们必须帮助孩子认识到，在这种情况下，他们是在用理智行事，这不是胆小。等他们到了十几岁进入青春期的时候，当朋友建议他们尝试一些神奇的药物时，这样的教育就会有收效：

"我不要！"

"胆小鬼。"

"这不是胆小，这是明智！"

或者当你女儿的男友建议他们做爱来证明她真的爱他时：

"我不要！"

"胆小鬼。"

"这不是胆小，这是明智！"

或者有人邀请你儿子坐酒驾司机开的车回家时：

"我不要！"

"胆小鬼。"

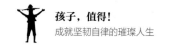

"这不是胆小，这是明智！"

这里的关键是要教会孩子处理他们自己的冲突。然而，这并不意味着作为父母，我们会袖手旁观，看着一个孩子偷走另一个孩子的手套。如果我看到了不公正的事情，我会出手解决。"约翰，你拿了萨拉的拳击手套。你现在有麻烦了，我知道你会解决好。"我也可以简约地提醒："约翰，手套。"我的语气和面部表情会告诉他我心知肚明。但如果是萨拉跑来向我抱怨约翰拿走了她的手套，我不会出手相救，而是会给她提供自我主张的建议，让她自己处理这种情况。我将在那里支持她，为她撑腰。如果是萨拉的朋友告诉我，约翰拿走了萨拉的手套，这将是一个很好的机会，让她知道告诉和打小报告的区别。

"告诉"和"打小报告"的区别

杰米在轮胎秋千上玩得很开心，她知道今天不该去荡秋千。昨天她霸占了秋千，不让别人玩，还把它缠在一根树枝上，这样她玩完后其他人也都没法玩了。自封为操场监督员的孩子向你跑来，宣布杰米违反了规定。如果你想强化打小报告的行为，一定要感谢这个孩子告诉你，然后跑到秋千旁，当众斥责杰米，因为她被告知今天不能玩秋千。但如果你不想助长孩子们打小报告的行为，你就可以借机教他们区分告诉和打小报告的区别。

打小报告：如果这只会让另一个孩子陷入麻烦，请不要告诉我。

告诉：如果这能让另一个孩子摆脱麻烦，请告诉我。如果它既会让另一个孩子陷入麻烦，又会让他摆脱麻烦，我需要知道。

如果杰米违规玩秋千，请不要告诉我，因为这只会让她陷入麻烦。如果杰米是被允许玩秋千的，而她的手指被秋千链条卡住了，请告诉我，因为这将有助于让她摆脱麻烦。如果她违规玩秋千，而她的手指又被秋千链条卡住了，请告诉我，因为这既是一个陷入麻烦的问题，也是一个摆脱麻烦的问题，我需要知道。

　　5 岁的孩子需要有人帮助他们进行区分。偶尔有孩子跑过来，我会问他一个简单的问题："有麻烦还是没麻烦？"他可能会想一会儿，耸耸肩说，"有麻烦"，然后走开；或者他可能会说："我不知道。"然后我说："那就告诉我吧，我们来一起弄清楚。"

　　"玛丽又啃手指了。"告诉我这件事只会给玛丽带来麻烦，所以请不要告诉我。"玛丽啃手指时门牙掉了，她满嘴都是血。""谢谢你告诉我。"

　　如果在孩子们很小的时候就教给他们这种区别，那么当他们十几岁进入青春期的时候，这样的教育就会有收效。青少年会明白，告诉你他们的朋友正在转赠自己的个人物品，并与同学们微妙地道别，这并不是打小报告或他们所说的告密，这样的告诉可能会帮助这个陷入麻烦的少年摆脱困境。

　　朋友怀孕 5 个月了，她把自己裹起来，试图掩盖怀孕的事实。告诉别人可能会给她带来一些麻烦，但这肯定会让她和她的孩子摆脱麻烦。放学后将会有一场群殴，并且在两派群殴少年的储物柜里存放了大量的武器。告诉别人会让这些孩子在短期内遇到麻烦，但从长远来看，会让他们摆脱大麻烦和严重的后果。朋友酒后驾车行驶在一条高速公路干道上，告诉别人会让这个朋友陷入麻烦，但也可能让他远离更大的麻烦。

　　作为父母，我们如何回应孩子的告诉，将给他们提供线索，让他们知道是否可以安全地告诉我们那些可能是可怕的、丑陋的、令人恐惧或令人不安的信息。在孩子十几岁的时候，砖墙父母很少需要处理这样的信息，因为在早些年，孩子分享这样的信息通常会遭到批评或威胁。"不要告密。""别说这种疯话。""如果你做了像他那样的蠢事，你就会被禁足。"哪个青少年会想听到父母这样武断的谈话呢：他的朋友不会愚蠢到自杀，她怀孕的朋友是个荡妇，或者像这样的群殴事件绝不会发生在这个街区？

　　水母父母有时会对孩子的打小报告做出回应，有时会对孩子的告诉做

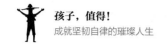

出回应，有时会让孩子自己去解决问题，却不给予任何的指导，也不会告诉他们告诉和打小报告的区别。

脊柱父母会教导三四岁的孩子如何区分告诉和打小报告，并利用日常事件来帮助孩子练习辨别何时告诉以及告诉谁。除了练习之外，脊柱父母还会保持沟通渠道的畅通，他们真正陪伴在孩子身边，倾听孩子在说什么，或者认真体察孩子试图用他们笨拙的语言、肢体语言和行动来表达什么。脊柱父母不做任何的评论或威胁，他们只是陪伴在孩子身边，观察觉知，为孩子提供"和我谈谈吧"的氛围。

重要的是，现如今所有年龄段的孩子都知道什么时候应该告诉，应该告诉谁，并且知道他们会被认真对待。一个令人感伤的例子是：15岁的男孩吹嘘他计划杀死学校里的孩子。一位成年人无意中听到了这个计划，对这个男孩说，如果他再说这样的话，大人们就会把他交给警察。对于这个威胁，这位少年回应道："我只是在开玩笑。"第二天，这位饱受折磨的少年在学校里杀了2个孩子，又伤了13个。他不是在开玩笑，他是想说出一些难以言喻的折磨和伤害，而这种折磨和伤害都已经转变成了愤怒。

他的朋友们在他那天到达学校时，已经担忧到要对他进行搜身，但他们没有发现他背包里的那把上膛的手枪。"我们没想到他是认真的。""如果我们告诉了老师，就会给他带来麻烦。""他经常被大家取笑，每天都被人嘲弄。"

人们不禁要问，如果有一个成年人意识到了这位男孩的痛苦，能够将他带到一边，并提供一个"和我谈谈吧"的氛围，提醒男孩的父母，向父母询问孩子获得武器的情况，并将这个男孩所表达的愤怒通知学校里的人，会有什么样不同的结果？如果他的朋友将他的计划报告给成年人，并得到他们的重视；如果孩子被人嘲弄霸凌的情况能够引起人们的警觉；如果……

就在同一周，一名8岁的女孩告诉老师说，一名同学威胁要杀了她。

她的这番话引起了学校的充分重视，老师从这名 8 岁男孩的背包里搜出了一把上了膛的手枪。是的，因为女孩告诉了老师，让这个男孩陷入了严重的麻烦；但如果他杀了那个女孩，他现在的麻烦就会更多了。幸运的是，这个女孩学会了应该何时告诉，应该告诉谁，她让两个人都得以解脱了。

为我们做过的事后悔，这样的悔恨可以被时间冲淡；为我们没有做的事后悔，这样的悔恨才是不可原谅的。

——悉尼·J.哈里斯（Sydney J. Harris）

静坐——使孩子冷静下来解决冲突

两个孩子正在玩一个游戏。

"你的转盘转的方向不对。"

"我是对的！"

"不，你不对。"

"爸爸！"

你在另一个房间里，没有看到发生的实际情况。你可以走进房间，说："你们两个看起来都很生气。到这里来，一起坐在沙发上。只有你允许对方起身离开时，你才可以起身离开。你会怎么做？"

"我们必须说对不起吗？"

"不，只要你们允许对方离开，你们俩就都可以离开了。"

不必要求道歉。"对不起"必须是发自内心的，而不是由头脑决定的。如果你要求他们道歉，你很可能会得到以下两种结果：心不甘情不愿的"对不起"；或者说了"对不起"之后，道歉者再一次地动手打人，然后又说"对不起，我已经说了对不起"。孩子意识到只要他说"对不起"，他就可以打人。

道歉不是关键，合作才是。这两个孩子现在坐在那里，互相生对方的气。

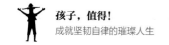

"我不会让你起来的。"

"我也不会让你起来的。"

"爸爸，我们什么时候能起来？"

"只要你们俩允许对方起身离开，你们俩就都可以离开了。"

谁都不能动。他们都有权力左右对方，但这种权力是与另一个人的权力相连的。孩子们开始发现，他们是真正的相互依赖——不是控制或被控制的关系，而是影响和被影响。很快，一个孩子说："你可以离开了。"

"但我是不会让你离开的。"

"爸爸，我说她可以离开了，她却不让我离开。"

"只要你们俩都允许对方离开，你们就都可以离开了。"

最后他们都明白了，只要团结起来，他们就有能力控制局面。

"我同意让你离开。"

"你也可以离开了。"

他们都站了起来。注意，他们并没有受到惩罚。**你的目的不是惩罚他们，而是要管教他们：**

1. 让他们知道他们做错了什么。

2. 把问题的自主权交给他们。

3. 帮助他们找到解决问题的方法。

4. 让他们保有自己的尊严。

但他们还没有得到管教。你要求他们坐下并允许对方起身离开的原因是为了让他们冷静下来。如果他们互相吼叫，就不能有效地处理问题。如果一个孩子还在生另一个孩子的气，她就不可能允许他起身离开。你不会听到她生气地告诉弟弟，他可以离开了，这是不可能的。只有在他们都冷静下来后，才会允许对方离开。而当他们冷静下来，同意让对方离开后，他们就可以回到游戏中，**去做以下的选择：**

1. 分享。

2. 都放弃玩这个游戏。

3. 想出一个双方都能接受的计划继续玩游戏。

如果一个孩子已经冷静下来，而另一个孩子却还在赌气，打算让第一个孩子干坐一整天，那该怎么办？这时就需要发挥"脊柱"的灵活性，作为一个明智的、有爱心的父母就要出面干预了。

"乔，你已经允许玛丽亚离开了。玛丽亚还在生气，需要更多的时间冷静下来。我知道你已经准备好去找别的事情做了。玛丽亚，只要你觉得自己冷静了，你就可以起来了。" 如果玛丽亚长时间地生闷气，你可能想和她坐下来，给她一个拥抱，并告诉她如果她想找人沟通，你很愿意倾听。最初的事件可能并不是真正让她难过的事情，这可能只是她发泄心中怒火的一个借口。

当孩子多大时你才能开始使用这个静坐技巧呢？要等两个孩子至少都在两岁半的时候。年幼的孩子往往会在坐到沙发上后，迅速地允许对方起身离开，然后回去解决原来的问题。而大一点的孩子可能会非常生气，以至于他们都不愿意坐得离对方太近。你可以在邀请他们俩坐在一起之前，先独处几分钟来控制他们愤怒的情绪。或者你可能需要坐在这两人中间，以防止他们拳脚相加。

记住，这只是帮助孩子们冷静下来并开始对话的一个工具。如果一方或双方拒绝坐在一起，就不要强制。你想要的不是控制或服从，而是冷静与合作。

如果一个 3 岁的孩子对一个 5 岁的孩子非常生气，你可能需要把这个 3 岁的孩子抱到腿上，轻轻地摇晃安抚他，让 5 岁的孩子坐在你身旁。大一点的孩子可能会抱怨："为什么他可以坐你的腿上？"你可以这样回答："我很高兴你能坐着冷静下来。山姆需要一些帮助来学会自我冷静。山姆，当你认为你也可以自己坐着冷静下来时就告诉我。"通过这样的话语，你称赞了大孩子的独立，你也在鼓励小家伙向他的哥哥学习。如果 5 岁的孩

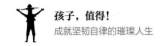

子也想坐在你腿上，那就让他坐吧！

以下是我对父母扮演法庭法官角色的建议：什么都不要做！我只积极干预我所看到或听到的事情，除非我没有看到或听到的事情会导致流血、严重伤害或有潜在的严重伤害。在这种情况下，无论我是否亲眼得见，我都会积极干预。如果没有流血或严重伤害，我就会让孩子们自己想办法解决冲突。当我和那些被认定为有问题、有破坏性的孩子一起工作时，我发现，通常在孩子们还没有开始打架时他们就已经被横加指责了，不管他们是否真的会打架。我宁愿不去指责孩子，也不愿意错误地指责孩子。一次错误的指责会对孩子的自我意识造成很大的伤害。虽然我没有指责，但这并不意味着我不是一个善于观察的人。我的学生知道我对一切都了如指掌。

🌸 人际关系的 3 个重要概念

> 冲突是不可避免的，但暴力可以避免。
>
> ——伊丽莎白·罗舍尔（Elizabeth Loescher）

还记得丹娜、马特和泰迪熊吗？丹娜没有继续和弟弟撕扯争抢泰迪熊，而是出手打了弟弟，因为"我好好地向他要这只熊，他却不肯给我"。现在是你出面干预的时候了。丹娜需要知道，打人并不是她处理愤怒的恰当方式。显然她还没有准备好听弟弟讲道理，也不愿意提出一个双方都能接受的妥协方案。她需要冷静下来，并解决她打人的这个问题。她需要使用的工具是管教的 4 个步骤，其中 3R 是第 3 步（帮助她找到解决问题的方法）的重要组成部分。

砖墙父母可能会对丹娜喊叫："不要再打弟弟了。"也可能发出威胁："如果你再打他，我就把你的玩具都收走。"或者羞辱她："你真是个坏孩子，我不喜欢打人的孩子。"或者让她回卧室去"静坐"，并让她和弟弟道歉。如果她拒绝去卧室，那就开始倒计时："一，二，二又二分之一，二又四分之三。"如果她仍一动不动，那就抓住她，强行把她关进房间，然后花5分钟时间紧紧地拽住门把手，不让她出来。她终于冷静下来了，对吗？不，她把玩具扔出了窗外，这样所有邻居都知道你又对孩子大动干戈了。

如果孩子熟悉了这个程序，她可能会再次打弟弟。因为她知道她只要"静坐"到所需的时间，说句"对不起"就可以了。下一次起冲突时她还是会打弟弟，重复这个打人、暂停、说"对不起"、再次打人的程序。

水母父母可能倾向于将打人仅仅看作幼稚的举动，为女儿找借口："她不是真的要打他，她只是有时有点激动。"或对女儿好声相求："请对弟弟好一点，他比你小啊！"或在绝望中买两只泰迪熊，只是为了"保持家里的和平"。

然而，无论是容忍还是惩罚丹娜，对她来说都不会有好处。她需要知道打人不是处理冲突的适当方式。这并不能解决任何问题，只会招致更多的冲突。

脊柱父母会帮助丹娜冷静下来，纠正她所做的事情，找出防止这种事情再次发生的方法，并让她和弟弟一同和解治愈。

你很快做出了反应："我知道你很生气。生气是可以的，但打人是不对的。你需要时间冷静下来。你可以在你的房间里、在沙发上，或者坐在我的腿上冷静下来。随你挑吧。"注意，这里有3个选项。如果你给出2个选项，自我意愿强烈的孩子会试图弄清楚你想让她选哪个，并故意选择另外一个。如果你给出3个选项，她就会糊涂了。有时候对大一点的孩子来说，让他们在坐和走之间做出选择也是一个好主意。有些人，包括孩子，

在四处走动时会更容易让自己平静下来。我们的目的和预期的结果都是一样的：让孩子冷静下来，然后解决原来的问题或冲突。

自我意愿强烈的孩子可能会宣布，她就待在原地哪儿都不去，而你不能强迫她。你可以这样灵活应对："这也是一个冷静下来的好地方，我还没有想到这点呢。" 你输了吗？没有。如果你的目标是让她去卧室，那你确实输了。但如果你的目标是让她冷静下来，那么无论她是选择在卧室里冷静下来，还是待在原处，这并不重要。对一个孩子来说，当她被允许待在她刚刚说要待的地方冷静时，她就很难保持愤怒了。如果她还想最后抗争一下，她甚至可能把手背在身后，宣布说："我回我自己的房间……我要去找奶奶告状！"

丹娜需要静坐多长时间呢？让她坐 5 分钟、10 分钟或半小时，这都只是一种惩罚；这并没有教会她控制自己的愤怒或让自己冷静下来。控制只能作用于外部。你可以试着告诉你的配偶，他可以生气 10 分钟——这样的说法显然行不通。有一些育儿专家给出建议，孩子多少岁，就可以让她静坐多少分钟。

这样的规定显然也是没有意义的。有些孩子会很快冷静下来，有些则需要更长时间。丹娜需要安静地坐着，直到她觉得自己准备好了可以回去负责地处理她的问题。

一旦她冷静下来，她需要做的第一件事就是弥补她所做的事情（修复）。如果她一怒之下把玩具扔到房间的另一边，现在是时候把它捡起来了。如果她把泰迪熊的腿扯下来了，她需要想办法修好它。她应该向弟弟道歉，你可以要求她这么做，但不要强制。如果你强制她道歉，可能会导致两种情况：一种是不真诚的"对不起"，另一种是陷入打人、道歉、再打人的循环。如果孩子看到过别人道歉，或者有人曾经对她真诚地说过"对不起"，那么她也有可能会去诚心诚意地道歉。还有的时候，拥抱或握手会比语言更有诚意。

丹娜需要做的第二件事是弄清楚如何才能防止类似事件再次发生（解决）。她不能只承诺说 "我不会再打他了"，她需要知道，当她想要泰迪熊而弟弟不想给她时，她该怎么做。这就需要你的智慧和教导了。你可能需要花时间教她一些人际沟通及和谐相处的基本技能。很多儿童电视节目、电影和视频游戏在这方面都没有起到好作用。他们经常"轰炸"儿童，告诉他们攻击是解决冲突的方式。

作为成年人，我们可以通过榜样、指引和教导来教授孩子许多解决冲突的建设性方法，而暴力绝不是其中之一。譬如，当丹娜打她的弟弟时，你不打她就是一个很好的榜样。

在这个步骤中，你可以与她讨论行为的后果——对弟弟的影响（她把弟弟打疼了），对她与弟弟的关系的影响（没有人喜欢与伤害他们的人在一起；马特可能也想打回去；他可能变得害怕她；他可能永远不想与她分享玩具了），以及对她的影响（打人是与其他人玩的一种糟糕的方式，所以可能很快就没有人愿意和她玩了）。丹娜需要学会在愤怒和打人之间停下来，去寻找更有效的替代方法——换句话说，去感受，思考，然后行动。

这也是一个很好的时机来教会你 5 岁的孩子关于人际关系的 3 个重要概念：

1. 你只控制了你和你弟弟之间 50% 的关系；他控制着另外的 50%。你不能强迫他给你玩具，你只能请求他给你。是否分享他的玩具是他自己的选择。他不一定要同意你分享玩具的请求。

2. 你可以 100% 地影响这种关系。你要玩具的方式会影响你弟弟的反应。吼叫、责骂、推搡或殴打他，都不太可能让他分享，而且肯定会让他更不愿意和你一起玩。你可以尝试着让他玩你的玩具，然后礼貌地提出你的请求，这都会增加他让你玩他的泰迪熊的可能性。

3. 尊重别人说"不"的权利。如果弟弟不想给你泰迪熊，无论你多么有礼貌地要求，无论你提供什么玩具来分享，你都必须尊重他的"不"，

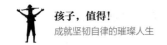
你可以暂时找另一个玩具来玩。

这些概念对于一个 5 岁的孩子来说可能难以掌握，但她需要开始学习和理解。知道你控制着一段关系的 50%，对方控制着另外的 50%，你的言行影响着你们的整个关系，你们都有权利同意或拒绝对方的请求。了解了这些，对于 5 岁甚至是 15 岁的男孩和女孩都大有裨益。

当丹娜想出如何让她不再出现攻击他人的行为之后，她需要与她伤害的弟弟一同治愈（和解）。通过这一步，丹娜开始明白，她的责任和挑战是要扭转这一事件，将弟弟的眼泪变成微笑。"你用泰迪熊打弟弟的头，让他很难过。你能做些什么让他感觉好一些呢？"丹娜知道弟弟喜欢坐在小推车里，被丹娜推着走。丹娜终于有机会做一些让弟弟高兴的事情。弟弟体验到了姐姐对他的友善，而丹娜也看到了自己友善的一面。她不是一个"坏"孩子。她曾经做了错事，现在她弥补了自己的过错，想出了防止这种事再次发生的方法，并与弟弟一起被治愈了。他们现在已经准备好继续在一起玩耍，当然还有可能再度引发新的争吵，但对于他们双方来说，这都是一个全新的开始。

如果丹娜再次打了弟弟呢？她就得重新经历整个过程。关键是每次都要用 3R 来处理。有时放任自流，有时威胁，偶尔跟进是行不通的，或者更糟糕的是，通过打她来教育她不要打人，这可都不是好的管教办法。

有些时候，孩子会继续打人，会变得越来越有攻击性。父母的反应往往是施加严厉的惩罚，而这只会加强孩子的反抗和破坏性。**与其惩罚孩子，不如认识到，这种行为可能是一种更深、更大的伤害或愤怒的症状。她不需要惩罚；她需要帮助。**根据情况，你可能无法提供更多的帮助，你需要寻求专业的支持。同时要告诉她，不能因为自己有不明的愤怒或伤害而继续打弟弟。在她解决自己的问题时，你必须保持警惕，帮助她明白，生气、沮丧、失望、受伤是可以的，打弟弟是不对的。

🌸 如何处理手足打架

有时候你要面对的不仅仅是一个孩子打另一个孩子，而是真正的激烈打斗。如果两个孩子在打架，我不会建议他们跑到外面，在我的视线范围之外结束比赛。有些父母就是这么做的。我们的文化常常把男子气概与暴力等同起来。男孩打架不仅是可以接受的，而且被认为是用来证明他们男子气概的某种仪式。这种文化往往认为，如果男孩子们不打架，他们长大就会变成懦夫。这个观念需要改变了，为了实现这一目标，我们就绝不能容忍、纵容，甚至是鼓励孩子以暴力作为解决问题的方式。

如果两个孩子出手打架，我会要求他们坐下来。如果有必要的话，我就坐在他们中间，或者我问他们是否想先离开对方来冷静一下。当他们冷静下来后，他们可以相互聊聊是什么样的感受会让他们大打出手。分享感受会帮助他们学会不必着急做出判断，而变得更加富有同理心。

孩子们可以学着这样来表达自己的感受：

当我听到（或看到）……	而不是	当你说（或做）……
我觉得……	而不是	你惹我生气了
因为我……	而不是	我就忍不住……
我需要（或想要）……	而不是	你最好……否则的话……

当两个孩子都分享了他们各自的感受后，你可以通过管教的 4 个步骤来指导他们：

1. 让他们知道他们做错了什么。

2. 把问题的自主权交给他们。

3. 帮助他们找到解决问题的方法。

4. 让他们保有自己的尊严。

然后，他们可以一起想出一个计划来处理下次的冲突。这将是一个对

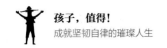

彼此的愿望、需求、感受和看法有更多了解后形成的计划。

不同的真理同时存在，我们必须把它们编织在一起，创造一个尊重所有人需求的故事。

——露易丝·戴蒙德（Louise Diamond，著名美国学者），
《和平的勇气》（*The Courage for Peace*）

欺凌者和被欺凌者

在我们保护儿童不受伤害的同时，我们也应该教育他们，成为欺凌者同样会给自己构成最大的危险，特别是牺牲他人的身心幸福，通过戏弄、欺凌、殴打或其他方式"压制"他人，危及他人的生命及安全，对于他们自己和对他们的受害者都同样有害。

——刘易斯·P.利普西特（Lewis P. Lipsitt，美国著名心理学家），《儿童和青春期少年行为简报》（*Children and Adolescent Behavior Letter*）

欺凌者特征

有时，打人并不是出于愤怒和挫折，就像丹娜、她弟弟和泰迪熊的情况一样。打人可能来自蓄意的恶意攻击：一个姐姐把她弟弟的胳膊拧到背后，扭到他痛苦地尖叫；叫嚷"乔伊有女朋友了"，这不是友善的玩笑，而是恶意的嘲弄；在学校食堂里围攻一个小男孩，向他喷番茄酱，叫他"同性恋"；姐姐出于嫌恶把妹妹赶走，"离我远一点，你这个讨厌鬼"。不是两个孩子开玩笑地互相骚扰，而是一个孩子在恃强凌弱的关系中支配着另一个孩子。恐吓、折磨和孤立这些行为不能被归为兄弟姐妹之间的摩擦，

它们是欺凌者的行为，是故意伤害或吓唬较小或较弱的孩子的行为。欺凌是一种蔑视，是对那些被认为毫无价值、低人一等或不值得尊重的人的强烈厌恶。

惩罚孩子只会让他变得更有攻击性，更具伤害性。毫无疑问，他将掌握偷偷摸摸欺凌他人的艺术，甚至能在最具观察力的成年人的"雷达"之下进行欺凌。

如果你的孩子有欺凌的行为，让他逃脱惩罚也是不对的。你是在婉转地暗示他，你对他的期望不高，从而给他一个现成的借口，让他变得更残忍或更暴力。

典型言论：

"我没办法，我有学习障碍。"

"这不是我的错，我有冲动控制的问题。"

"我的脾气随了我爸爸。"

或者更糟的是，你纵容他的欺凌行为。

典型言论：

"一定是那孩子自找的。"

"没关系，那些人是外来户。"

作为父母，重要的是你不要对欺凌行为掉以轻心，把它当作"男孩就是男孩"或兄弟姐妹及小伙伴之间的摩擦。**欺负他人的孩子通常是：**

1. 喜欢支配他人。

2. 很难从别人的角度看问题。

3. 把兄弟姐妹或同龄人当作实现自己自私目标的手段。

4. 使用暴力或恐吓来得到他想要的东西。

5. 只关心自己的欲望和快乐，而不是为他人着想。

6. 当父母或其他成年人不在身边时，往往会伤害自己的目标。

7. 将弱小的兄弟姐妹或伙伴视为猎物。欺凌行为也被称为"掠夺性攻

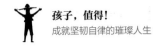
击"——这确实是一个可怕的术语，但还没有它所定义的那么可怕。

对有欺凌行为的孩子必做的 5 件事

如果你看到你的孩子表现出任何这些特征，你必须立即果断地采取行动。现在是再一次使用和解性正义的 3 个 R 的时候了——修复、解决与和解。为了完成这个过程，你还需要对有欺凌行为的孩子再做 5 件事。

1. **教授同理心，尤其是换位思考**。激励你的孩子，让他站在对方的立场上来思考对方的痛苦。试着将这种痛苦与你的孩子在某一特定情况下感到的痛苦联系起来，比如那些他感到难过、沮丧或受折磨的时刻。

2. **教你的孩子以非暴力的和平方式来获得他想要的东西**。你的孩子可能因为在新环境中无法结交朋友而采取了欺凌行为。让他知道，他所做的这种尝试只会让事情变得更糟，而不是更好。

3. **为他创造"做好事"的机会**。仅仅告诉他什么不能做是不够的；在你的指导和监督下，他需要有机会学习如何以关爱和友善的方式对待他人。这比帮他满足自己的需求更重要。在向他人伸出援手的过程中，他将能体验到詹姆斯·纳奇威（James Natchway）所说的："做好事，因为做好事就是一件好事。"这一步也能帮助你的孩子学会留意和关心他人的权利和需要，这反过来又帮助他习得同理心和同情心。

4. **密切关注孩子看电视、玩电子游戏和电脑活动**。研究表明，经常在媒体上接触到暴力的儿童很可能对现实生活中的暴力变得不敏感。因此，他们不太可能对需要帮助的人做出反应，或在危机中伸出援手。他们缺乏换位思考的能力，这是失去（或从未获得）同理心的一个关键因素。他们容易受到恐吓：认为世界是一个不安全、充满暴力的地方。他们变得害怕、不信任他人，对别人的轻视和小事件反应过度。他们感受到的恐吓会导致抑郁——是的，欺凌者和他们欺凌的对象都可能变得严重抑郁。经常在媒体上接触到暴力的儿童也容易模仿暴力，在没有意识或不关心现实生活后果的情况下重演这种行为。

5. 参与其他更有建设性、娱乐性和激励性的活动。 你的孩子可以用他曾经用来攻击他弟弟的狂热精力来攻击攀岩墙。这一次，在这个过程中，他将实现一个目标而不是"干掉任何人"，他会感到一种成就感；而且他可以通过教他弟弟攀岩来"做好事"。他可以在大河中"巡游"，寻找可以征服的激流，而不是"巡游"学校的走廊，寻找可以欺负的弱小同学，抢走他们的午餐钱。

教导孩子变得自信，而不是咄咄逼人，要以负责任的、建设性的方式满足他的需求，并且去"做好事"，这需要作为父母的你花费大量的时间和精力。这意味着你要审视自己的需求得到满足的方式，你处理生活中大小冲突的方式，以及你应对孩子的错误和恶作剧的方式。挂在一所高中的海报上有一句发人深思的话："如果你打你的妻子，你的儿子可能会沦为囚徒。"

孩子正在遭受欺凌的 9 大迹象

一个恃强凌弱的人不可能独自成为恃强凌弱的人，他需要一个目标。如果你的孩子是被欺凌的对象，不要指望他会直接告诉你。被欺凌的人往往以被欺凌为耻，害怕在告诉成年人后遭到报复，而且往往认为成年人不能或不会帮助他们。一个致命的组合是：欺凌者从被欺凌者身上得到他想要的东西，被欺凌者害怕告诉成年人，而成年人认为欺凌只是戏弄，不是折磨，是"男孩就是男孩"的表现，而不是掠夺性的攻击。

以下迹象可能表明你的孩子正遭遇被人欺凌的情况：

1. 对学校突然缺乏兴趣，或拒绝上学。
2. 成绩下降。

3. 不参加家庭和学校活动，想要独处。

4. 放学后很饿，说他的午餐钱丢了，或者在学校不饿。

5. 丢失钱财，还为钱财的去向找了个蹩脚的借口。

6. 衣服被撕破或丢失。

7. 谈论同龄人时，使用贬损或有辱人格的语言。

8. 不愿谈论同伴和日常活动。

9. 身体上的伤痕与解释不符。

如何帮助孩子脱离被欺凌状态?

如果你怀疑孩子在学校受到欺凌，请立即通知学校老师。好好记下任何欺凌事件的人、事、地点、时间、原因和方式。跟进后续行动，确保有成年人积极参与保护你的孩子和其他受欺凌的孩子，确保欺凌者没有被惩罚或被包容，而是受到了管教。

你需要帮助你的孩子脱离欺凌者与被欺凌者的关系。你的第一步是用鼓励、支持和爱来回应他所表达的恐惧或被欺凌的迹象。他需要知道他会被倾听，没有什么事是羞于启齿的，而且你作为一个关爱他的成年人会在那里保护他。他需要意识到，他对欺凌者的回应方式会影响到对方对自己的反应。提醒他，攻击会带来更多的攻击——以同样的方式回应欺凌者会使情况的潜在危险升级；消极被动会招致攻击——畏缩和屈服会使欺凌者更加胆大妄为；自我主张可以消解对方的攻击性——挺身而出面对欺凌者可能意味着足够明智地坚持自己的立场；走开，或以最快的速度跑到最安全的地方和可信任的成年人那里去。

自我主张包括采取一种"和平主义态度"。萨姆·霍恩在她的《舌功学》（*Tongue Fu*）一书中直言不讳地说："在今天这个充斥着武装袭击和陌生人攻击的暴力世界里，采取和平主义的态度并不是懦弱，而是明智的。

牺牲你的自尊总比牺牲你的生命好。"

美国家长教师协会的小册子《保护你的孩子》为父母们提供了建议："保护你的孩子不成为欺凌者的施暴对象,最好的方法是教他们学会自我主张。这包括鼓励孩子清楚地表达自己的感受,当他们感到压力或不舒服时要勇于说'不',用言语为自己辩护而不是诉诸武力打架,并懂得在更危险的情况下走开回避。恃强凌弱者不太可能吓倒那些自信且机智的孩子。"小册子中没有提到的是,这些保护孩子不成为欺凌者目标的工具同样也是保护孩子不成为欺凌者的工具。除了这些工具之外,还要教他们如何看待问题、展示满足需求的建设性方法并鼓励"做好事",这样你就拥有了打破欺凌者与被欺凌者之间关系的工具,并为我们所有的孩子创造出一个充满关爱的社区和安全的港湾。

我们有足够的事件表明,当欺凌者与被欺凌者之间的关系没有被打破时,欺凌者并不是唯一有可能危及社区安全的人。如果被欺凌者的呼喊没有被听到,他们的痛苦被忽视,他们的压迫没有被减轻,他们会以复仇和愤怒的方式反击,使我们的社区陷入难以理解的恐怖和悲哀之中。

> 一个从小就被允许感受到自由和强大的人,没有必要去羞辱他人。
>
> ——爱丽丝·米勒(Alice Miller,瑞士著名心理学家),
>
> 《都是为你好》(*For Your Own Good*)

在家中杜绝暴力

> 使我们成为和平使者的不是这个或那个行动,而是我们生活的整个结构。
>
> ——圣雄甘地

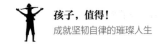
暴力是最明显和最具破坏性的攻击性行为之一。我们的文化深深植根于一种输/赢、受害者/胜利者的对抗性冲突模式，暴力是试图结束（而不是解决）各种冲突的首选工具。在我们社会的各个层面，从政府到社会底层，似乎都在纵容暴力，媒体上，从新闻到警察节目到儿童动画片，都在不断地鼓励暴力。孩子们（和成年人）从方方面面得到的信息是："你有麻烦了？动手呀！"迈雷姆·米德齐安（Myriam Miedzian）在她的书《男孩就是男孩：打破男子气概与暴力之间的联系》中写道：

> 家庭的示范和强化在导致攻击性行为方面扮演着重要的角色。但研究表明，攻击性行为的最高发生率是在攻击性行为众多和攻击性被高度认可的环境中发现的……从很小的时候开始，幼儿就把社会压力和他们所看到的榜样内化为自己的行为，并形成了行为期望的概念。一种行为模式可以被储存在认知中，只有在外部条件有利的情况下才会采取行动。从家庭、同龄人或媒体中学到的行为可能在多年后才会表现出来。

与其听任媒体向孩子灌输暴力是解决冲突的首要方式，不如我们成年人通过示范、指引和教导，告诉他们暴力是一种不成熟的、不负责任的和无益的做法，而使用非暴力的工具来解决冲突是一种成熟和勇敢的行为。

如果我们要在同一个星球生存下去，我们必须教导下一代以自我主张和非暴力的方式处理他们自己的冲突。在他们的幼年时期，他们应学会聆听各方的故事，用他们的头脑思考，然后用他们的嘴提出计划，那么当他们成为我们的领导人时，他们将拥有处理全球问题和冲突的工具。你能想象两个国家领导人坐在一起，积极听取各方的意见，并提出一个他们都能接受的计划吗？

这将需要我们以身作则，提供指导，向我们的孩子传授和平缔造者的智慧：暴力是"束缚之结"；攻击只会带来更多的攻击；消极被动会招致攻击；而自我主张可以消解它。和平不是没有冲突，它会拥抱冲突，将冲突视为一种挑战和成长的机会。

作为父母，我们是不是应该成为革新者？我们是否希望我们的孩子成长为有竞争力的成年人，还是说我们要跟着不同的鼓点跳舞？我梦想中的音乐是爱、信任、同情，是正义与和平——在我家和我们共同的地球上。

——伊丽莎白·洛舍尔（Elizabeth Loescher），《如何在家避免第三次世界大战》（*How to Avoid World War III at Home*）

第十一章　家务、放松、娱乐和反叛

> 成为有责任心的成年人，不在于孩子们是否能把睡衣挂好，或者把脏毛巾放进洗衣篮里，而是在于他们是否关心自己和他人，以及他们是否能把做日常家务与我们如何对待这个星球联系起来。
>
> ——伊达·洛杉（Eda Leshan）

> 当你没有时间放松的时候，就是你该放松的时候。
>
> ——西德尼·J.哈里斯（Sidney J. Harris）

　　家务和休闲活动是个人和家庭生活的阴阳两面。这两者不能割裂看待，因为它们的相互作用构成了一个整体。在西方思想中，中国的阴阳对立就如同男性和女性一样，是截然不同且相互分离的。然而在中国传统观念中，它们却被看作是一个整体的两极，两者之间的动态平衡对于维持和谐与秩序是非常必要的。

　　既稳定又灵活的强壮脊柱，不是只强调其中之一就能培养出来的。砖墙家庭倾向于将工作视为积极和必要的，而玩耍，除非是高度结构化和有组织的，则被视为无聊的和不必要的。水母家庭倾向于将工作视为"必要之恶"，只做必须做的事，而玩要则是自我满足的关键。脊柱家庭会通过两者的动态平衡来寻求个人和集体的和谐与秩序，认为工作和玩要都同等重要。

🪷 家务

> 对一个人辛勤劳动的最高回报不是他从中得到了什么，而是他通过劳动变成了什么。
>
> ——约翰·拉斯金（John Ruskin）

让孩子做家务本身可能就是一件苦差事。如果孩子觉得我们真正需要并欢迎他们的帮助，我们不是为了让他们学习如何做家务，也不是因为我们自己不想做这些工作，他们就更有可能心甘情愿地做家务。这意味着我们必须以一种对孩子有意义、对家庭有帮助，并且是我们家庭和谐秩序的一部分的方式来呈现日常家务——这不是一件容易的事情，除非我们自己开始以不同的眼光来看待日常家务。如果我们觉得家务事很繁重，并对做家务充满抱怨，我们的孩子很可能也会对家务产生类似的态度和反应。如果我们怀着负责、耐心和幽默的态度来做家务，孩子就会有一个很好的榜样。在《汤姆·索亚历险记》中，马克·吐温展示了汤姆·索亚是如何将粉刷栅栏的工作变得如此有趣，以至于其他男孩愿意付钱给他，让他们做一些工作。但在这个故事中，人们通常忘记的是，其他男孩确实也在粉刷栅栏的工作中玩得非常开心。

著名物理学家和哲学家弗里乔夫·卡普拉（Fritjof Capra）在他的《转折点》（*The Turning Point*）一书中，解释了在我们的文化中成年人试图向

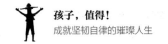
孩子灌输做家务的价值时所面临的困境：

就不同种类的地位而言，在我们的文化中存在着一个有趣的等级制度。地位最低的工作往往是最"熵"的工作，也就是说，努力的有形证据最容易被破坏。这是一项必须一遍又一遍地重复而又不会产生持久影响的工作——比如说，做一顿饭，马上就被人吃掉了；打扫车间的地板，很快又会被人弄脏了；修剪树篱和草坪，没多久又会长出来了。在我们的社会中，就像在所有工业文化中一样，那些涉及高熵的工作——家务劳动、服务业、农业——被赋予最低的价值，得到最低的报酬，尽管它们对我们的日常生活至关重要。这些工作通常被委托给少数族裔或妇女。高地位的工作需要创造一些持久的东西——摩天大楼、超音速飞机、太空火箭、核弹头以及所有其他高科技产品。所有与高科技有关的行政工作也被赋予了较高的地位，无论它有多么枯燥。

这种工作的等级制度在精神传统中正好相反。在那里，高熵的工作被高度重视，并在精神实践的日常仪式中发挥着重要作用。佛教僧侣认为烹饪、园艺或打扫房间是他们冥想活动的一部分，而基督教修道士和修女有长期从事农业、护理和其他服务的传统。这些传统赋予熵权工作的高度精神价值，似乎来自一种深刻的生态意识。做那些必须反复进行的工作，有助于我们认识到生长和衰退、出生和死亡的自然周期，从而意识到宇宙的动态秩序。"日常"工作，顾名思义，是与我们在自然环境中感知到的秩序相协调的工作。

日常家务不仅可以帮助孩子认识自然周期，还可以帮助孩子：

- 培养组织自身资源的能力
- 体验任务的结束
- 进行自我组织
- 设定目标并培养必要的技能，以完成更复杂的身心任务

同样，做家务也是对孩子说："你是我们家庭中的重要成员；我们需要你，我们指望你来帮忙。"孩子需要相信，他们可以做出贡献，可以为家庭带来改变。

🌸 误区之贿赂孩子做家务

开始分配家务的最佳时间对父母来说是效率最低的时候：当孩子想帮忙的时候，通常是在两岁左右。在这个年龄段，他想"自己"做一切事情。在我们家，两岁时你可以自己铺床（需要大人们的一些帮助）。3岁时，你可以协助将洗碗机里洗干净的碗取出来放好。4岁时，你可以协助布置餐桌，因为现在你能够得着桌子了。5岁时，你可以清扫地板，帮助推吸尘器。6岁时，孩子们意识到工作和游戏之间的区别，但为时已晚：他们已经融入了家庭生活。随着孩子们日渐长大，肩负的责任和做决定的机会也日益增加。等到他们准备离开家的时候，他们已经能够处理好许多必要的家务，为独立生活做好准备。

父母有时会通过贿赂的方式来让孩子做家务："如果你今晚洗碗，我就给你1美元。"可是你昨晚洗碗没有得到报酬，为什么你今晚要给孩子报酬让他洗碗呢？如果他们想获取报酬，可以为邻居干活挣钱。我希望孩子们明白，我们指望他们的帮助，来把我们的家变成一个舒适、安全和有

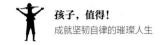

趣的地方。

赇赂孩子做家务给他们带来的错误信息是：

所有的善行都会得到经济上的回报。这不是真的。所有的善行甚至都没有得到承认或认可，更不用说金钱上的奖励了。

如果没有回报，就不值得去做。生活中很多值得做的事情并没有经济上的回报。我们大多数人都没有从养育子女中得到任何经济补偿，这是否意味着它就不值得去做呢？有一些年轻人认为养育孩子花费太多，他们宁愿把辛苦赚来的钱花在"更有成效"的事情上。养育孩子显然是一桩在时间和金钱上都不划算的事。

回报越大，就越值得？事情的价值往往与金钱无关。奥斯卡·王尔德说得很清楚："你可能知道所有东西的价格，却不知道任何东西的价值。"

但如果你不给孩子钱，他们会做家务吗？付钱让孩子们做日常家务，会给他们传达出这样的信息：对于任何成就，他们都可以期待回报。在这种赇赂下长大的孩子，可能会导致他们在成年后过度依赖他人的认可，缺乏自信和责任感。

赇赂孩子做家务还会让你陷入困境。当你说："我给你1美元，让你倒垃圾。"你11岁的孩子可能会回答："我已经有足够的钱了。奶奶给了我10美元。"现在你打算怎么办呢？一旦孩子能从父母以外的渠道获得钱物，赇赂就不起作用了。

一个小男孩的学校实行代币制度。据说，每次他做了"好事"或没有做"坏事"，他都会得到一个纪念品。他把这个制度也带回了家。妈妈让他去订牛奶的盒子里拿牛奶，男孩回答说："你得花25美分。"聪明的妈妈回复说："好啊，我们来玩这个游戏。晚餐你得花7美元。"男孩从椅子上一跃而起，说："你想让我取牛奶吗？我这就去。"

如果你不打算给你的孩子付钱，你怎么能让他去倒垃圾呢？许多家庭都有这样的典型场景。孩子坐在椅子上看电视，我们隔着3个房间大喊："克里斯，去把垃圾倒掉。"没有回应。然后我们提高了声音，但还没用到警戒音量。每个孩子都知道每个父母的警戒音量，并会作出相应的反应。"克里斯托弗·斯坦利！"现在我们叫得更大声，也叫得更正式了，却仍然没有得到回应。

我们被激怒了，跺着脚走进客厅，瞪着那个孩子，大喊："克里斯托弗，你这个不负责任的孩子，马上把你的眼睛从电视上移开。顺便说一句，年轻人，你没有把衣服收起来。我告诉过你，如果你不收衣服，我下次就不会帮你洗衣服。我还要告诉你多少次，要把花生酱的盖子盖上？我都不知道该拿你怎么办了。" 克里斯托弗抬起头，问："啊，什么？" 孩子们有选择性的听觉——他们只听他们想听的。与此同时，我们正处于心脏病发作的边缘，而垃圾还在厨房里。

怎么才能让孩子扔垃圾呢？首先，不要隔着 3 个房间大喊大叫。养育孩子不是一个省时省力的工作：它需要花费时间。这意味着放下你正在做的事情，走到孩子所在的地方。你要引起孩子的注意，然后不要大叫，你要心平气和地说："克里斯托弗，我需要你在晚餐前把垃圾倒掉。现在，我需要什么？"

"我知道，妈妈，你需要我在晚餐前把垃圾倒掉。"请注意，这个要求的关键之处在于"在晚餐前"，而不是 "现在"！

我们很多人都倾向于把我们的家当成我的家来管理：按照自己的方式和时间表来管理它。在这里，我们试图教会孩子分享，却剥夺了他们分担管理家庭责任的绝佳机会。**重要的是要记住：这是我们的家，我们可以用我们的时间和方式管理它。**你希望克里斯托弗在晚餐前把垃圾拿出去，这样晚餐垃圾就能装进垃圾桶了。而克里斯托弗正在看一个电视节目，他想在倒垃圾之前把它看完。他知道你需要在晚餐前倒垃圾，并能作出相应的计划。

你平静地予以答复："好的，孩子。"

然而，我们中的有些人会花整个下午纠结于克里斯托弗倒垃圾的问题。

"克里斯，别忘了倒垃圾。""克里斯托弗，晚餐前你是不是有什么应该做的事？""克里斯托弗·斯坦利，如果不倒垃圾，你就别想吃饭。""克里斯托弗，你倒垃圾了吗？"——这真是个可笑的问题，因为垃圾就在我们面前摆着。你大可不必这么费劲，你就等着他坐到餐桌边，发现座位上有一张纸条，上面用粗体字写着"垃圾"两个字。你无须说一句话，孩子马上就会记起来："哦，对了，倒垃圾！"如果我喋喋不休，倒垃圾就会成为困扰我的问题。如果我保持沉默，仅用纸条提醒，倒垃圾就是克里斯托弗的问题了。

我没有说他不能吃饭，那是惩罚。我说晚餐前要把垃圾扔出去，这是合理的，因为垃圾桶被清空之前，没有地方放晚餐垃圾。砖墙父母可能会倾向于把垃圾桶里的东西放在盘子里来给孩子一个教训。水母父母会自己去倒垃圾，然后告诉克里斯托弗："下次该你倒垃圾。"脊柱父母只是在克里斯托弗的座位上留下一张便条，直接提醒他晚餐前要做的家务。

不是每一种方法都会对我们所有人奏效，哪一种方法也不会对家中的每个孩子都奏效。你可能曾经用食物贿赂了你的孩子，那么与晚餐相关的任何事情都可能被认为是贿赂，或者你可能无法使用在餐桌上留条的方法，因为你的孩子也许像许多青少年一样不吃晚餐。对幼儿有效的方法不一定适用于 9 岁的孩子，对 9 岁女孩有效的方法也可能并不适用于她的双胞胎弟弟。

如果你有一个不打算来吃晚餐的青少年，一个替代办法可能是："苏珊娜，垃圾车会在凌晨两点来收垃圾。记住，你和我已经讨论过，你会在睡觉前把垃圾拿出去。而且我们已经达成一致，如果你没做，我会叫醒你去倒垃圾。"然后不要再说什么了，让她睡觉吧。11 点 30 分，你走进她的房间，轻轻地摇晃她，不要强迫，也不要讽刺或有意让她难堪，更不用唠叨她："如果你之前就把垃圾倒了，我就不用叫醒你了。"——她显然知道这一点。你轻轻地摇晃她唤醒她，直到她下床去倒垃圾。我向你保证，当你这样做过两次后，你的青少年在做完家务之前不会再考虑上床睡觉了。起作用的不是后果的严重性，而是后果的确定性，孩子知道："如果我在垃圾倒掉之前睡觉，妈妈或爸爸就会把我叫醒。"你说过了，你是认真的，而且你也做到了。

叫醒你的孩子可能是你不想做的事情——也许你比他早睡，或者你们两个都认为这不是一个合理的后果。另一种可能的合理后果是，他打电话给垃圾公司，用自己的钱支付额外的收垃圾费，或者自己开车把垃圾送去垃圾场。这里也许会有很多选项，你和你的孩子必须想出一个合理的、你们都能接受的后果。后果需要是合理的、简单的、有价值的和实用的。我经常惊叹于有些父母会将青少年禁足一个月！我说，你确定吗？我可不想让我的孩子在家待一个月！而且，这也不会让他学到任何有建设性的东西。

经历过合理后果的孩子知道他们对自己的生活有积极的控制。**我们的孩子指望我们提供两件事——一致性和结构。孩子们需要那些言出必行、言行一致、说到做到的父母。这些父母为孩子们提供了一个基本的"脊柱"结构，使他们能够得以依循。**

当我的孩子还小的时候，他们都必须在上学前整理床铺。我不会说："如果你不把床铺好，你就不能去上学。"那样学校负责考勤的老师会找我麻烦。此外，我可以想象一个 10 岁的孩子会想："哦，我有一个考试。如果我不整理床铺，我就可以待在家里。"我们只是简单地达成了一个协议，即他们在去学校之前把床铺好。如果他们在上学前铺好了床，他们就可以把它从家务清单上钩掉。当他们放学回家时，他们可以吃点东西，然后出去玩。如果他们没有整理床铺，他们可以在整理好床铺后出去玩。请注意，我并不是说他们在铺好床之前就不能出去，那是控制。他们在铺好床之后可以出去，那是赋予他们的权利。这是一个微妙的却是极其重要的区别。说他们在铺好床后可以出去玩，这是鼓励和邀请，而不是威胁与恐吓。**用赋予权利而不是进行控制的方式，这对孩子的影响是巨大的。**

如果你无法忍受一张凌乱的床，认为它整天都呼唤着你"请铺床，请铺床，请铺床"，请承认，这是你的问题，不是你孩子的问题。你必须想出一个你能接受的不同后果。也许你可以说："孩子，我不能忍受家里有凌乱的床。如果你上学前不铺床，我就帮你铺。但是在你上学之前，你必须告诉我——今天晚上你要为我做哪些家务。"你所要做的就是让他知道晚餐该轮到妈妈洗碗了，我们会吃意大利面；他也许会主动去铺床。如果他没有，不要在餐桌上对他说："如果你今天早上整理了床铺，今晚你就不用洗碗了。"你的孩子知道这一点。也许你孩子会说："我真希望今天早上我自己铺好了床。"也许他不会。也许他觉得，能够早点到学校和朋友们在一起，洗晚餐的碗也值得。你已经给了你儿子一个选择，让他做出选择，并承担这个选择的合理后果。

🌼 孩子逃避家务的 3 个花招

当面对合理后果时，孩子们往往会尝试 3 个花招来让我们退缩、让步或改变主意。他们似乎在子宫里就已经练习过了；在我们意识到他们在和我们要花招之前，他们早就能够娴熟运用。如果你能学会识破他们的 3 个花招，你会发现你养育孩子就会更加省心省力了。

需要认识到的是，并非孩子所有的情绪波动都是要花招。悲痛和受伤的感觉不是要花招，尽管泪水和生气的话语在表面上看可能是一样，难以区分，但如果我们感觉到信息是通过所有的 5 个渠道——身体、脸、眼睛、语气和话语——表达的，那就不是花招。如果通过这 5 个渠道传递出的信息不统一，那就很可能是了。凭借父母的直觉与爱意，我们几乎总能区分它们，并帮孩子来解决真正的问题。

乞求，贿赂，哭泣，哀号——求求你，我保证明天把床铺好，你让我出去玩吧！

"哦，求你了，妈妈，你让我出去玩吧。我保证明天会把床铺好的。我星期五还会帮所有人铺床。求求你了！"

花招 1 的问题是如果我们让步了，就会影响孩子的自尊心。我们说："好吧，你出去玩吧，但是你明天上学前一定要铺好床。"我们其实是在说："我不相信你，我不信赖你，你还不够大，还不能像这个家里的其他人一样来承担事情的后果。你还得由我来照顾。"我们经常会对有特殊需要的孩子这么做。"这些规则适用于其他人，但不适用于你。"我们最终还是给了她第二次机会。换句话说，我们向她要的花招 1 让步了——这是典型的"水母"反应。有了第二次的机会，她就永远不必承担自己不负责任的后果了。

正如我以前说过的，我相信第二次机会，但我喜欢把它留给危及生命的时刻。你儿子威胁说要横穿高速公路奔向自由，因为他"恨"你。你不会站在那里说："去吧，去体验现实世界的后果。如果你能做到，等你回来我们再来讨论这个问题。"不，你会把他拉回来，给他第二次活着的机会。除此之外的其余时刻，**我喜欢给孩子第二次机会：**

1. 赋予他们责任。

2. 让他们承担合理后果。

3. 当他们搞砸的时候，孩子们会……

4. 在他们经历了第一次失败的后果后，给他们第二次机会，让他们再次尝试承担责任。

有时候，我们很难不向孩子的花招 1 让步。如果你能在以下 3 组特定人群面前不屈服，你就成功了。第 1 组是路人：在餐馆、商场和公园里，当我们的孩子不断地哭喊"求你，求求你了，求求你"，我们往往会屈服。

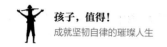
第 2 组人是我们的邻居：当他们站在旁边看戏时，我们也倾向于让步。第 3 组是挑战最大的一组——孩子的祖父母。如果你能在这一组人面前顶住不让步，你就真的成功了。

如何避免让步和屈服？你要善于自我主张。真正的主张是你作为一个成年人认识到你自己的权利、你的需要和你的愿望，因为它们是 3 个非常不同的东西，并且认识到孩子的权利、需要和愿望，而且你需要凭借智慧将这 6 个方面整合起来。安娜想出去玩（愿望），她需要整理床铺（需要），她有权得到尊严和尊重（权利）。你可能想要并且需要你的孩子来铺床（愿望和需要），但你没有权利使用暴力、嘲笑、威胁或贬低的方式来让她铺床（权利）。

自我主张，究竟应该怎么做呢？安娜泪流满面地恳求道："求求你，求求你了。"你只须平静地说："只要你把床铺好，你可以出去了。"当她继续恳求时，你平静地重复道："收拾好床铺你就可以出去了。"孩子开始认识到，乞求、贿赂、哭泣、哀号或咬牙切齿都不会让你让步，或改变你对合理后果的想法。

如果花招 1 不起作用，孩子们会尝试花招 2。

愤怒和攻击——凭什么让我这样做？我恨你！

"凭什么非要我铺床？我的朋友们都不用铺床。为什么玛丽亚就不用自己铺床？乔伊都只把枕头放在床中间。我恨你。这真是太蠢了，太无聊了。就你这样的老妈才让孩子这么做！"听到这席话，我知道你一定火冒三丈。

如果我们对花招 1 让步，会影响到孩子的自尊。如果我们对花招 2 让步，就会影响到我们的心脏。我们是会生气的。"不许这样跟我说话，永远不许这样跟妈妈说话。"攻击只会招致更多的攻击。如果她生气，你也生气，她更生气，你也会更生气，那你就输了。你是否曾在生气的时候说了一些你希望自己没有说过的话，做了一些你希望自己没有做过的事？当你生气时，肾上腺素飙升，你的大脑也会停止理性的思考。

当孩子耍花招 2 的时候，我们犯的另一个错误就是与之争论。"我不管你朋友的父母怎么做，在这个家里，你就得自己铺床。玛丽亚没做是因为她今天生病了。乔伊把枕头放在床的中间，是因为他还小，他只用睡在床中间。"

我拒绝与任何超过两岁半的人争论。他们的语言能力太发达了，我会输的。记住，下次你开始和一个 12 岁的孩子争论时，他们更有精力，会比你更持久，而你会输。

我们还会犯一个错误，会让我们与一个孩子的冲突影响到我们对待其他孩子的方式。当我们对着那个没整理床铺的孩子大喊大叫时，另一个孩子走过来问："你能帮我系鞋带吗？""你自己系吧，顺便说一句，年轻人，如果你早听了我的话，买了带魔术贴的运动鞋，你就不需要系这些动不动就松掉的鞋带了。我不知道该拿你们这些孩子怎么办，你们快把我逼疯了。"

如果你在养育青少年，你就属于心脏病的高危人群。你面对的是一个荷尔蒙大发作的对象：脚太大了，手太大了，身体太大或者太小了，声音变尖厉了，声音变低沉了，脸上的痘痘都冒出来了。他们进门时还满面笑容，两分钟后他们就在浴室里哭了起来。你问发生了什么事，"她用了我的梳子。""他穿了我的衬衫。""她说了她会打电话给我，但她没有！"……我们会渡过这个难关吗？会，但我们不能一直被孩子的肾上腺素所牵制。

攻击会带来攻击，消极被动也会招致攻击。那我们该怎么办？自我主张。自我主张的魅力和力量在于它可以消解另一个人的攻击性。我要提醒你，尽管自我主张很有效，但攻击更有趣，而我们倾向于做那些更有趣的事情。

面对孩子对你大吼大叫，甚至侮辱你，这不是件容易的事。请记住，作为父母，作为一个人，你也有权得到尊重和关怀的对待，就像你的孩子

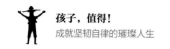

一样。你的孩子没有权利对你使用暴力、嘲笑、威胁或贬低。你不应该忍受这一切，你也有责任教给孩子更好的方法来处理这种情况。

首先，你需要集中精力，让自己平静下来。然后你就有机会重新引导孩子的精力，不再消耗在大吼大叫上，而是**让他学习更好的解决问题的方式**：

1. **让他知道他做错了什么。**
2. **让他对自己的问题拥有自主权。**
3. **帮助他找到解决问题的方法。**
4. **最重要的是，让他的尊严不受影响。**

你柔声说："你把床铺好后就可以出去了。"和你之前说的那句话一模一样，你甚至不需要有什么创意。只需要再轻轻地说一遍："你把床铺好就可以出去了。"

如果他跑走怎么办？如果他还小，就抓住他。这不仅仅是因为你还可以抓到他，而是因为如果他生气了，失控了，他可能会跑到街上去，可能受伤或做出其他疯狂的事情。但是当你抓住他时，不要抓着他推搡。（砖墙父母会抓住孩子的胳膊，大喊："你休想从我身边跑开，回家我再收拾你！"）你要把他搂在怀里，轻轻摇晃他。我知道这看起来有点奇怪，但总比抓着孩子大喊大叫强。此外，拥抱和摇晃孩子有助于降低你的肾上腺素，也有助于降低他的肾上腺素。当你摇晃他的时候，温柔地说："我知道你很生气，很难过。没关系。"你甚至不是在处理没铺床的问题，而是在缓解他暴怒的情绪。等孩子平静下来后，你把他转过来面对你，微笑着对他说："只要你把床铺好，你就可以出去了。"你的态度和说法始终如一。

如果孩子大一点，不要去追他。我不知道你怎么想，但我不会追着一个 11 岁的孩子在街上跑，边跑边喊："你等着，我会抓住你的！"不仅我抓住他的机会渺茫，而且他能从这次经历中学到什么的机会也更小。看上去是他赢了，而他精疲力竭的妈妈输了。但事实上，我们双方都输了。

如果你 11 岁的孩子开始冲出门去，就让他走吧。他跑走了心里也会不爽的。你只须说："当你冷静下来后，你就回来吧。"他不会对你大发雷霆，你正允许他做他想要做的事。这里没有对抗。你没有输，他也没有输。这场冲突最终不是一次对抗，而是一次挑战，是一次机会。他是不是已经赢了？他可以跑到外面去，而床还是没有铺好。如果这是一场比赛，似乎他已经赢了，但作为一个成长的机会，它还没有结束。有时候，当我们生气时，我们能做的最好的事情就是离开这种情境。当他回来的时候——相信我，他会的，当你搂着他说："你知道，孩子，有时候我们认为我们可以逃避问题，但其实不能。当我们回来时，问题仍然在这里。下次，不是现在，而是以后，让我们来谈谈处理问题的方法，而不是逃避它。现在，你收拾好床铺就可以出去了。"希望到那时候，你们俩都能笑出来，他会整理床铺，而你们都能继续面对其他挑战和成长的机会。

当你懂得如何应对孩子的花招2时，孩子就会知道，生气是可以接受的，但他们应该对生气时所做的事情负责任。当他们试图摆脱自己不负责任带来的合理后果时，骂人、大喊大叫和威胁根本不起作用。等他们平静下来后，你也可以和孩子谈谈他在生气时使用的辱骂语言，以及这种语言的可能替代方法。（在这里要注意你的示范作用。如果你习惯于用一连串脏话来宣泄情绪，你就很难责备你的孩子了。）

如果花招2不起作用，孩子们会尝试花招3。

冷嘲热讽——我不会做的，你打我屁股吧，反正不会疼。

这是孩子最厉害的花招，因为没有人可以强迫他们做他们选择不做的事。（"我不会做的，你不能强迫我。反正外面下雨了，我也不想出去了。你打我的屁股吧，不会疼的。把我关回房间里也可以，我刚好可以去听歌。"）孩子们通常会生5分钟的气，个别有天赋的孩子会生10分钟的气。如果你说你家的孩子在长时间生气方面有特别的天赋，你错了。他们是已

经知道了这个花招在对付父母时有多么好用。

花招 1 没有令我们让步，花招 2 也没有让我们屈服，但花招 3 可以将我们扔回到花招 1 和花招 2。"好吧好吧，让我来帮你。我们可以很快就把床铺好，不会影响你出去玩的。"或者："不要阴阳怪气的，小心我揍你。"他们又赢了。

应对逃避家务的 3 个措施

你该如何对付花招 3 呢？就像你对付其他两个花招的方法一样——自我主张："你把床铺好后就可以出去了。"这时，如果孩子讽刺地说："我知道，我一铺好床就可以出去了。"是的，他在嘲讽你——这是他挽回面子的方式。请紧闭嘴巴，不要动怒。我不是说你应该忽视他的无礼，是让你不要通过动怒让他的无礼达到他想要的效果。这是有区别的，你如果不想强化这一行为，就不要有过激反应。当孩子嘲讽你时，让自己冷静下来，然后说："是的，没错，只要你把床铺好，就可以出去了。"孩子会看到，自己的花招完全不起作用。你坚持了原来的要求，没有让步于他的乞求或贿赂，没有屈服于他的愤怒，也没有被他嘲弄的语气所激怒。接下来，通常会发生以下两种情况：（a）你儿子把床铺好，然后出去玩了；或者（b）他冲进自己的房间，摔上门，把自己扔在未铺好的床上。

如果他做了选项（b），让他走，什么也不说，继续做一些对自己更有建设性的事情。到了晚餐时间，邀请他和你一起吃饭。你可能很想威胁他："既然你没有铺床，你就没有晚餐吃！"当合理后果不能立即奏效时，父母动用威胁和惩罚是很常见的做法。但我们需要一些时间让后果发挥作用。诉诸威胁会让你与儿子陷入权力斗争中，而你们中的一个人将会输掉这场斗争。对于你的威胁，他的回答很可能是："没关系。我房间里的食物至少够我吃一个星期！"然后你会以更极端的威胁予以回击："你被禁足6个星期！"于是现在你的孩子要在家里被关6个星期，只是因为他没有铺床。与其威胁对方，不如坚持原来的说法："你收拾好床铺就可以出去。"晚餐和铺床一点关系都没有。邀请儿子和你一起吃晚餐，你们可以重新开始——甚至不要提起铺床这个话题。很快他就会意识到，这对其他人来说不是什么大问题。如果他明天想出去玩的话，就得先把他的床铺好。

如果晚上他睡在乱糟糟的床上怎么办？你睡过乱糟糟的床吗？他睡在一张没铺好的床上可能会让你生气，但这不会危及生命，也不威胁到道德，更谈不上损害健康，所以就随他去吧。你儿子会开始明白，如果他希望放学后能马上出去玩，那么他就应该在早上铺好床。无须唠叨，无须威胁，无须提醒，只有合理后果。

如果你能很好地应对这3个花招，孩子就会明白，你言出必行，言行一致，说到做到。这样的一致性能够很好地帮助孩子成长。

我是否曾被孩子的花招打败？当然，即便你知道这是个花招，你也会一再中招。我们都会偶尔失手，尤其是在我们筋疲力尽的时候。对你自己和孩子要有耐心，因为你们都在学习如何诚实和公正地与他人相处。要认识到哪种花招对你最起作用，也许是眼泪，每次都会让你心软；也许是愤怒，你发誓永远不会对孩子说的伤人话现在脱口而出。对我来说，是冷嘲热讽。它让我抓狂，所以当孩子嘲讽我时，我必须深吸一口气，让自己冷静下来，并克制自己不要用恶毒的语气来回应。我知道这很难做到，但这样的努力是值得的。

设置家务标准

如果孩子被强迫铺床，他故意不好好铺怎么办呢？当你走进卧室时，发现被子摊在床上，但是被单垂到了地上，枕头也不见了。

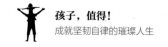

砖墙父母一把从床上扯起被子，尖叫道："这就是你铺的床？"

水母父母一边摇头叹气，一边重新铺床。她叨叨着抱怨："不知这个孩子什么时候才能学会铺床？"

脊柱父母走进房间，看着床，平静地对孩子说："你的床还没有铺好。"

"有什么问题吗？"

不要告诉他有什么问题，他当然知道。你只用说："你的床还没有铺好。"

"哦，拜托。"（花招 1）

"你的床还没有铺好。"

"这不是我的错。都是玛丽亚弄乱的，她在我床上跳来跳去！"（花招 2）

"你的床还没有铺好。"

"我是不会去铺好这个愚蠢的床的！"（花招 2）

"你的床还没有铺好。"

"我知道，我的床还没有铺好。"（花招 3）

继续告诉他你需要他做什么。很快，他就会明白，乞求、争论或嘲讽都没有用，第一次就把床铺好会容易得多。

和所有家务一样，我们首先需要给孩子示范如何铺床，我们要和他们一起，让他们看着我们铺床，我们需要让他们知道铺床的标准是什么。你设定的标准不应该是砖墙般刻板，也不应该像水母般缺乏标准，而是需要脊柱般的支撑和灵活性。

我有 3 个性格迥异的孩子。如果你走进他们的卧室，你会看到 3 种迥然不同的铺床风格。安娜铺的床非常简洁。玛丽亚的衣服喜欢摞得层层叠叠，她的床也铺得层层叠叠：一床被子放在另一床被子上，枕头堆在角落里，上面放着一群她心爱的毛绒动物玩具。乔把他的枕头放在床中间，他在读了《小王子》中蛇和大象的故事后就开始这样做了。此外，我认为当他知道这样做会把奶奶逼疯时，他得到了很大的满足。对奶奶来说，枕头放在床中间是不合适的。而乔睡在床的中间，对他来说，把枕头放在床中间是合理的。他们3个人都知道要把床单拉直，把被子叠好，枕头放在被子的上面，这就算把床铺好了。

在你为孩子的房间制定过多的标准之前，请先检查一下你自己的房间。如果衣服散落在房间里，而且床已经一周没有铺过了，在你对孩子抱有更高期望之前，先把自己的房间清理干净。如果你想让孩子学习一项技能，那就自己动手去做。首先示范给他们看，然后再教他们，在一旁指引他们做，最后再让他们独自去做。

当孩子蹒跚学步时，他们可以帮助你保持房间的整洁。他们可以帮忙整理床铺，把玩具放进收纳盒里或放回架子上，帮忙折叠衣服并把它们放好，帮忙吸尘，帮忙把房间变成一个干净整洁的地方。在儿童早期（5到10岁），孩子可以越来越多地承担这些家务。然后到他们十几岁的时候，你就可以把他们的房间交给他们自己打理了。你已经教会他们每天整理床铺、打扫衣橱、吸尘、扫地或拖地、擦家具，收纳玩具、书籍和衣服。他们已经有了很多的实践，现在就让他们在自己的房间里保有自己独特的个性吧。

彼得·马歇尔博士（Dr. Peter Marshall）在他的书《现在我知道为什么老虎会吃掉幼崽：如何用幽默让你的青少年生存下来》（*Now I Know Why Tigers Eat Their Young: How to Survive Your Teenagers with Humor*）中解释了他是如何避免卷入这场卧室大战的：

> 我建议使用那种液压铰链，确保门总能自动关闭（有此需求的青少年可自行购买）。我还建议父母不再负责为他们的儿子或女儿洗衣服。如果他们宁愿把一件干净的衣服扔在洗衣篮附近，也不愿意花力气把它收拾起来，那就让他们重新洗一遍吧。他们可以有自己的隐私，建立属于自己的领地，他们也可以对未能有

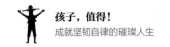

效管理自己领土的后果负全部责任。

省时省力是一回事，对环境负责是另一回事。当门打开时，空气中飘散着腐烂食物的气味，潮湿的运动服和下面潮湿的地毯之间生长着五颜六色的霉菌，浴巾一条条地散落在卧室各处，这都可以帮助你家青少年学习到共同生活需要妥协、磋商和共识。如果所有受影响的家庭成员都愿意寻求每个人都能接受的解决方案，就能找到解决问题的办法。

典型言论：

"是的，你可以在你的房间里吃饭。每天请将剩菜和脏碗拿回厨房，早上或晚上，随你挑。"

"我会在我的衣柜门上挂一个网状购物袋，然后把我汗湿的运动服放在里面。"

"如果我有一件合身的浴袍，我会在浴室里擦干身体，把毛巾挂在钩子上。另外，如果玛丽不敲门催我，我可以花时间在浴室里擦干。是的，我可以穿你的旧浴袍，爸爸。是的，我洗澡的时间可以再短一点，如果玛丽答应不再敲门催我的话。"

多年来，我与自家的青少年进行了很多的谈判、妥协和寻求共识。我们已经达成了一些双方都可以接受的简单准则：

· 他们可以在自己的房间里通过装饰来表达个性。是的，这包括在墙上写字和画画。

· 他们必须敲门并得到对方的允许才能进入彼此的房间。这也适用于我们。其中一个孩子自己买了一把锁，并把备用钥匙给了我们。

· 我们不会唠叨他们打扫自己的房间——这对我和唐来说很难做到。玛丽亚告诉我们，如果这是她的问题，而不是我们的问题，她就会把自己的房间打扫得更好。她是对的。

作为谈判的一部分，他们同意每周一次：

· 更换床单
· 用吸尘器清理地板
· 擦拭家具

为了更换床单，他们需要将所有杂物从床上拿下来；要吸尘，就得将所有杂物从地板上清理开；要除尘，就得将家具上的杂物归放到位。这样他们就会有一个基本整洁无虫的房间。

有一天，安娜说她想在星期六花点时间清理她的抽屉。我简直不敢相信，我的孩子想要打扫她的抽屉！她说："是啊，我抽屉塞得都快打不开了。"孩子们会在需要的时候使用我们教给他们的技能。关键是教授这些技能，让他们养成使用这些技能的习惯，然后在一定的范围内给他们使用这些技能的自由。

记住，做家务有很多方法，不一定总是按我的方式来。要愿意付出，这是我们的家。孩子可以用自己的方式、按自己的时间来做。要做到这一点将意味着彼此沟通，明确我们的期望，并认真倾听彼此的意见。有时候你所说的并不是对方所听到的。一位朋友给我看了她写给十几岁儿子的两张纸条和他的书面回复：

马修：
虽然乱七八糟的房间不会危及生命，但一个肮脏的房间是细菌生长和虫子繁殖的地方。请今天就开始清扫、吸尘和擦桌子。
谢谢你。

爱你，
妈妈

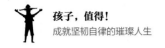
> 马修：
>
> 我郑重地提出这个要求，我担心你房间里会有细菌和昆虫繁殖！请给你的房间吸尘。
>
> 爱你，
妈妈

> 马修的回应：
>
> 什么？！你是说我在周日浪费了宝贵的时间吗？！你忘恩负义的态度真让人难过！！我用周日仅有的时间来清理了浴室，打扫了地下室，并把壁炉的木头搬了进来，可是你的纸条上没有一句"谢谢"！你本该写纸条来感谢我的……我的房间脏乱一点没有关系，我认为其他的家务更重要！
>
> 爱你，
马修

妈妈和马修在厨房碰面，喝着热巧克力，谈起他们之间的误会。他们互相敞开心扉，倾听彼此的想法。两人都喜欢用幽默来表达自己的需求和关爱。在砖墙家庭里，马修永远无法表达自己的沮丧，也无法相信妈妈会倾听他或关心他。在水母家庭里，要么是妈妈气呼呼地自己打扫房间（A 型），要么是听任细菌自由生长，父母和孩子都对卧室的脏乱视而不见（B 型）。

学习家务技能

当孩子们学习新技能时，错误在所难免。将要洗的衣物分为白色、浅色和深色，这是 10 岁的吉恩已经做了近一年的事情，从来没有出现过重大失误。因此，当她打开洗衣机，发现里面不是一堆干净的白色内衣，而是一堆干净的粉红色内衣时，她感到很震惊。她辩说她没有把任何彩色的衣服和白色的衣服放在一起。当她清空洗衣机，却发现里面塞着一件粉红色的 T 恤，那是她哥哥詹姆斯最喜欢的红色迈克尔·乔丹衬衫，现在已经成了粉红色的迈克尔·乔丹衬衫！当她哥哥将衬衫和内搭的 T 恤同时脱下来时，红衬衫被裹进了白 T 恤里。吉恩需要解决两个问题：一堆粉红色的内衣和一件毁掉的衬衫。洗了几次之后，内衣上大部分的粉红色都褪掉了。吉恩试图说服她哥哥现在粉色衬衫非常流行，但是没有成功，于是她不得不支付了一半的费用，让哥哥去买一件新衬衫。吉恩现在学会了仔细检查要洗的衣服，而詹姆斯也学会了在将一件彩色衬衫和一件白色 T 恤放进洗衣篮之前先把它们分开。吉恩生活在一个脊柱家庭里，错误是用来学习的。如果她是生活在砖墙家庭或水母家庭，结果就大不相同了。

砖墙父母会说："你做了什么？你怎么能这样？你这个傻孩子，你就不能做对一件事吗？看看你洗毁的这些衣服。你以为钱是从树上长出来的吗？我再也不会把衣服交给你了。所有的事我都必须自己做。你就等着你哥哥来找你麻烦吧！" 在这种情形下，孩子可能会倾向于隐藏问题，而不是解决问题，她也可能会把问题归咎于他人。在这个家庭里，错误不是用来学习的，它们只创造了一个责备和惩罚的机会。

水母父母会说："亲爱的，不要担心，我会处理好的。你还小，你还不会洗衣服。没事儿的，谁会在乎内衣是什么颜色的？我会在你哥哥发现之前给他买一件一模一样的衬衫。" 在这种情形下，孩子得到的信息是，她无法处理自己的问题，她对自己的错误不必负责任，而且错误不是要解决的问题，而是需要掩盖的可耻麻烦。

请记住，错误是用来学习的。当孩子犯错时，脊柱父母会给予支持、指导和鼓励。"这真是太糟糕了，吉恩，但我知道你可以处理这个问题。加一些漂白剂重洗这些白色的衣服，它们是会复原的。对于哥哥的衬衫，你打算怎么做？"吉恩得到的信息是，错误是会发生的，随着错误而来的问题是可以解决的，而且她有能力解决这些问题。

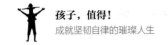

如何看待和处理错误往往与父母的观点有很大关系。当我的3个孩子都在蹒跚学步时，我教他们做巧克力饼干。他们在地板上摊开一个塑料垫，垫子上有一碗面团，很快饼干面团弄得到处都是。我的邻居进来说："我的天啊，他们弄得一团糟。"我说："不，他们是在做饼干。"这一切都取决于你的观点。孩子们在很小的时候就知道，如果你把饼干粉里的巧克力块都吃了，从烤箱里出来的饼干就没有巧克力了。如果你的态度是乐观积极的，你就能帮助你的孩子在学习新技能和解决问题时保持乐观和积极的态度。

家务合理分配

家务劳动不能有性别偏见。男孩和女孩都可以而且也都需要学习修剪草坪、倒垃圾、洗碗、打扫房间、洗衣服、做饭、缝纫、照看婴儿、擦洗浴室、种植花园。长期以来，打扫房间和做饭被视为女性的义务，而户外劳动和修理工作都被视为男性的职责。带着这些刻板印象，我们就有可能培养出认为女人的位置应该在厨房里的女孩，以及认定某些类型的工作不适合他们的男孩，还有那些即使有性命之忧也不能胜任做饭的男人。除了那些需要强壮体力的工作外，在家务方面其实没有任何生理上的要求。不过，孩子们并不需要去听关于性别角色的讲座。他们只需要看到他们的父母做各种各样的家务，并被给予机会去做各种各样的家务，这样的观念禁锢就会被打破。

总会有一些家务事，有的孩子喜欢，有的孩子不喜欢，或者每个人都不喜欢做，但又必须完成。我讨厌做饭，所以我在孩子们很小的时候就教他们如何做饭。我经常对他们说："如果你做饭，我就来收拾厨房。"他们知道如何打扫卫生，我也知道如何做饭，但偶尔让我们所有人分而治之，会更加有趣。打扫浴室则是一件我们都不情愿做的家务事。

环顾下你家四周，看看你经常做的哪些家务是你的孩子可以并且应该做的。看看哪些家务没有人做，哪些家务做得不太好，哪些家务可以由全家人共同分担，哪些家务你需要留给自己。创建一个你们大家都能接受的家务分配表，记住要在这个分配表中留一些灵活性，以便创新性地调整。这不是一个坐下来一次性把所有事情都安排好的程序（砖墙家庭的做法），也不是一个"我知道我们需要这样做，也许我们下周可以看看，如果我们能找到时间的话"的设想（水母家庭的做法）。它是一个持续的过程，是以创造性、建设性、负责任的态度共同生活。你可以从内部家务、外部家务、个人家务、家庭家务和季节性家务等角度来考虑。这里没有什么公式，每个家庭都是不同的，每个家庭将会以不同的方式分配家务。

🌿 放松、娱乐和反叛

对我们文化中的许多人来说，"工作"比"玩乐"容易得多，他们甚至不知道如何放松，并将工作压力和紧张感也带入到他们的休闲时间中。这既不利于成年人的健康，也不利于孩子的成长。

放松——冥想的艺术，安静沉思，听从内心声音

> 只有当一个人在必要时能够安静地独处，才有可能进行有效的工作、爱和思考。能够倾听自己的声音是将自己与他人联结起来的必要条件。
>
> ——艾瑞克·弗洛姆（Erich Fromm）

花时间和自己独处？不可能。我需要和其他人在一起。

无所事事地坐着、安静地待着？这太疯狂了。事实上，一天中我都没

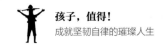

有足够的时间来完成我必须要做的事情。

我必须做点什么，否则我就觉得这一天毫无意义。无所事事是一种浪费。

开车的时候收音机坏了？你在开玩笑吗？我们家车前车后都有收音机，这样我们可以听我们的音乐，而孩子们也可以听他们的。

作为成年人，我们经常对独处、安静和沉思的状态感到不适，我们也会将这种不适的感觉投射到孩子身上。如果一个孩子在做白日梦，我们会鼓励他出去玩，找些事情和别人一起做。如果一个孩子很沉默，我们会鼓励他多说话，大声说话，说点什么，什么都可以。如果一个孩子喜欢独自散步，我们就会鼓励他邀请朋友一起去，这样他就有了说话的对象。如果青少年想远离家人，待在自己房间的安全港湾里，他就会被贴上孤僻的标签。从早到晚，我们用噪声、谈话、音乐、活动、运动来轰炸自己，而我们的身体和心灵却在呼唤着休息和安宁。

安静通常是不被鼓励或认可的。演员、导演、艺术家罗伯特·雷德福（Robert Redford）在接受采访时说，他觉得在当今的信息时代里，我们可能说得太多了。"需要有一些安静的时刻，能有时间去自我发现，更多地被我们的直觉引领，这很重要。"我们的直觉，也就是克拉利萨·品卡罗·埃斯蒂斯（Clarissa Pinkola Estés）所说的"闪电般的内在视觉、内在听觉、内在感知和内在认知"，是不容易被发掘的，除非我们愿意静默下来。我们的孩子也是如此。为了让他们在内心自律的意义上成长，他们需要时间独处和静默。著名物理学家福雷洛夫·开普拉（Fritjof Capra）说："这种微妙的自我调节所需要的不是控制，相反，是一种深度放松的冥想状态。在这种状态下，所有的控制都被放弃了。"拉里·多西（Larry Dossey）博士在他的《治愈之语》（*Healing Words*）一书中提到，这种安静的、发自内心的行动是"人类能够参与的最高形式的活动……祈祷……是接受而不消极，是感激而不放弃。它更愿意站在神秘之中，容忍模棱两可和未知的东西"。还有什么比你蹒跚学步的幼儿或十几岁的青少年更神秘、更含糊、更未知的呢！

　　在砖墙家庭里，沉默是强加的或被强迫的，而不是被父母引导或示范的。他们遵循严格的仪式，机械地背诵宗教祷文，却没有一丝祈祷的感觉。我所见过的最糟糕的例子，是一个女人在宗教仪式上因为儿子无聊多话而扇了他一巴掌。她一边打他，一边用极其克制的声音说："闭嘴，儿子，我们在祈祷。"

　　在水母家庭中，持续的混乱会让人没有时间或空间去静默和思考。父母和孩子都在人群中体验到孤独，却无法获得安慰。

　　作为脊柱父母，每天花点时间让自己静下来，将使你有机会"更多地被你的直觉引导"。通过鼓励孩子"坐下来，静下来，喜欢上自己"，你在引领他们听从自己的内心。对于一个刚刚与男友分手的少女来说，"坐下来，静下来，喜欢上自己"并不容易，或许你可以和她一同坐在一个安静的空间里，表达你的关心、关爱和倾听，同时让她找到自己的答案来解决她的痛苦。在安静中，她会领悟到，正如维罗妮卡·肖夫斯托（Veronica Shooffstall）所说："你真的很坚强，你真的有价值，你会学习，学习……从每一次道别中你都会得以成长。"

　　　在嘈杂和匆忙中，平静地前行吧，也别忘了在寂静中，能找
　　到多好的安宁。

　　　　　　　　　　　　　　　　　　——麦克斯·艾尔曼（Max Ehrmann），
　　　　　　　　　　　　　　　　　　　　《我们最需要的》（*Desiderata*）

娱乐——通过游戏重塑自我，建立情感联结

　　　它不仅仅是鞋子、球拍或自行车
　　　它不仅仅是你的秋千、鱼或远足
　　　它不仅仅是滑雪板、溜冰鞋或雪

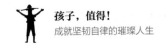

它是放下工作，现在就出发。

———克利斯顿·谢尔顿（Kristen Sheldon）

想要感知玩耍精神，就去观察一个玩耍的小孩吧，他自发地享受当下，没有对输赢、规则、薪水或账单的担忧。**玩耍不仅仅是不工作或是对工作的奖励，它不是需要你去争取的东西。它是一个重塑和更新自我的机会，并以合作和接受的精神与他人联结。**特里·奥立克（Terry Orlick）在他的《合作型运动和游戏》（*Cooperative Sports and Games*）一书中谈到了游戏的魔力，认为它是"儿童个人成长和积极学习的天然媒介"。那些能够自由发展创造力的儿童不仅得到了大量的个人满足感，还获得了解决问题的经验……合作型游戏背后的概念很简单：人们一起玩游戏，而不是相互对抗；玩游戏是为了克服挑战，而不是为了战胜他人；并且他们能从游戏的结构中解放出来，沉浸于玩耍的体验本身。孩子们是为了共同的目的而玩耍，不是为了相互排斥的目的而相互对抗。最后，他们以一种有趣的方式学习如何变得更加关心他人，更加理解他人的感受，更加愿意为彼此的最佳利益而努力。

我们成年人可以而且也确实将儿童游戏变成了严格的、主观的、高度组织化的、以目标为导向的活动。在有组织的曲棍球、棒球、体操、篮球、足球和其他伪装成儿童游戏的竞争性活动中，5岁的孩子穿好比赛服，排好队，在成人观众面前竞技。这些淘汰赛导致许多孩子最终放弃体育，成为排斥运动或半途而废的人。

如果我们希望他们在一个竞争激烈的世界中生存，那么我们必须教他们只有竞争才能在现实世界中生存下去的观点是有效的。如果我们的目标是培养他们在现实世界中生存并让世界变得更美好，那么审视我们对玩耍、游戏和体育活动的态度将很有帮助。我们可以选择把孩子培养成有能力、有合作精神、有主张力的人，如果他们想竞争，或者不得不竞争，他们就会带着道德意识去做。合作型游戏可以提供一种游戏途径，帮助孩子发展这些技能，同时让他们享受到游戏的乐趣。合作型游戏对于西方文化来说是相当新鲜的，我不难想象在我们的学校和家庭中，要从竞争活动转变为合作型活动会有多么困难。赫伯特·里德爵士（Sir Herbert Read）总结了实现这一变化的必要性，他说：**"创造就是建设，合作性的建设就是为一个和平的社会奠定基础。"**

合作型游戏只是真正玩耍的一个途径。帮助孩子培养出能让他们沉浸其中的爱好：一起去远足，荡秋千，一起跑步，看一部好电影，最重要的是，一起笑。暂时放下杂务和工作吧，和你的孩子一起外出，不为别的，只是为了享受彼此的陪伴。你会发现，游戏可以使你们每个人都焕然一新，恢复活力，重新建立起彼此的情感联结。

> 真正的玩耍必须是轻松愉快的，没有目的的追求。这就是为什么一旦我们试图玩得开心，我们通常会失败。
>
> ——拉里·多西，医学博士（Larry Dossey, M.D.）

反叛——正直的反抗，维护自己的合法权益

> 当有事情发生时，
>
> 懦夫会问："这么做，安全吗？"
>
> 患得患失的人会问："这么做，明智吗？"
>
> 虚荣的人会问："这么做，受人欢迎吗？"
>
> 但是，有良知的人只会问："这么做，正确吗？"
>
> 总有一天，一个人必须采取一种既不安全，也不明智，也不受欢迎的立场，但他必须采取这种立场，因为它是正确的。
>
> ——马丁·路德·金（Martin Luther King, JR.）

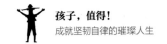

放松和反叛都是获得平和态度的必要条件。独处和安静、反思和静默、合作和寻求和谐的关系——仅仅练习这些冥想的艺术是不够的，要成为一个完整的人，还需要将这种内在的旅程与反抗的艺术相平衡。

我们的孩子需要看到我们为一种价值观和反对不公正而采取的立场，无论这些价值观和不公正是出现在家庭里、会议室里、教室里，还是在城市街道上。

你为孩子们示范的反抗艺术可能是你拒绝像有些父母一样为孩子提供巧克力甜甜圈作为早餐，反对 6 岁的孩子不戴头盔骑自行车，不允许自己15 岁的孩子参加无人监督的派对。

有时候，仅仅说"不"是不够的，我们有必要超越抵制，走向抵抗——也就是说，积极努力地改变惯例、传统或一般性的做法。譬如，一群即将毕业的高三学生的家长，对毕业生在酒店客房举行私人通宵派对的传统感到担忧，于是他们决定与孩子一起创造一个"难忘的夜晚"，提供了有趣的活动、美味的食物、精彩的节目和令人感动的怀旧幻灯片。这就是对不良传统的创造性和建设性的抵抗。

我们不必接受现状。我们可以有所作为，只要我们愿意遵循玛丽·卡罗琳·理查兹（Mary Caroline Richards）所说的"激情优先"——积极见证我们所信仰的价值观，无论它们是通过微小的行动、简单的手势还是抗议游行来表达。抵抗的艺术包括表明立场和采取行动。

当罗莎·帕克斯 （Rosa Parks）在亚拉巴马州蒙哥马利的那个炎热的日子里拒绝在公共汽车上让座时，她抵抗的是由一群人以牺牲另一群人的基本人权为代价制定的法律。她的立场为美国不朽的民权运动创造了动力。这是一个小小的、勇敢的行为，见证了"激情优先"，并改变了历史的进程。

砖墙父母不会示范或容忍对现状的抵抗。他们遵循规则和社会习俗，即使这些规则毫无意义，即便社会习俗阻碍了进步。如果牌子上写着"不要踏进草坪"，他们就不会踏进草坪，即使这意味着放弃一个落在草坪上价值 15 美元的风筝。

　　砖墙父母要求他们的孩子循规蹈矩，禁止他们挑战父母权威或偏离"常规"，甚至在小事上都会严苛要求。"如果鞋子上有鞋带，我的孩子如果没系好鞋带就绝对不允许出门！"

　　水母父母，就像在生活中许多其他领域一样，总是前后不一致。他们可能会在道路停牌处不按要求刹车，却向孩子抱怨说这规则太愚蠢了。可当孩子违反了学校的规则，向他们抱怨这规则太愚蠢时，他们又会告诉孩子闭嘴。他们有时可能仅仅因为心情不好而反抗常规。他们可能会容忍聚会上公然的种族主义或性别歧视的笑话，但当市政府想要拓宽他们家门前的街道时，他们会破口大骂，拒绝合作。孩子们由此得到的信息是，所有的规则、权威，甚至是价值观都可以是随心所欲的。

　　脊柱父母知道他们的价值观是什么，即使这些价值观可能与传统观念或最新趋势相悖。这可能是一件小事，如不顾邻居嘲笑坚持回收报纸和罐头瓶子，也可能是花时间去参加市议会会议，抗议一项对穷人和弱势群体不公平的法令。如果我们不仅仅是口头上说"激情优先"，当我们说到做到时，我们就会以创造性、建设性和负责任的方式为我们的孩子树立起反叛和反抗的榜样。

　　　　孩子们不会神奇地学会道德、善良和正派，就像他们学习数学、
　　英语或科学那样。通过效仿那些为他们树立榜样和典型的成年人，
　　特别是那些有原则并坚持自己信仰的勇敢的父母，他们会成长为
　　正直和负责任的人。
　　　　——尼尔·库尔山（Neil Krushan），《把孩子培养成男子汉》
　　　　　　　　　　　　　　（ *Raising Your Child to be a Mensch* ）

　　　　心甘情愿的善行产生于，我们经过思考，愿意去做和去说我
　　们认为正确的事情，即便是在面临重压的时候。心甘情愿的恶行

产生于我们做其他的事情时……邪恶不只是决定做坏事，当我们拒绝做好事的时候，邪恶就应运而生了。

——史蒂芬·L.卡特（Stephen L. Carter），《正直》（*Integrity*）

脊柱家庭教导孩子在尊重他人权利和合法需求的同时，要站起来维护自己的权利。他们教给孩子"心甘情愿的善行"——也就是说，"即便是在面临重压的时候"，也要说和做正确的事。包括帮助儿童发展内在的道德观念（个人准则），引导他们说或做正确的事情。他们通常不会计较外部的后果。这种内在的道德让孩子在面对困难的情况下，仍有能力采取正直的行动。

你儿子帕特里克的朋友们正在嘲弄一个孩子的种族、宗教、性别、身体或心理能力，他们邀请你儿子加入。你儿子那一刻的所作所为在很大程度上取决于他的个人准则。如果他没有被教导要正直行事，那么任何口号（"友善校园有正义，拒绝霸凌无畏惧"）、威胁（"如果你欺负任何人，你将被停学"）、命令（"不许叫别人绰号"），甚至是黄金法则（"己所不欲，勿施于人"）都不会影响他在那一刻的决定。

史蒂芬·L.卡特（Stephen L. Carter）在他的著作《正直》（*Integrity*）一书中谈到了"心甘情愿做好事"的3个关键步骤：

1. 辨别什么是正确的，什么是错误的。

作为一名前修女，经常有家长来找我抱怨他们的孩子正在挑战一切，包括他们的信仰传统。对此，我的回答是："好样的！如果他们不质疑或不挑战你的信仰传统，或者任何其他传统，那么他们只会全盘接受你的想法和信仰。在这种情况下，你坚定的信仰在顺境中可能对他们有用，但在逆境中对他们没有什么用，因为他们从来没有把它变成自己的信仰。"

教导儿童辨别什么是正确的和什么是错误的也是如此。我们可以教孩子们辨别是非，但如果他们的行为仅仅是因为有人要求他们这样做，或因为他们害怕惩罚，或觉得有义务，或依赖外部的认可，我们试图教给他们的东西永远不会成为他们自己的个人准则。如果它不能成为他们自己的个人准则，他们的良知就会被卖给出价最高的人。

典型言论：

"我只是在做别人叫我做的事。"

"是她逼我的。"

"她活该被取笑。"

"其他人都这样做。"

"他们告诉我，如果我和他们一起砸汽车，我就可以加入他们的组织。"

我们不能仅仅告诉孩子该做什么或不该做什么，我们需要解释为什么我们要分享、要关心、要帮助他人和服务他人，并让孩子们有机会践行。他们需要知道，我们关心他们的意图，就像我们关心他们的行动一样。我们需要教他们反思自己的行为对他人的影响，并能够从他人的角度看问题。一旦他们做到这一点，他们就能感同身受，并设身处地为对方着想。当"心甘情愿做好事"时，从他人的角度看问题的能力是至关重要的。

一旦帕特里克站在被嘲弄的男孩的角度，对他感同身受，他就会有勇气迈出第二步。

2. 做正确的事，即使付出个人代价。

"嘿，伙计们，咱们走吧，别去烦他，他和我们没什么不同。"在这一点上，帕特里克选择了做好事而不是迎合朋友。他宁可接受同龄人的讥讽和嘲笑。"你是胆小鬼吗？""怎么，你和他一样吗？""哎哟，原来这里有个'好好先生'！"同时，"心甘情愿做好事"包括表明立场和采取行动。帕特里克仅仅感受到被嘲弄男孩的痛苦是不够的，他必须愿意做一些事情来减轻他的痛苦，即使是以疏远朋友为代价。如果有人为马修·谢泼德（Matthew Shepard）做了这样的事就好了，这个 21 岁的孩子被野蛮殴打并被绑在篱笆上死去；或者那位 14 岁的孩子因为被同学无情嘲弄，结果他在学校走廊里拿着猎枪寻求报复；还有一位 15 岁的男孩，他留了张纸条给妈妈，说他再也无法忍受每天都被同学欺负和骚扰，然后上吊自杀了……罗伯特·巴克曼博士（Dr. Robert Buckman）在他的书《没有上帝，我们能成为好人吗？》（*Can We Be Good Without God?*）提出了一个问题："我为什么要做好事？"他的回答是："因为如果我们都这样做的话，人类的世界将会更美好。"

3. 宣称你是按照你对是非的理解来行事。

"我不会参与其中，而且我会尽一切努力阻止这种嘲弄。"帕特里克是在提醒他的同伴，即使付出巨大的代价，他也不会为做自己认为正确的事情感到羞耻。他的言论和行为可以给其他人以力量，让他们至少选择不去嘲弄他人，即使他们还没有准备好积极地参与做正确的事情。

> 集中注意力，参与其中，永远不要转移视线。
>
> ——大屠杀幸存者

每一天、每一年、每一生中最伟大的部分是由微小的、看似微不足道的时刻组成的。这些时刻可能是做晚饭、倒垃圾、在停车标志前停车、当孩子们睡觉后你在门廊上放飞自己的思绪、在晚餐前与孩子捉迷藏、抵制一个低俗的笑话、将旧报纸放进回收箱……但它们并非微不足道，尤其是当这些时刻成为孩子们的榜样时。而每当孩子完成了某项家务，花时间独处而不感到孤单，全情投入地玩耍，或拒绝与同龄人一起参加一些他认为是错误的活动时，他就会为自己和家庭建立意义和价值感。

> 日常生活中的每一件小事都是宇宙整体和谐的一部分。
>
> ——特蕾莎修女（Saint Teresa of Lisieux）

第十二章

金钱问题

> 重要的是态度，在给予或接受某样东西时，要保持纯洁。
>
> ——罗伯特·艾肯·卢希（Robert Aitken Roshi）

给孩子零用钱

为什么给？——学会储蓄、消费和捐赠

因为我的孩子每天做家务是没有报酬的，所以经常有人问我是否会给孩子钱。是的，我确实会给他们零用钱，**原因有三**：让他们学习如何理财，如何为自己的钱做决定，以及如何确定财务优先事项。是的，这些钱是给他们的，无须他们工作。孩子们需要做的工作就是学会使用这些零用钱。教孩子首先学会用钱，这将帮助他们成功地处理他们最终会赚到的钱。有些家长认为，如果孩子没有经过努力就能得到钱，这与现实世界不符。而我却认为，如果告诉孩子，越努力

231

工作，就能挣到越多的钱，这才是与现实世界不符。我们都认识一些人，他们的工作强度只有我们的一半，但赚的钱却是我们的两倍；还有一些人根本不工作，却有很多钱。**实际上，你有多努力工作只是影响你赚多少钱的一个很小的因素。工作类型、你的人脉，你的性别、种族、运气、经济状况，以及许多其他因素都是决定你工作能赚多少钱的重要因素。**我们每个人都曾或多或少地收到过不是通过工作挣来的钱：生日钱、节日钱、彩票钱、遗产。在这个列表中，我还想加上零用钱。对孩子们来说重要的是，无论他们有多少钱，赚了多少钱，赢了多少钱，或继承了多少钱，他们都需要知道如何花钱，如何存钱，以及如何把钱分享给有需要的人。

这就是理财的意义所在，也是我们给孩子零用钱的原因。

开始给孩子零用钱的最佳时机是他们不再吃钱的时候。对一些人来说，这是他们两岁的时候；对另一些人来说，可能是在他们 4 岁的时候。当他们不把钱放进嘴里时，他们就可以开始把钱放进自己的银行了。他们还可以学习识别不同硬币和硬币的组合，开始计数，并记录他们的零用钱。

给多少？ ——先问自己 4 个问题

在决定给孩子多少零用钱时，我们需要问自己 4 个问题：

1. 我能给多少钱？

2. 我想给多少钱？

3. **我的孩子用多少钱合适？**这个钱数不至于少到让孩子沮丧，但也不能多到让他们不需要做出负责任的选择或设定花钱的优先级。

4. **我的孩子需要这些钱做什么？**很明显，一个需要购买所有课外活动门票、午餐券、学校用品和衣服的青少年比一个只需要买小玩具的弟弟妹妹需要更多的钱。

怎么给？——3 类家庭传递的信息

3 类家庭都会给孩子钱，但给钱的方式不同，传达的信息也不同。

砖墙家庭的零用钱

砖墙父母会给孩子一笔零用钱，然后规定他如何花钱，如何存钱。这种方式传达出的信息是："我会给你零用钱，但我会控制它。我知道如何对待金钱，而你不懂。"孩子得到了 1 美元的硬币，但其中的 50 美分却被父母收回了。"我帮你在银行里存 25 美分。虽然你会玩银行的游戏，但我不信任你会把钱存进去。等我们到了教堂，我再给你剩下的 25 美分用于捐款。如果我提前给你，你可能会忘记带上，或者会在路上弄丢了。那剩下的 50 美分可以用来买玩具，但不能买糖果。"

有些砖墙父母会坚持控制所有的钱，而他们的孩子必须在很小的时候就开始挣钱，如果孩子的行为不得当，就有可能被罚钱。譬如："如果你不把衣服放进洗衣篮，我就会扣掉你 50 美分的零用钱。"砖墙父母还会经常拿他和其他孩子相比较。"你这周没有零用钱的原因是你表现不好。看你的姐姐，她很守规矩，所以她就能得到零用钱。"砖墙父母还会通过说教来强化被认可的行为。"如果你不把这笔钱存下来，下周末你就不能和其他孩子一起去看电影了。"

砖墙家庭的孩子由此会从父母那里接收到以下信息：

· 金钱是一种地位的象征。譬如："你不如你姐姐，因为你的钱更少。"

· 金钱是一种安全的保障。譬如："如果你不把它留好，下个周末你就没钱和朋友出去玩了。"

· 金钱是一种奖励，也是一种惩罚。譬如："如果你的成绩提高了，你就会多得到 1 美元。否则，你就会被扣掉 1 美元。"

水母家庭的零用钱

水母父母偶尔会塞一些钱给孩子。孩子从来不知道自己能有多少零用钱，也不知道什么时候可以得到零用钱。由于整个家庭生活都没有规律性，所以围绕着消费、储蓄和捐赠也没有规矩。通常情况下，水母父母的财务状况是完全混乱的——过度消费，滥用信用卡，逾期还款，很少或没有储蓄。水母父母会经常指责和训斥孩子有和他们自己一样的愚蠢的消费习惯。然而，水母父母并没有教会孩子如何存钱，也没有教会孩子如何管理钱。

典型言论：

"如果你没有把钱花在那些小玩具上，你就有钱买这个大玩具了。"

"如果你能把钱存起来，你就有钱看电影了。"

水母家庭的孩子由此会从父母那里接收到以下信息：

· 钱很重要，但完全不可控。

· 有些事情是我对你的期望，但你得自己去弄清楚。你别指望从我这里得到任何帮助。

· 照我说的做，不要照我做的做。

脊柱家庭的零用钱

脊柱父母会给孩子1美元，并提醒他将其中一部分存起来，一部分捐出去，剩下的就可以花在他想要的东西上，前提是这些东西不会危及生命，不能威胁到道德，也不能损害健康。"脊柱"结构的坚持在于，他们必须储蓄、消费和捐赠。"脊柱"结构的灵活性在于，孩子可以自行决定如何做到这3件事，以及在每件事上投入多少。脊柱父母会给予孩子建议和指导，而不是命令和说教。

脊柱家庭的孩子由此会从父母那里接收到以下信息：

· 我信赖你，相信你能自己做决定。

- 我知道你能处理好生活中的各种情况。
- 我关心你，你对我来说非常重要。当你需要帮助的时候，可以来找我。

孩子应该怎么花零用钱？

> 足够是一个无畏的境界，一个诚实和自我观察的地方。它是欣赏和充分享受金钱给生活带来的好处，但从不购买任何不需要和不想要的东西。
>
> ——乔·多明格斯（Joe Dominguez）和薇姬·罗宾（Vicki Robin），《富足人生》（*Your Money or Your Life*）

处理"需要"和"想要"之间的鸿沟

如果可以选择，那些不需要任何东西的孩子是不会存钱的。现如今的孩子什么都不想要。他们不再渴望拥有 1 只小泰迪熊，因为他们已经有了整个爱心熊系列。他们不止有 1 个椰菜娃娃，他们有 5 个，1 个挂在书包上，1 个挂在午餐包上，椰菜双胞胎摆放在床头，还有 1 个椰菜小婴儿放在书桌上！我们有义务给孩子们提供一个好的环境。作为父母，我们有义务给孩子提供他们需要的东西。至于他们想要的东西，我们可以作为特别礼物送给他们，或者让他们存钱来买。

当玛丽亚刚开始读一年级时，在选择自己的衣服方面非常有想法。她宣布她不想要普通的袜子，她想要荧光袜。我们同意要么给她买普通的袜子，要么把买普通袜子的钱给她，她可以自己存钱补上差价。几周后，她就攒够了钱，她不止买了一双，而是买了两双荧光袜，荧光绿和荧光橙，

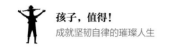

这样她还可以混搭着穿。

有些时候，"需要的"和"想要的"很难完全区分开来。安娜需要一辆更大的自行车。她已经长大了，虽然家里还有几辆旧自行车，但她想要一辆全新的。这既是她"需要的"，也是她"想要的"，所以我们告诉她，我们会和她一起去买，她可以挑选自己中意的自行车。谁知她相中了一辆350美元的自行车，而我和我丈夫的自行车两辆加起来都不到350美元。我们愣住了，意识到我们本该在她开始自由选择之前给她一些限制。正在我们犹豫之时，安娜把我的一句话又扔给了我。"你不是经常说，你说到就要做到吗？难道你现在不打算说话算话了？"因为安娜也需要为自行车支付一半的费用，所以我们建议她弄清楚自己的预算，而我们也需要考虑我们的预算。安娜很快就意识到，等她能付得起那一半的钱之前，她可能都要拿到驾照了。

她决定找一辆定价更便宜的自行车，或者买一辆二手自行车。她的一个朋友在买了一辆非常昂贵的自行车后不久就突然长高了，朋友愿意以比原价低很多的价格把这辆几乎是全新的自行车卖给她。安娜已经存了不少钱，她为邻居干了些活，并向奶奶建议，把给她买生日礼物的钱直接给她用来买自行车。我们也支付了我们的一半费用，她最终得到了她需要的和她想要的自行车。当"需要的"和"想要的"混为一体时，你可以通过分摊成本来解决问题。

习惯给予——慈善捐赠给需要的人

孩子们需要学习将自己的一部分钱捐助给那些贫困的需要帮助的人。当孩子年龄尚小时，你可以帮忙选择慈善机构，让他决定捐多少钱。当他长大后，他就可以全部自己做主了。你可以将这样的机会提供给孩子，向他介绍情况，并让他决定如何进行捐助。

孩子们学习捐助的另一种方式，是通过父母的示范作用。但有些时候，这种示范可能并没有那么显而易见。因为我们中的很多人可能会定期向宗教组织或慈善机构捐款，如果是在网络上进行的，孩子可能都不会意识到这一点。因此，当你下次进行这类活动时，把你的孩子叫过来，让她知道你在做什么。"我正在给一个我非常关注的机构捐钱。"告诉孩子你为什么要这样做，你为什么关注这个机构，以及他们为什么需要你的帮助。如果孩子太小，不明白什么是在线捐助，你可以让她看到你偶尔会给商场里为慈善事业募捐的人一点现金。

当金钱形式的慈善捐赠成为一种习惯时，孩子就会意识到他们还可以奉献他们的时间和才能。

> 我们不要仅仅满足于捐钱。只有钱是不够的，钱很容易得到，但他们更需要你用心的爱。
>
> ——特蕾莎修女（Saint Teresa of Lisieux）

财务规划——储蓄和预算

在储蓄和预算方面，孩子同样需要父母有意识的示范。这是非常重要的，否则孩子们可能完全意识不到这一点。所以当你做家庭财务规划时，向他们解释，一定数额的钱应该存起来，这样家人就可以去度假，或重新装修房子，或者在汽车需要大修时不至于囊中羞涩。

孩子从小就需要有一个银行，但要让他自己选择，不管是经典的小猪储蓄罐，还是他自己用乐高积木做的小盒子。他可以选择每周往里面放多少零用钱。如果一开始他得到 1 美元时只存入 10 美分，花掉了 90 美分，你也不要担心。当他养成储蓄的习惯并了解我们为什么这样做时，他会自动调整存款金额。

当孩子们开始在家里或在社区里"打零工"挣钱时，他们就可以规划自己的长期储蓄和短期储蓄了。短期储蓄是他们可以自由支配的，长期储蓄则通常需要更规范、更严格的管理：例如两个签名，你的和他们的，这样他们就不会在和你争吵之后一时意气花光他们的大学学费。等孩子十几岁时，你可以开始与他们分享家庭预算，这样他们就可以开始了解一个家庭日常运转所需的费用。

如果你的预算是一个噩梦，或者你根本就缺乏预算，这都会吓到你的孩子，你需要寻求外部帮助来处理，然后分享给孩子你的经验，你所犯的错误，以及你如何弥补这些错误。在严重的经济困难时期，你的青少年可能会挣钱来帮助自己的家庭。

自由支配——理解和培养孩子的金钱观

> 生命中一定有比拥有一切更重要的东西。
>
> ——莫里斯·桑达克（Maurice Sendak）

在捐助和储蓄之后，孩子剩下的钱可能会花在没有生命危险、没有道德威胁或不损害健康的东西上。你可以给一个小孩很大的自由去买对他有意义的东西，这有助于他开始理解和培养自己的金钱观。

孩子在很小的时候就可以学习如何不冲动购物。他可能会带着钱去商店，前提是他知道他要去那里买什么。如果没有购物的打算，他就应该把钱留在家里。对于有些成年人来说，这样做也会有所帮助。早在五六岁的时候，他就开始了解到，不是所有的购买都是划算的，也不是所有划算的东西都值得买回家。然后，他学会了为大件物品做预算，并开始认识到"需要"的东西和"想要"的东西、基本必需品、快消品和奢侈品之间的区别。负责任的金钱观和理财习惯正在逐渐形成。

孩子找家长借钱，该给吗？

你会借钱给你的孩子吗？

· 砖墙父母："休想。让他们为自己的愚蠢选择感到痛苦吧，这将教会他们什么是责任。""他们有多少钱，就应该花多少钱，不能透支，这样他们就能学会如何理财。"

· 水母父母："当然，我会借钱给他们，让他们做他们想做的事。他们可以还钱，但也不是必须要还。作为父母，就必须帮助自己的孩子。"

· 脊柱父母："在某些情况下，如果他们有还款计划，我会借钱给他们，但我会期望他们偿还债务。"

脊柱父母不会在任何情况下轻率地借钱给孩子，但是，脊柱父母也知道我们任何人都有可能需要借钱并在以后偿还的时候。你的孩子已经花掉了他暑假打工挣来的大部分钱，他认识到自己所犯的错误，并正在努力改善他的消费习惯。他有机会去参加一次精彩的、令人兴奋的、有教育意义的旅行，但他需要借钱支付订金，这样他就不会失去这个机会。他和你一起制订了一个计划，向你贷了款，付了订金，并弄清楚了他该如何偿还贷款以及挣够旅行所需的钱。

什么时候可以给孩子更多的零用钱？

什么时候可以给孩子更多零用钱？很简单——当你的孩子能够说服你，他们需要更多零用钱的时候。

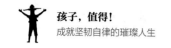

安娜向我要更多的零用钱。

"来，看你能不能说服我。"

"嗯，我比弟弟妹妹大。"

"这并不能说服我。"

"我需要比去年更多的学习用品。我穿的是成人鞋，价格更贵。我有更多的社交活动……"

安娜写了一份预算，说服了我们她需要更多的零用钱。她还问我们，她是否可以每月领取一次，而不是每周一次。结果她得到了每月一次的大额零用钱，现在管理得很好。

玛丽亚觉得，如果她姐姐能说服我们得到更多零用钱，她也可以。她采用了姐姐的方式，说服我们她也需要更多。而且，她也要求每月领取一次。她很善于理财，我们可以在 1 月 1 日给她一年的零用钱，而她能把预算做到 12 月 31 日。她还有多余的钱可以借给我们，并做好记录，希望能从贷款中收取利息。

姐姐们都成功地增加了零用钱，这给乔留下了深刻的印象，他竭尽全力地说服我们，他也需要增加零用钱。他甚至谈到了一个细节，那就是他不能继续穿姐姐们的旧衬衫了，因为男孩的衬衫纽扣在另一边。他也得到了更多的零用钱，虽然不是他最初要求的数额，但至少我们双方都达成了共识。

乔曾试着每月领取一次零用钱，但现在已经变成每月两次了。这对他来说更合适。你和你的孩子可能需要试验一下什么样的方式对每个孩子最有效。

当你的青少年开始通过"打零工"的方式赚到更多钱时，你需要和孩子共同决定是否应该停发零用钱，或者你可以把越来越多的责任交给青少年，这样他可以开始负担自己大部分的经济需求——衣服、娱乐、汽车保险、学杂费。

　　我的孩子性格迥异，处理金钱的方式也各不相同，但他们都在学习如何负责任地、有建设性地花钱、省钱、存钱，并把钱捐助给那些需要帮助的人。

青春期孩子追求名牌，怎么办？

　　当孩子进入青春期时，我们可以在这3种家庭结构中看到我们财商教育的成果。你家的青少年想要一件名牌衬衫，他说他必须要有一件名牌衬衫。

　　·砖墙父母："绝对不行。我不会让你把钱浪费在名牌衬衫上。这只是一时的流行，它会过去的。不，我不管这是不是你自己的钱，你不能把它浪费在一件愚蠢的衬衫上。"这里传达的信息是：我知道如何看待金钱，而你不懂。我会给你钱，但我会控制你用它做什么。

　　·水母父母："你想要一件名牌衬衫，那你就去买呗，我无所谓。但是你要记住，你把所有的钱都浪费在这件名牌衬衫上了，等3个星期后发现自己没钱的时候，不要来找我要钱。"

　　·水母父母（另一种可能的反应）："多漂亮的衬衫啊！我也要给自己买一件，尽管我们俩都有满满一衣柜的衬衫了。"这里传达的信息是：我们俩都不知道如何考虑钱的问题。

　　·脊柱父母：什么都不说。这里传达的信息是：我信赖你，相信你能处理好这种情况。

　　你的孩子甚至不需要询问你，他是否可以买一件名牌衬衫。他可能会和你讨论，征求你的建议或意见，但他无须征求你的许可。从他很小的时候起，你就允许他犯错。你让他在一定范围内选择不同的服装，随着他决

策能力的提高，你又给了他更多的权限。你告诉他，不是所有的交易都是划算的，也不是所有划算的东西都要买回家。你教会了他质量和数量的关系，你培养了他负责任的消费习惯。现在孩子决定要买一件名牌衬衫，他会为它存钱，然后把它买下来。

这三个家庭的青少年都就读于同一所高中。学校俱乐部正在出售印有学校标志的 T 恤衫——这 3 个青少年都觉得他们必须要有这件 T 恤衫。

· 砖墙父母："看看，我们没有让你把钱浪费在那件名牌衬衫上，现在你开心了吧！"这里传达的信息是：我知道如何管理钱，而你不懂。

· 水母父母："如果你不花钱买那件名牌衬衫，你就有钱买这件 T 恤了。"这里传达的信息是：我对你没什么信任，所以我需要告诉你你已经知道的信息。

· 脊柱父母：他甚至都不提那件名牌衬衫，因为这并没有什么问题。你搂着你的青少年说："有时候，当我们没钱买自己喜欢的东西时，会很伤心。"他可能会说："我希望我没有把钱花在那件名牌衬衫上。"但他也可能不这么说。这件名牌衬衫对他来说意义重大，他可能会放弃 10 件 T 恤和 6 部电影，就为了能拥有它。在一定的范围内，他会做出选择，并承担后果。

🌸 当孩子有太多的钱，父母应该如何应对？

你有一个特殊的问题，如果你有一个富有的亲戚想把大笔的钱寄给你的孩子而不是给你，或者，如果你孩子有一个无监护权的父母正试图用大笔的钱作为礼物来收买孩子的感情，这可能会破坏你在教育孩子在管理钱方面所做的一切努力。

作为脊柱父母，你可以把孩子的长期储蓄账户信息发给这位亲戚或家长，并建议他们为了孩子的利益，只给孩子寄一小笔钱，把剩下的放在长期账户里，或者他们也可以为你的孩子设立他们自己的长期储蓄账户。无论哪种方式，作为脊柱父母，你需要为孩子提供一个有利于创造性、建设性和负责任的管理钱的环境。

从孩子们蹒跚学步的时候起，我们就不断培养他们对自己的钱承担责任做出决定，以确保他们离开家的时候，他们能够以一种创造性的、负责任的和关爱的方式进行消费、储蓄和给予。作为父母，我们有责任教好他们。谁知道呢，说不定有一天他们会替我们理财呢！

> 财务诚信是通过了解你的收入和支出对你的直系家庭和地球的真实影响来实现的。它是知道什么是足够的金钱和物质产品，使你处于成就感的顶峰，什么只是多余和杂乱。它是让你财务生活的各个方面与你的价值观保持一致。
>
> ——乔·多明格斯（Joe Dominguez）和薇姬·罗宾（Vicki Robin），《富足人生》（*Your Money or Your Life*）

第十三章

用餐

> 不管你有多忙，你都应该花时间陪你的孩子。你可以谈论你的梦想；你可以谈论你的挫折；你可以谈论你的一天。你越忙，花时间陪孩子吃饭就越重要。如果我们不和孩子一起度过这些时间，他们就不会对家庭生活形成健康的态度。
>
> ——李·索尔克博士（Dr. Lee Salk）

如果我们想让孩子学会与他人共进晚餐，我们必须首先教他们在家里共进晚餐。

一起吃饭构建家庭安全岛

与人一同进餐会带来极大的满足感。一起吃饭，共同分享美食，是人类最古老和最基本的团聚体验。从史前开始，它就象征着和平与安全。在古希腊、日耳曼和其他许多文化中，当陌生人出现在你家门口时，你得先为他们提供食物。然后你才会问他们是谁，来自哪里，有什么事。分享食物是如此神圣，以至于在这些文化中，最严重的罪行之一就是对赠予你食物的人实施暴力。即使在今天，在一起吃饭依旧象征着和平与和谐。每一次国家元首之间的会议、每一次高峰论坛都有一个重要的组成部分，就是宴会，大家一起坐在桌前享用食物。

正如食物滋养身体一样，与人一起吃饭也能滋养个人的精神、滋养家庭、滋养社区，乃至滋养世界。一起吃饭的和谐气氛远远超出了吃饭的意义，或者说，它就是一个理想世界该有的样子。但是，即使在这种渴望和谐的时刻，你也无法避免不和谐事件的入侵。因为在许多家庭中，用餐时间是一场灾难。"把你的胳膊肘从桌子上拿开。""停，不许张着嘴嚼东西。""不，你不能吃这个。""你必须坐在这里直到你吃完所有的食物。"不能这样，不能那样……孩子们会想，我真的享受这一刻吗？

在另外一些家庭中，用餐时间甚至根本就不存在。孩子们把一些东西拼凑成一顿饭的样子，然后扑通一声坐在电视机前。没有机会分享关于自己的任何事情，没有机会学习餐桌礼仪，也没有机会与其他家庭成员互动，电视机成了吃饭的主宰。如果孩子没有完全被广告迷住，他们可能会在节目间隙起身去吃更多的东西。这是喂食时间，不是用餐时间。

今天，我们需要在繁忙的生活中抽出时间与孩子们一起庆祝用餐时间。如果孩子生活中的成年人能够每天至少与他吃一顿饭，那将是非常美好的，这也是可以做到的。你说你十几岁的女儿不喜欢吃早餐，而且由于她疯狂的日程安排，你也从来不见她吃晚饭。别担心，只要你告诉她你会去她的学校和她一起共进午餐，她就会想办法和你一起吃早餐的！

如果全家人每天都能找到一个特别的时间聚在一起，分享食物、分享想法，并进行热烈的讨论，那该有多美好啊。不一定每次都要围坐在餐桌旁，你可以在野餐时或在快餐店里聚集，关键是我们要花时间一起吃饭和交谈。如果你在孩子吃饭时与他交谈，当他到了十几岁的时候，他仍然会愿意与你交谈，因为他知道，用餐时间是一个安全的分享时刻。

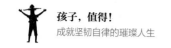
当我们的孩子还在蹒跚学步的时候，我和丈夫很快就认识到我们无法在吃饭的时候相互交谈了。在孩子们出生前的几年里，我们曾在晚餐时享受着悠闲的谈话，在有孩子之后我们试图继续，但没有成功。我们很快意识到，我们需要和孩子们交谈。如果我们试图和对方谈话，孩子们就会设法用头发上的意大利面条或沙拉里的牛奶来吸引我们的注意力。

我们还学习到，如果我们不问问题，就能从孩子们那里得到更多。如果我们问："你今天在学校做了什么？"得到的回答通常是："没什么。"相反，如果我们谈论自己的事情，或对当天的事件进行评论，很快孩子们就会问："你知道我今天做了什么吗？"于是我们开始了令人兴奋的谈话，并在其中加入了一些关于礼仪的提示："炸薯条可以用手拿着吃，但奶油玉米粒不行。""想想看，为什么要用两个叉子？"

🌸 三类家庭的用餐

砖墙家庭——僵化仪式和规定

毫不奇怪，砖墙家庭对用餐的每个方面都有严格的规定。

1.在哪里吃，譬如："你必须在厨房里吃，不要把盘子带到客厅。"

2.什么时候吃，譬如："你不能吃零食，否则晚餐你就没胃口了。""现在还不是给她喂奶的时候。让她哭吧。"

3.吃什么，譬如："我给你什么，你就得吃什么。""我不在乎你是否讨厌豌豆，它们有益健康，你必须把它们全部吃完。""我们家不吃这种食物。"

4.吃多少，譬如："你不可能吃饱了，你的盘子还没吃光。""你必须喝完这杯牛奶。"

这些严苛的规定是通过威胁和贿赂来执行的。

典型言论：

"如果你要花那么长的时间才能吃完晚饭，你就得在这里坐一整晚了。"

"如果你吃5根胡萝卜，3根，好吧，只用吃2根胡萝卜，你就可以吃这个美味的巧克力蛋糕了。"

砖墙家庭的用餐时间不是一个庆祝活动，它只是一个消耗食物和遵循僵化仪式的时间。砖墙父母在光盘俱乐部中拥有终身会员资格，并坚持让他们的孩子也加入其中。在朱迪思·托斯（Judith Toews）的书《抚养快乐、健康、体重正常的孩子》（*Raising Happy, Healthy, Weight-wise Kids*）中，她讨论了砖墙父母强加给孩子的严苛的用餐规则所带来的问题。

> 如果你在孩子不饿的时候强迫他吃东西，在他吃完的时候奖励他，或者在他离开食物的时候惩罚他，你就是在教孩子忽略他的身体信号。不给孩子吃东西或以其他方式阻止饥饿的孩子满足其食欲也是错误的。当这种情况发生时，孩子开始专注于随时随地获取食物，这是一种自然的生存冲动。一个不被允许对身体信号做出反应的孩子必须完全依靠外界的提示来告诉他何时吃，吃多少。研究表明，父母越是专制，孩子对食物摄入量的内在调节能力就越差。

父母和孩子之间的控制权之争加剧了孩子内心调节能力的丧失。对食物的控制问题往往会在青少年时期生成危机，当青少年闭上嘴巴，拒绝说话，拒绝吃摆在他面前的食物时，父母就输了。他会狂吃快餐，或者用食物作为对抗父母的有力武器。毫不奇怪，大多数患有严重饮食紊乱的青少年，如暴食症或厌食症，都来自砖墙家庭。在那里，自我概念和自我价值取决于对外部标准和指令的遵守。

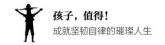
典型言论：

"你真是个好孩子，你把盘子里的东西都吃光了。"

"你可不想和他一样胖，对不对？"

"听话，照我说的做。"

水母家庭——缺少规矩和计划

水母父母在用餐方面全无规矩可言。在他们的家庭中，吃饭很少有计划，往往是随吃随走，很少会去关注食物的营养价值、质量或数量。只要它是方便易做的、快速易吃的，就会出现在水母家庭的购物清单上。

水母父母经常用食物作为处理情绪的工具。孩子哭了，马上给他一块饼干，试图阻止他哭泣。妈妈伤心的时候可能会狂吃东西，爸爸面临失业压力时可能会狂灌啤酒。难怪孩子放学回家后会吃下一整袋薯片，因为没有人愿意和他一起玩。

水母父母也很少为孩子示范什么是良好的礼仪，因为他们自己从小都很少被教导要有良好的礼仪。如果水母父母是在一个砖墙家庭中长大，并发誓永远不以这种严苛的方式抚养孩子，那么礼仪也会随着刻板的规矩和威胁一同被抛弃。

典型言论：

"我永远不会让我的孩子吃任何他不想吃的东西。我父母当年曾让我坐在桌前几个小时，看着那盘菠菜。"

"我从来不吃早餐，我女儿吃不吃也没关系。我母亲每天都强迫我吃早餐，从我离开家的那天起，我就放弃了吃早餐的打算，都是因为她。"

"就算我儿子把爆米花弄得满沙发都是也没关系。在我小时候，我妈甚至不允许我在客厅里吃东西。"

在水母家庭中，孩子们很早就学会了在食物方面自力更生。他们想吃什么就吃什么，想什么时候吃就什么时候吃，想在哪里吃就在哪里吃。他们往往养成了不良的营养习惯，主要靠快餐、甜食和垃圾食品生活。他们还学会把自己的想法藏在心里，因为在家庭中几乎没有机会来表达自己，也没有人愿意倾听。

脊柱家庭——健康又不失灵活

脊柱家庭的用餐模式既健康又不失灵活。这是一个庆祝的时刻，是家人团聚在一起滋养身体、思想和灵魂的时刻，这也是教孩子学习营养知识、准备食物、用餐礼仪和沟通分享的时刻——相互交流想法、意见和感受。这并不意味着不会有分歧，就像任何家庭关于吃什么、在哪里吃、怎么吃都会存在分歧一样，只是这些分歧都能通过理性和沟通来解决。

当我的孩子还是婴儿的时候，我按需哺乳，发现他们发展出了自己独特但又相对固定的时间表。我对那些用奶瓶喂养婴儿的父母感到惊讶，他们把尚未喝完的奶瓶强行塞进孩子抗拒的嘴里，只因为奶水没有喝完，就认为孩子没有吃饱。我从来不知道我的孩子喝了多少奶，当他们不再喝奶的时候，就说明他们吃饱了。然而，一旦我的孩子开始吃东西，我也落入了同样的陷阱：如果他们盘子里的东西没有吃完，他们怎么可能吃饱了呢？

你们中有些人的成长环境可能和我一样，父母对你说："如果你不把盘子里的东西吃光，非洲所有的孩子都会挨饿。"你们中有些人的成长环境可能和我丈夫一样，父母对你说："如果你不把盘子里的东西吃光，你就不爱我。"你们中的一些人还会同时收到这两个告诫："如果你不把盘子里的东西都吃光，你就不爱我，而所有非洲的孩子也都会饿死。"于是你吃光了盘子里的食物。当你长大后，你吃光了自己的盘子、配偶的盘子、孩子的盘子，还有饼干罐里的所有东西，因为"如果没有吃光这些东西，你怎么可能觉得饱呢"？

孩子们在很小的时候就学会了倾听自己的身体，知道自己什么时候吃饱了，并试图告诉我们，只是我们并不总是相信。婴儿把奶瓶从嘴里吐出来，你把它塞回去。两岁的女儿把她的盘子推开，你就和她玩飞机游戏，让她张开嘴，让勺子装着食物像飞机一样飞进她的嘴巴里。

这种成年人的麻木不仁不仅是对孩子的侮辱，而且会给他们以后的生活带来严重的并发症。大一点的孩子如何应对青少年时期的 3 个严重威胁——性滥交、吸毒和自杀——与他们如何看待自己、如何倾听自己的身体以及如何能够向他人传达自我的意愿有关。沉溺于不适当的性行为、毒品和自残的冲动，尽管它们都是身体行为，但这种冲动来自心灵，而非身体。一个习惯倾听自己身体的人，会抵制不想要的性行为、自我毁灭和摄入有害物质。**如果孩子的身体从小就有被倾听和被尊重的经历，他就会听到响亮而清晰的自我肯定的信息，并将其传达给他人。**

当孩子们的身体告诉他们吃饱了，我们却仍然强迫他们去吃，会给孩子传达的信息是："你自己的身体感觉不算数。我知道你需要什么，不需要什么，而你不知道。"当这种方式训练出来的孩子长到 14 岁时，同伴压力告诉她要发生性关系或吸毒，她会听到她一直听到的信息："你的感觉不算数。我知道你需要什么，而你不知道。"她已经从经验中了解到，她自己的感觉不重要，她对这些感觉的表达会被人忽视。所以她更有可能发生性行为、吸毒，甚至伤害自己。所以，当孩子们说他们已经吃饱了，请相信他们。当他们把食物推开时，请不要把它推回去，这不仅仅关系到营养和餐桌礼仪的问题。

在吃饭的时候可以让孩子们做选择，但要确保他们的选择是切合实际的且是你可以接受的。你可以说："你想要半块三明治还是一整块？"而不是："你午餐想吃什么？"如果他说他想吃香肠，而你原本计划晚餐吃香肠，你该怎么办？只给他有限度的选择。如果他说他想要一整块三明治，不要提醒他昨天他只吃下了半个。既然你已经知道你想让他说什么，为什么还要问他呢？此外，如果你去一家餐馆，点了一份豪华沙拉，却被告知："上周你没吃完，要了一个打包袋，也许这次你应该点个小份沙拉。"你会作何感想？

我问我儿子要半块还是整块三明治，他说他要一整块，我按要求给了他。但他只吃了一半后，就说："我吃饱了。"如果是以前的我，我会让他坐在那里，吃光盘子里的东西，因为这是他自己要求的，尽管他的身体已经告诉他吃饱了。但现在，我想让乔听从他自己的身体，而不是别人的想法。所以我说："没问题，乔。把你剩下的那一半三明治放进冰箱里，如果你在下一餐之前饿了，你就可以先吃这半个三明治。"我的目标是让我的孩子知道，他可以倾听自己的身体，我会尊重他身体告诉他的感觉。与此同时，我认识到他可能会在食物的数量上判断失误，也可以用负责任的方式来处理这个失误。

这个工具最有效的使用时间是在晚餐的时候。你的女儿不想要她盘子里的第二份土豆，没有问题，放进冰箱。晚上 8 点钟的时候，当她说："哦，妈妈，我好饿。"你可以说："哦，太好了，冰箱里有一些土豆。""土豆？！"如果她真的饿了，她会吃的。如果她没吃，你也不用担心她在睡觉时会挨饿。

但是请不要把冰箱里的剩土豆给她当早餐，那是惩罚。记住，你只是在帮助她对食物和数量做出明智的选择。你不会因为她在盘子里多装了食物而去控制或惩罚她。砖墙父母会在她吃任何东西之前"让"她先吃土豆，水母父母则会把土豆扔掉。当孩子在晚上 8 点说自己肚子饿时，父母会先进行说教："如果晚餐时你把土豆都吃了，你就不会饿了。"但随后还是屈服于孩子的请求，给了他一碗麦片。孩子认识到，我只须忍受这些说教，最终就会得到我想要的，而不用为我所犯的错误负责。

如果你的儿子吃东西磨磨蹭蹭，不要对他唠叨。你只要说："我们很想和你一起吃饭，我们将在这里再待 10 分钟。如果你还没吃完，没问题，我们会让你一个人安静地吃。"让他自己吃完，然后把自己的碗碟装进洗碗机。如果碗碟需要手洗和擦干，他可以自己做，如果在他吃完的时候，其他碗碟已经洗好了，洗自己的碗就是吃得慢的一个合理后果。**避免唠叨、乞求和贿赂，它们会使孩子的问题变成你的问题。**实际上，慢慢吃可能比在3分钟内狼吞虎咽地吃完一餐更加健康。

如果你的女儿每天都只想吃奶酪通心粉，你可以编一个膳食日历，让她在一周的5顿饭上做记号，她还可以帮忙准备她喜欢的食物。它可以是连续的5顿饭，或5顿午餐，或2顿午餐和3顿晚餐，或该周内5顿饭的任何其他组合。谁说奶酪通心粉不能做早餐？你可以利用这个机会向孩子展示如何改变食谱、烹调方法以及食用方法，同时与她一起庆祝她对奶酪和通心粉这两种食材的喜爱。这肯定比你拒绝让她吃任何通心粉和奶酪，以及她拒绝吃你放在她面前的任何食物要好。

在很大程度上，挑食的孩子来自恐慌的父母。如果我们不那么担忧的话，大多数孩子都不会有食物问题。但是我们总是担忧，担忧，担忧，于是孩子们发现，他们有一个强大的武器，可以用来和我们挑起冲突。

通过遵循一些简单的准则，你可以减少食物冲突：

· **在家里准备各种健康优质的食物，你自己也要吃这些食物。**如果你对巧克力上瘾，不要把它们放在家里来诱惑孩子。你应该等到他们睡着后，半夜跑到7-11超市去买。或者更好的是，减少你的巧克力摄入量，为你的孩子树立良好饮食习惯的榜样。如果你坐在电视机前吃着薯片，喝着汽水，当你的孩子拒绝百吉饼和鲜榨果汁时，不要惊讶。砖墙父母绝不允许孩子吃一点点巧克力，而水母父母却不做任何限制，连早餐都会提供巧克力甜甜圈。禁吃糖果会让糖果对孩子产生更大的吸引力，糖果过量则会导致严重的健康问题，还会让孩子失去吃营养食物的机会。脊柱父母允许孩子偶尔吃适量的巧克力。他们在家中常备现成的营养小食：去皮的胡萝卜、切好的芹菜、洗干净的水果，还有方便孩子自己取用的鲜榨果汁和酸奶。

· **帮助孩子们了解他们正在吃的食物。**"意大利面是碳水化合物，牛肉是蛋白质，麦麸有助于通便……"是的，你可以对你的孩子使用碳水化合物这个词。我们经常低估孩子使用和理解"大词"的能力。研究预包装食品上的标签可能就像阅读一本推理小说、冒险故事和数学书一样。为什么"一天一个果，医生远离我"？胡萝卜真的对你的眼睛有好处吗？美国农业部、美国卫生与公众服务部开发了《食物指南金字塔：每日食物选择指南》。它可以让你和你的孩子很容易地从食物类别中规划出一个均衡的饮食方案。

· **让你的孩子帮助你计划和准备营养均衡的膳食和营养零食。**以食物金字塔为指导，你的孩子可以和你一起为全家人安排和准备饭菜和零食。他们更有可能吃自己亲手制作的食物，他们也开始意识到零食并不是额外的不重要的食物，而是健康饮食的必要组成部分。

在学前班里，我女儿玛丽亚学会了做"木头疙瘩"（用花生酱涂抹芹菜，上面再放些葡萄干）。此后的几个月里，只要轮到她帮忙做饭，我们就总会吃到"木头疙瘩"。我们吃过"冷冻木头疙瘩""烤木头疙瘩""煎木头疙瘩"，它可以成为开胃菜、主菜和甜点！

· **用各种各样的方式，吃各种各样的饭菜。**孩子们将有机会从各种各样的食物中进行选择，并知道他们可以每样都吃一点。吃一顿家庭式的晚餐，将菜都摆放到餐桌上，教你的孩子弄清楚他们的盘子里应该放多少食物，以及在饱足的时候适时停下来，不要再盛第二份。吃一次野餐，教他们如何把纸盘子放在膝盖上保持平衡，以及如何避免在三明治中添加活蚂蚁作为佐料。吃一顿正式的晚宴，这样如果有一天你的孩子被邀请去吃饭，他们不会大声地说："看，有人犯了一个错误，给了我两把叉子。"

· **每个月至少一次与你的孩子举行正式的庆祝活动。**我自己是爱尔兰人，嫁给了一位意大利天主教徒，有3个孩子，所以，我们并不缺少庆祝的机会——生日、节日、圣日、星期日、纪念日甚至开学第一天。每月至

少一次，我们会拿出最好的餐垫、音乐、蜡烛和食物，因为我们值得这样做，而且一家人在一起庆祝也是很有趣的。

在我的一次演讲后，一个男人拉着他的妻子向我走来，问我是否能够再次告诉他妻子"每月至少使用一次好东西"。他妻子抱怨道："但它们是传家宝，这些餐具在这个家族里已经传了好几代了，它们可能会被打破的。"我对这位忧心忡忡的妻子说："如果你用这些传家宝式的餐具进行庆祝，即便很多盘子都有可能被摔碎了打破了，当你去世时，可能只给孩子留下一个糖碗，但他们会有很多美好的回忆。你不希望当你的孩子看着橱柜里一整套从未使用过的祖传餐具时，说：'我只记得我妈妈每年会给这些东西掸两次灰。'回忆比碗碟更珍贵。不要去收藏碗碟，要去创造美好的回忆。"

· **帮孩子了解在你家庭中存在多年的文化传统或宗教习俗。**如果没有，就自己创造一些。不论是庆祝时刻还是危机时刻，这些习俗可以创造出美好的集体记忆。当我丈夫的祖母以 104 岁高龄去世时，我们有一个三代人的家庭聚会。乔，最年轻的曾孙，拿起他的叉子和大勺子说："让我们为奶奶盛面条吧！" 三代人拿起他们的叉子和勺子，为奶奶盛了一些意大利面，就像她多年以来耐心教会他们每个人做的那样。这一刻，屋子里的所有人都为之落泪。

几年前，有人送给我们家一只特殊的红盘子，这是一种欧洲习俗，在餐桌上以这种特别的方式来表彰某人。这只红盘子已经成为我们家生日宴、欢迎回家餐、感谢午餐和惊喜早餐的重要组成部分。我们的大家庭也都知道，在婚礼、葬礼和大型家庭聚会上，他们都能吃到我做的英式蛋糕，这是我非常乐意制作的一道美食。

与亲戚们聊聊他们的家庭习俗，询问一些代代相传的传统菜肴。也许会是奶奶炖的鸡汤，曾祖父做的糖浆，或是表哥烘焙的节日饼干。如果你找不到任何亲戚来问，或者从你的原生家庭中找不到任何你想传给孩子的习俗，你也可以请教朋友和邻居，或和自己的孩子一起创造一些习俗，他们将来就可以传承给他们的孩子。

· **教给孩子礼貌，而不是礼仪。** 礼貌是一种社交规范，使人们在一起吃饭时能够感到舒适；礼仪是指遵守刻板的繁文缛节，这些繁文缛节经常会阻碍人们在一起用餐。例如把土豆泥放在头发上是不礼貌的，但一个小朋友用勺子吃豌豆则是礼貌的。这是适当的礼仪吗？可能不是。在电影《泰山王子》（*Greystoke*）中，原始人泰山作为客人参加正式宴会，他将汤碗举到嘴边喝汤。周围所有人显然都对他缺乏社交礼仪感到恼火，除了一个人，宴会的主人。主人穿着华丽的正装，以最优雅的姿态也将碗举到了嘴边喝汤，化解了泰山的窘境。这样善意的举止就是礼貌的。

· **教你的孩子如何买菜购物。** 偶尔带上孩子们一起去买菜购物，这样他们就能掌握这项生活技能。当我女儿安娜第一次开始帮我购物时，她可以自己挑选麦片，只要前三种成分不含糖就行。想象一下，一个 4 岁的孩子在包装盒的食物成分表里寻找"糖"这个字，当她找到一盒不含糖的麦片时，她是多么激动啊！时至今日，她在买麦片之前还是会看一下包装盒上的成分表。随着孩子在学校和媒体上获得越来越多的信息，他们甚至可能会来教我们如何聪明地购物。"妈妈，那块肥皂不是可降解的。你知道这些梨是有机种植的吗？没有喷洒过农药。你不会真的想买这块代可可脂的巧克力吧？"

· **教你的孩子做饭。** 当我的孩子能擀饼干面团的时候，我就开始让他们做饭了。通常情况下，你自己做饭更有效率，但从长远来看，教孩子为自己和他人做饭，意味着当他们独立生活的时候，不会将一箱罐头炖肉当作自己整个月的晚餐。或许在你的晚年，他们还能给你做几顿好饭。

> 生命就是一场庆祝！没有必要特意留出时间来提醒我们这个事实。聪明的人会找到一个理由，让每一天都变得特别。
>
> ——利奥·巴斯卡利亚（Leo Buscaglia），
> 《开往天堂的 9 路巴士》（*Bus 9 to Paradise*）

第十四章

睡眠

> ……那清白的睡眠，把忧虑的乱丝编织起来的睡眠，那日常的死亡，疲劳者的沐浴，受伤的心灵的油膏，大自然的最丰盛的菜肴，生命的盛筵上主要的营养。
>
> ——威廉·莎士比亚（William Shakespeare），
>
> 《麦克白》（*Macbeth*）

不要对你的孩子撒谎。不要告诉他们，他们需要睡眠。对他们实话实说，你需要他们的睡眠，而且你需要他们的睡眠时间往往比他们实际需要的要多。你必须决定，你是希望他们早睡早起还是晚睡晚起。作为一个家庭，你们还必须共同研究什么是适合你们家的最佳方式。

由于工作需要和你自己的生物钟，你可能更喜欢让你的孩子晚一点午睡，夜里晚一点入睡，这样才能确保你们在早上都能晚一点起床。我是个早起的人，直到我嫁给了一个夜猫子，我才知道有十点新闻这回事。当我们的孩子还小的时候，我喜欢在清晨和他们待在一起，所以我们都是早睡早起。你必须做你能接受的事情，为你的家庭设定可行的方法，并对家庭成员不断变化的睡眠需求和作息时间持开放和灵活的态度。

即使是最好的就寝习惯也难免会变成就寝灾难。当你宣布说："孩子们，该睡觉了。"他们就会开始抱怨："啊？我们就不能再多待一会儿吗？我想再多看一集电视剧。我们为什么要这么早上床睡觉？我们的朋友没有一个在 10 点前睡觉的。"最后，他们终于躺在了床上，你给他们盖好被子，读一个故事，给他们一个吻和一个拥抱，然后微笑着下楼，开始享受一段属于你自己或与你的配偶一起的安静时光。

3 分钟后，一个孩子出现在你面前。

"妈妈，我睡不着。你能陪陪我吗？"

"杰米，我已经陪了你一整天了。来吧，我陪你回到床上。"

你给杰米盖好了被子。当你坐回椅子上，正准备安静一下时，另一个孩子出现在你面前。

"妈妈，我要上厕所。"

"你要上厕所是什么意思？你 5 分钟前说你不想去。如果你睡前上了厕所，现在就不需要去了。"孩子身体的有趣之处在于，他们可以跑上几个小时都不会觉得需要排尿，但当他们在床上躺了 5 分钟，你刚开始读一本好书时，他们的膀胱就会以无可挑剔的时机发出"满"的信号。

现在第二个孩子回到床上，第三个孩子又出现在你面前。

"妈妈，我床下有个怪物。"

"大卫，你床下没有怪物。"

如果你为了让他确信，装模作样地去帮他检查床下。你的孩子会想，她都说了我床下没有怪物，她为什么还要检查呢？

终于，你受够了。原本平静的你开始咆哮："如果你们中的任何一个人再不乖乖睡觉，明天晚上你们都要提前两个小时上床！现在谁再从床上起来，我都要好好揍他一顿。在太阳从东边升起之前，我不想再见到你们任何人！"

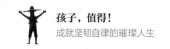

他们跑回床上,哭着睡着了。几分钟后,你蹑手蹑脚地走进去,看到他们的脸上泪痕累累,内疚之情油然而生。你所剩下的"宁静的夜晚"就会用来自责你是多么可悲的父母。我知道你不想这样,一定还有更好的方法。

当我的孩子还是婴儿时,我在哄他们睡觉方面没有任何问题。我只用给他们喂奶,直到他们睡着。然而,当他们蹒跚学步时,我就需要开启某种哄睡程序了。一个朋友建议我让他们哭着入睡,另一个朋友建议让他们熬夜直到他们困乏睡去,而其他有大一点孩子的人则摇摇头说:"顺其自然吧。"有些专家说,就让他们哭吧;有些专家说,可以让孩子和父母一起睡;还有专家说哄睡方式取决于每个孩子自身的需求,因人而异。这些指导真是让人眼花缭乱。

我和我先生决定,我们不打算让孩子哭着入睡。早在孩子们还在哺乳期时,他们都是与我们同睡的,而这3个孩子各有各的睡眠模式。当孩子们长成幼童的时候,我们中的一个人负责哄孩子睡觉,另一个负责洗碗和洗衣服。我们会轮换着工作,让一个人能够得以休息。当3个孩子终于睡着了、碗洗好了、衣服收拾好了的时候,我们俩都瘫倒在沙发上,那真是一段让人精疲力竭的时光。

🌸 砖墙家庭的就寝时间

砖墙家庭的就寝时间与其说是例行公事,不如说是一种规定的仪式。砖墙家庭对于秩序、控制和服从的痴迷很少像现在这样明显。专家们会说,婴儿可能想被抱着入睡,但他们需要学会自己入睡。父母在固定的时间把婴儿放在婴儿床里,关上灯,然后到隔壁房间,把电视音量调大,邻居们会在接下来的一个小时里听到婴儿的哭声。小婴儿的感受被忽视或被否定了，是的，他最终学会了自己入睡，如果他醒来，在没有父母的帮助下，也很容易让自己重新入睡。婴儿和父母会对疼痛和哭泣越来越不敏感。"让他自己哭着入睡一个月后，他已经成为一个很好的婴儿。我们几乎听不到他的任何声音，这很有效。"

严格的卧室分离也是规则。孩子在任何时候都得在自己的卧室里睡自己的床，没有例外。砖墙家庭认为，如果你让孩子睡到你的床上，他就永远不会离开你的床。

从孩子还是婴儿时候起，就寝时间就由父母设定，并一直持续到他们的青少年时期，孩子无法参与决策。"现在是 8 点，你要在 8:15 之前上床睡觉。"即便在特殊场合或朋友来访时，也不允许破例。"我不在乎你的电影是不是没看完，你应该在开始看电影之前就想到这一点。8 点钟是就寝时间，你就得上床睡觉。"

在砖墙家庭里，威胁和贿赂是强制服从的常用手段。"如果你们俩继续说话，我就再也不让你请朋友来过夜了。""如果你 8 点钟乖乖上床睡觉，我就给你带点好吃的回来。"

🌸 水母家庭的就寝时间

水母家庭的就寝时间要么是一片混乱，要么是父母和孩子随时随地都能睡觉。刷牙，换睡衣，讲睡前故事，上床睡觉，这些都没有规则可循。在砖墙家庭长大的水母父母往往会拒绝为他们的孩子建立作息规律。他们已经拒绝了砖墙父母的僵化，但没有建立自己的脊柱结构，所以他们不知道如何为孩子创造一个有益的作息规律。"我们在就寝方面没有任何要求。

他们在客厅里玩，想睡就睡。我不介意他们有没有换上睡衣，我自己也经常在沙发上睡觉。"这样放任自流的方式不会持续太长的时间，当糟糕的睡眠习惯开始在父母和孩子身上产生影响时，他们又会恢复童年时的砖墙家庭模式。"马上上床去，我受够了你这么晚才睡，等会儿你又会在沙发上睡着了。你已经是大孩子了，我再没法把你抱到床上去了。""如果你再从床上爬起来，我就要揍你屁股。""去把牙刷了。我为你支付这么多的牙科账单，我已经受够了！"

另一种水母父母，他们自己也是在水母家庭中长大的，根本就不知道小孩子需要固定的就寝时间。他的孩子半夜还在家里跑来跑去，他们上学经常迟到，因为他们全家都总是睡过头。

🌸 脊柱家庭的就寝时间

脊柱父母会提供基本的就寝程序，这个程序足够灵活，可以根据个别家庭成员和整个家庭的需要进行调整。建立作息规律的责任首先由父母承担，但随着孩子年龄的增长，有关就寝时间和作息规律的责任和决定就会越来越多地落在他们自己身上。当孩子离开家的时候，他们对睡眠的需求有了健康的认识，了解自己的生物钟，并尊重周围人的需求。在家庭生活的互谅互让中，他们学会了基本的礼节，并且能够平衡自己和共同生活的其他人的需求和愿望。例如为了不吵醒 4 岁的弟弟而把音乐声调小，等他上大学时，他自然就会意识到，当宿舍室友正在学习的时候，房间里的音乐声也要调小。刷牙、把脏衣服扔进洗衣篮、换睡衣、熄灯前在床上读一会儿书，如果这些都是小时候就养成的习惯，当一个年轻人离开家时，这些习惯也会继续保持下去。

作为脊柱父母，你为孩子建立了一个结构，避免了砖墙家庭的僵硬和水母家庭的混乱。基本上你所做的就是帮助孩子建立关于就寝时间、就寝地点和就寝程序的作息规律。

🌸 孩子就寝时间的变化

就寝时间因孩子的年龄而异。婴儿有他们自己的睡眠时间表，作为父母的你需要去调整适应。随着婴儿的成长，他的睡眠规律开始发展，与他自己的生物钟以及你建立的午睡时间和夜晚就寝时间的结构有关。一个 18 个月大的孩子可能会拒绝睡午觉，但是如果不睡午觉，他的脾气就会变得暴躁易怒。通常情况下，午睡时间会逐渐演变为中午的休息时间，大多数孩子在开始上学的时候就不再需要午睡了。

我不认为放弃午间休息时间是一个好主意，我非常享受和我的孩子们一起午睡和休息的时间。午休曾经是一个普遍的习俗，现在世界上 2/3 的人口仍然这样做。花点时间休息一下，远离一天的喧嚣，是身体永远的需要。与其和身体发出的疲劳信号相对抗，通过咖啡、药片或巧克力摄入更多的咖啡因，不如让我们这些成年人向孩子学习休息的必要性。

随着孩子年龄的增长，他们的就寝时间会自动和自然地推迟，这句话并不一定是真的。你的一年级孩子可能比你上幼儿园的孩子睡得还早，因为幼儿园是有午睡的。让幼儿园的小朋友先自己玩一会儿，你就可以花时间来陪一年级的孩子刷牙，讲故事，做按摩，哄他睡觉。一旦孩子到了可以阅读的年龄，就给他们一个阅读灯。然后，当你陪孩子进行完日常的就寝程序之后，他们可以看一会儿书再自行入睡。你可能会担忧，孩子会读书读得整夜不睡。有这个可能，我的大女儿安娜头几个晚上就在床边放了一堆书。整整三天，她半闭着眼睛，拖着沉重的脚步去上学。我本可以对她说："如果你早点睡，你就不会这么累了。"她显然知道这一点，她必须应对没睡够带来的痛苦。到了第四天，她读了一会儿书，很快就睡着了。即使是现在有的时候，我临睡前查看她的房间，会发现她的阅读灯还开着，而她已经睡着了，脸上还盖着一本小说。

当你的孩子长到十几岁时，你必须做出决定："是我们需要这个房子，还是让孩子得到它？"这是一个合理的问题。有些人比他们的青少年需要更多的睡眠。他们可以说："孩子，当你做完作业后，把所有的灯都关掉。"而我会对我的孩子说："晚上我需要一些独处的时间，所以在10点钟以后，我希望你待在你自己的卧室里，你可以学习，也可以睡觉，选择权在你，但我需要一些空间。"并且我认为这样的要求很公平。

你可能会在午夜经过他们的卧室，往里看，发现他们正在写第二天要交的学期论文。不要对他们说："如果你三周前动笔，你就不用整晚熬夜了。"他们知道这一点。水母父母会试图拯救自己的青少年。"来，让我帮你完成这篇学期论文。现在已经非常晚了，你需要去睡觉了。"不要这么做。让他们完成自己的学期论文，感受一下因为拖延而疲惫不堪去上学的痛苦，从而体验到最后一分钟才完成作业的现实后果。

他们能学会更好地安排自己的时间吗？可能会，也可能不会。我就是那种赶在截止日期之前才开始动笔的人，我常说我在压力下会更高效。有一天，我丈夫责备我："你凭什么这么肯定呢？你从来没有真正尝试过其他的方法。"他说得很对。

和你的孩子谈谈合理的就寝时间。如果你接到学校辅导员的电话，抱怨你儿子的鼾声打扰了数学课，那就说明他需要多睡觉了。如果早上起床对你女儿来说是一件不可能完成的苦差事，那么她可能也需要提早睡觉。

从孩子出生到他们长大离家，总会有一些夜晚他们难以入睡，有一些夜晚他们想多玩一会儿，或者想再和你说说话。这就是脊柱结构的美妙之处：既有规则可循，也有变通的灵活性。

　　婴儿和学步幼童的父母都存在睡眠不足的情况。那些稍大孩子的家长会告诉他们："这一切都会过去的。相信我。"但是，等你孩子进入青春期，父母睡眠不足的问题又会再度出现。唯一不同的是，作为新生儿的父母，你的孩子是在家里让你无法入睡，但作为青少年的父母，你是因为必须等待他们回家而无法入睡。我有时很想将宵禁时间提前，不是因为孩子需要早点回家，而是因为我需要睡眠。

🌸 就寝地点的选择——和父母一起睡？还是自己睡？

　　关于孩子应该在哪里睡觉，我们会读到很多专业文章，有专家建议孩子可以和父母一起睡，也有专家强调孩子必须睡自己的床，绝不能睡在别的地方。事实是，这里并没有一个最佳方案，正确的方法也并不唯一。**每个家庭都需要探索最适合自己的方式，最好能使所有家庭成员获得他们所需的睡眠，同时平衡拥抱的需要、隐私的需要、孩子的情感需要，以及父母性生活的需要。**是的，在孩子出生后父母依然有此需要，尽管很多青少年确信他们自己的父母从未"做过"。

　　当我的孩子还是婴儿的时候，他们和我们一起睡，大一点的婴儿睡在紧挨在我们床边的婴儿床里——这对我们所有人来说都很舒适自在。然而，当他们开始蹒跚学步时，他们拥有了自己的卧室自己的床，而我们锁上了卧室的门——不是偶尔锁一次，而是一直锁着。我们向他们解释说，父母需要独处的时间，如果他们在夜里醒来，只需要敲门，我们中的一个就会起来去陪伴他们。

　　大约在玛丽亚 3 岁的时候，有一天晚上，我醒来时发现她正试图爬到

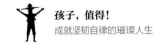

我的床上。她想让我回到她的房间和她一起躺下。我很疑惑，她一开始是怎么进入我的房间的，她爸爸在哪里？"哦，他在我床边的地板上睡着了。现在轮到你了。"

我们是否有过例外会和孩子一起睡？当然有。有时，当我们的孩子生病时，他们睡在我们的床上，或者我们中的一个睡在他们的床上去陪伴他们。在他们还小的时候，大多数周末的早上，他们都会挤在我们的床上，我们会有一些安静的阅读时间或一些不安静的打闹时间。偶尔在紧张的一周之后，我们可能会在家庭房里露营，吃点零食，看场好电影，然后睡着，有时会在夜里醒来爬到自己的床上，有时不会。

🌸 就寝程序的执行——陪伴刷牙、讲睡前故事和睡前按摩

就寝程序也需要像制定这些程序的家庭一样因人而异。孩子期待着某种一致性和某种结构。基本上，他们需要注意个人卫生（洗脸、洗手、沐浴、刷牙），如有必要，建议睡前上个厕所，换上睡衣，做一些平静放松的事情（唱歌、讲故事、阅读、按摩），把灯调暗（有些孩子可以像成年人一样在黑暗中睡觉，有些则像其他成年人一样需要开一盏小灯），然后睡去。

如果你和你的小孩一起做这个就寝程序，随着他们的成长，他们会变得越来越独立，自己做大部分的工作，形成良好的心理和身体习惯。当我的孩子还是婴儿时，我替他们刷牙。两岁左右，他们想自己刷牙。"好吧，让我先刷一下，然后你再刷。"随着他们年龄的增长，就变成了"我刷我的牙，你刷你的牙"。然后我向牙医要了红色的牙齿显色剂，这样孩子们就可以每周检查一次，看看他们自己是否能够刷干净——如果牙齿上有任何红色，你就漏刷了某个地方。

教孩子们刷牙就像教他们做任何其他技能一样。

1. 示范。

2. 和他们一起做。

3. 教他们自己去做。

4. 让他们自己去做，并为此负责。

睡前故事

睡前阅读可以成为一个美妙的时刻，让孩子们迷上书本，用夸张的动画音效吸引他们，并通过讲故事让他们了解家庭历史和传统。我的 3 个孩子都喜欢让爸爸给他们编一些精彩的故事，那些疯狂的角色让他们至今记忆犹新。他们喜欢我读书给他们听，用不同的声音来表现每个角色的个性。奶奶也曾经给孩子们分享过她小时候的老故事。

当我需要旅行出差时，我经常会在离开前把故事录在磁带上，留给孩子们，你也可以自己制作几盘磁带。当你把孩子交给保姆阿姨时，除了录制故事，还可以留下一些关于就寝程序的叮咛，让保姆阿姨和孩子都受益。"现在是时候拥抱你的小熊了，阿姨会把灯关掉，坐在你床边的摇椅上直到你睡着。"

睡前按摩

触摸是我们最亲密的感觉，在向他人伸出手时，传递的信息很明确：我在这里，我在你身边，我很关心你。遗憾的是，我们许多人等了一辈子才发现这种神奇的力量。

——利奥·巴斯卡利亚（Leo Buscaglia），
《开往天堂的 9 路巴士》（*Bus 9 to Paradise*）

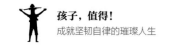

触摸对于人际关系至关重要。我们所有人，无论年龄大小，都需要触摸和被触摸。对我们皮肤的刺激或缺乏刺激，都会对我们的身心健康产生深远的影响。

轻柔地以圆周运动的方式抚摸婴儿的整个身体，他们会在全身按摩中茁壮成长。幼儿和大一点的孩子喜欢你按摩他们的头部、背部、手臂、腿和脚。如果你有一个非常好动的孩子，在睡前难以平静下来，你可以试着给他洗个热水澡，用温暖的毛巾轻轻擦干他的皮肤，把他抱到床上，并稍稍用力地揉搓他的脚底。中国人自古以来就知道脚底按摩的价值，有句谚语说：眼睛是心灵的窗户，而脚是身体的大门。揉搓孩子的脚底达到两个目的：让孩子放松，让他躺在床上。

以关心和爱护的方式触摸你的孩子，也是给他传达了一个信息，他的身体值得被尊重。爱抚——按摩、温柔地挠或拥抱——可以传达你对孩子身体的接受，他也将学会自己接受它。而你对他个人界限的尊重——例如，如果他没有心情，就不强行挠或拥抱他——会帮助他认识到这些界限，并理解这些界限应该得到尊重，他对自己的身体有绝对的权利。有时候，当孩子们不高兴时，其实是他们最需要拥抱的时候，虽然这时想拥抱他们非常困难。如果孩子因为挫折或疲劳而发脾气，你能做的最有帮助且最能让他平静下来的事情就是温柔而坚定地拥抱他。通过他的身体，他得到了被接受的信息，从而有效地改善情绪。

许多父母，要么在触摸是禁忌的家庭中长大，要么在身体界限不受尊重的家庭中长大，因而对触摸有抵触情绪。遗憾的是，他们错过了养育孩子的一种主要形式，以自然和健康的方式定期抚摸孩子是父母必须学习的功课。如果我们给予孩子们拥抱和睡前按摩，他们长大成人后，也会觉得触摸是自然而然的事情。而且，这里还有一个额外的好处：充满爱意的触摸是相互的，我们自己也会享受与孩子的身体接触。

正确处理孩子做噩梦和夜惊

"爸爸，爸爸，一只熊在追我，我很害怕！"当孩子做噩梦时，是时候教他们如何应对他们的梦了。梦在我们所有人的生活中都很有影响力。当我的孩子做噩梦时，我会给孩子一个拥抱，让他知道他是安全的。然后我说："你知道吗？梦是很奇妙的东西，因为在你的脑海中，你可以做一些你在清醒时永远做不到的事情。你可以跑得比世界上任何一只熊都快，你还可以创造出一棵熊无法攀登的树。在你的梦里，你甚至可以转身对任何一只熊说：'嗨，熊。我想成为你的朋友。'"

你不能对孩子们说，如果他们不睡觉，衣柜里的怪物就会来抓他们；你也不能告诉孩子们，他们的梦不是真的，衣柜里没有怪物准备来抓他们。因为梦是真实存在的，告诉孩子们梦不是真的，这是对他们智力的侮辱。

一个朋友3岁的儿子做了噩梦。这位朋友对儿子说："乔尔，我知道梦可能很吓人。我有时也做噩梦，但我知道我总是会醒来的。"然而，这样的回答对乔尔来说还不够好，直到他自己解决了这件事。有一天，他爸爸看着他小心翼翼地绑着绳子，从楼梯底部一直上到楼道里，进入他的房间，绳子的一端绑在床上。朋友问儿子他在做什么，乔尔回答说："这是一个捕梦器。他们什么时候上楼我就知道了。他们现在抓不到我了。"不久之后，他的噩梦就停止了。当然，他的梦没有停止，但他不再需要他的捕梦器了，因为他的大多数梦境不再那么可怕了。

我们应该对孩子的梦境、恐惧和噩梦持开放态度，就像我们对他们所有的情感体验持开放态度一样。如果我们尊重这些体验，并教孩子如何应对，这种力量将使他们终身受益。

夜惊与噩梦相差甚远。大约在孩子两岁时，在经历了特别紧张或冲突不断的一天后，他可能会突然不安地从床的一侧跳到另一侧，不受控制地

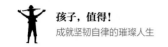
尖叫，却依然处于深度睡眠状态。尖叫声让你跑进孩子的卧室，当你到达卧室门口时，请深吸一口气，在去安抚孩子之前先要让自己平静下来。孩子最不需要的就是从夜惊中醒来，看到吓坏了的父母站在他的床边。在你平静下来之后，冷静地摇醒你的孩子，向他保证他会没事的，你会一直陪着他直到他再次入睡。他可能不会记得这件事，而你可能永远不会忘记。

就寝时间是一个特殊的时间，一个过渡的时间。它是一天结束的机会，也是为明天做准备的机会。它是赋予生活结构和意义的自然节奏中的一个小转折点。就像季节、假期和庆祝活动标志着一年的自然更迭一样，就寝时间也标志着日子的转变。父母应该细心耐心地认知孩子的需求，让每一次就寝时间都成为爱和生命的庆典。

因为在睡眠中，我们得到了重生和更新。

——利奥·巴斯卡利亚（Leo Buscaglia）

第十五章

如厕训练

> 当你想上厕所的时候，你就得上。
>
> ——安妮（Annie）电影《小孤儿安妮》
> （*Little Orphan Annie*）

　　当你的女儿从婴儿期进入可怕的两岁，并以许多创造性的方式彰显自我的时候，你的邻居和亲戚问你什么时候开始训练她上厕所。就在昨天，当你试图把装满豌豆的火车勺子开进站台时，她不肯张嘴；当你不让她把三明治放进洗衣机里时，她发了脾气；她还把她的泰迪熊放在马桶里游泳。今天，她在无法自己脱鞋时感到沮丧；坚持要自己打开花生酱罐子；一有机会就练习说"不"，并为自己能说"不"这个词而感到非常自豪。

　　你准备好接受挑战了吗？更重要的是，她准备好了吗？我刚才描述的所有行为都是你的孩子试图完全控制自己身体的例子，而如厕训练是她第一次真正拥有这种控制权。

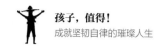
🌼 砖墙家庭——通过奖励和惩罚给孩子施加压力

砖墙父母，就像在孩子生活的所有其他领域一样，对如厕训练的过程拥有自主权。他们往往希望在孩子身体准备好之前就开始这个过程。孩子在生活的其他方面都学会了取悦父母，并试图通过在马桶上的成功来获得父母的认可，但在发生了几次意外后，孩子会变得沮丧或抗拒，觉得自己是个失败者，或者根本就拒绝坐在马桶上。你可能会听到一位骄傲的砖墙父母夸耀说，他的孩子在10个月大时就已经接受了训练。他每隔10分钟就让孩子坐在马桶上。人们不禁要问，这到底是谁的如厕训练？是父母的还是孩子的？

砖墙父母通过有形奖励和惩罚错误的方式给孩子施加压力，让他们听话。

奖励措施包括：

"如果你去上厕所，就可以吃巧克力豆。"

"如果你整个星期都不尿湿裤子，我就带你去冰激凌店。"

惩罚措施包括：

"你这个坏孩子。我不喜欢尿裤子的小男孩。"（情感虐待）

"大女孩不会尿裤子。"（否定）

"你得像小婴儿一样穿上尿不湿了。"（羞辱）

"吉米和梅兰妮都不尿裤子了。你为什么不能像他们一样？"（比较）

"我不想抱你——你尿裤子了。"（用爱和感情挟制）

"你不拉臭臭就不许走。我要把你关在这里，直到你拉出臭臭来。我受够了你拉在裤子里。如果你敢从马桶上下来，我就打你屁股。"（体罚威胁）

砖墙父母开启了一场意志之战，孩子可以选择取悦或反抗。无论哪种方式，孩子都会输，最终得到的信息是我无法控制自己的身体机能。如果父母和孩子真的在如厕训练问题上陷入全面的斗争，问题就会出现。有的孩子可能因拒绝排便而导致便秘。接着，孩子发现他的身体会被灌肠剂、栓剂和泻药侵入。而那些试图取悦父母的孩子会因为压力变得更加紧张、害怕和恐惧，所有这些都会导致孩子对如厕失去控制，将失败、羞耻和伤害的循环继续下去。

🌸 水母家庭——放任自流的混乱

水母父母对整个过程采取放任自流的态度，他们几乎没有提供任何关于身体功能的指导。孩子可能在两岁时就已经准备好学习如厕了，但父母却忽略了这一点，因为他们没有注意到这些迹象，也没有精力或耐心为孩子提供支持和引导。直到学前班老师告诉妈妈，孩子必须学会如何上厕所才能上学前班，这位家长才开始担心起来。可是她要么不知道从哪里开始，要么不想费心分神，于是她将孩子如厕训练的过程交给了日托机构，在周末给孩子穿上尿不湿，而在每周开始时会往日托机构送去一袋训练裤。

在孩子如厕训练阶段不一致的做法只会延长如厕训练的过程。孩子有时被提醒要上厕所，有时又不允许孩子上厕所，要求憋到回家后再上，或者在不方便找厕所的情况下让孩子就尿到尿不湿里。水母父母的做法不仅前后不一致，而且还没有规律可循。某一天，孩子在家尿到裤子里了，父母觉得无所谓，可以理解，而另一天孩子在公园玩耍时尿了裤子，父母却大发雷霆并严厉地惩罚他，仅仅只是因为父母没有带备用裤，给他们带来了尴尬和麻烦。

水母和砖墙父母的孩子最终都要学会上厕所，但代价可能会很高。孩

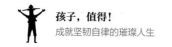

子们可能会感到无力、没有安全感、困惑和被羞辱，这些感觉会蔓延到他们生活的其他方面。在这两类家庭里，孩子们都没有学到他们可以控制自己的身体。

🌼 脊柱家庭——准备、练习、耐心

脊柱父母让孩子完全控制自己的身体机能，以自己的节奏掌握自己的如厕训练。父母对孩子的如厕训练过程持积极和不慌不忙的态度，期待孩子犯错，并将其视为学习的机会。父母抱以轻松的态度并随时提供帮助。而且，他们不会过分在意其他成年人的期望和评价。

准备、练习和耐心，这是脊柱家庭进行如厕训练的关键。

如厕训练前的准备

你和你的孩子都需要做好如厕训练的准备。你需要愿意并且能够给孩子以时间、耐心和鼓励。他需要你的帮助，而你得知道你为什么要帮他，是不是因为你厌倦了换尿布，还是因为他不会上厕所学前班就不收他，或者因为你邻居的儿子几个月前就穿上了训练裤？如果是这些原因，请花点时间再想一想。真正的理由应该是，你的孩子已经做好了如厕训练的准备。

以下 3 个线索是孩子准备就绪的标志：

1. 身体发育。大多数孩子在 18 个月到 2 岁半之间就已经做好了身体上的准备，尽管对于一些正常发育的孩子来说，可能要晚到 3 岁半至 4 岁。身体准备就绪的基本迹象是：他的排便相当有规律；他能意识到他什么时候要排尿或什么时候要排便；而且他能够在白天很长的一段时间内保持干燥。

2. **愿意进行如厕训练**。一个孩子在 18 个月大的时候，可能在身体上已经准备好了，却对如厕训练没有兴趣，等到 2 岁半时他的朋友都穿上卡通人物的训练裤了，这时他就会产生极大的兴趣。一个很好的迹象是他在小便或大便后会想要立即换尿布。

3. **有与人沟通的能力**。虽然对于成功的如厕训练来说不是必要的，但如果孩子能口头告诉你他的需求是什么，这是很有帮助的。"我想拉臭臭。""我的裤子湿了。"除了表达自己的需求外，他也能理解简单的指示。我曾经有过训练特需孩子的工作经历，我知道了不会说话的孩子和他们的父母能够不用语言进行交流，这是成功的如厕训练所需要的。

以上的 3 项条件如果缺少其中任何一项，那么无论怎样的奖励、威胁或逼迫都无法让他学会上厕所。如果孩子愿意学习并能用言语表达他的需求，但身体还没有准备好，他也是不会成功的，他可能会很沮丧会放弃，即便在他的身体已经准备好了的时候，他也可能因为这段挫败的经历而拒绝尝试，即使他的身体已经准备好了。开始训练的时机也非常重要。如果他对家中新添的小弟弟占据了他的房间和占据了你的时间感到不安，即使你计划送他去的幼儿园要求他进行如厕训练，这时开始也不是一个好主意。

当 3 个条件同时具备时，您和您的孩子就可以开始如厕训练的尝试了。你还需要一些好用的工具进行辅助。

第一是宝宝坐便器，它通常比放在马桶上的坐便器更容易上下，看上去童趣十足，也没有那么吓人。孩子可以在卫生间里享受坐在上面的乐趣，也可以让他和他的宝宝坐便器一起玩，并习惯它的存在。你会发现，一开始，泰迪熊坐在坐便器上的时间可能比你的孩子还要多。

第二是舒适易穿脱的装备。带有尼龙搭扣的训练裤对孩子来说很容易穿上，当他不小心拉到裤子里时，您也很容易帮他清理。

第三是大量的卫生纸。出于某种未知的原因，一旦孩子们知道如何使用它，他们往往会练习擦拭他们所有的毛绒玩具以及整个卫生间。当他们

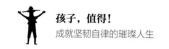
能够自如地在宝宝坐便器上排尿和排便时，一开始你需要为他们擦拭，然后帮助他们擦，最后让他们学会自己动手。教会小女孩从前面到后面擦拭是很重要的，因为她们排便时的细菌如果进入阴道就会引起感染。

第四是踏脚凳，可以帮助他们达到水槽的高度，这样他们可以自己洗手，当他们从宝宝坐便器升级到使用马桶时，也可以用来垫脚。

第五是准备好纸尿裤。你也许以为一旦孩子开始如厕训练，纸尿裤就可以永远从你的生活中消失了。有些大一点的幼儿，一旦穿上训练裤，除了晚上，他们就再也不穿纸尿裤了。但有些幼儿还没有准备好，没有能力持续控制他们的膀胱，他们依旧需要穿上纸尿裤，这不是一种惩罚，而是作为如厕训练的一种休息。不必着急，总会有机会再度尝试。

用适合的方式不断练习

与其他任何技能一样，孩子需要练习才能学会控制自己的膀胱和肠道。没有什么标准的如厕训练程序，你和你的孩子需要找到适合你们自己的方法。关键是要记住，你是在帮助他学习控制自己的身体。以下是一些经过实践检验的建议。

当蹒跚学步的孩子对你做的每件事都感兴趣时，把他带进卫生间，告诉他你在做什么。在给他换尿布时，你可以开始跟他说一些他以后会说的话："杰米嘘嘘了。""杰米拉臭臭了。"如果他哼哼唧唧、身体扭来扭去或紧张地跺脚，你可以评论说，看起来他像是要拉臭臭了，并问他是否想坐在宝宝坐便器上试一试，让他自己选择坐或不坐。请记住，这是他的身体，他会按自己的时间表和自己的方式来学习如何控制它。他只是需要你的帮助、指导和支持。

如果你注意到孩子身体和语言上的线索，你会摸索出一个时间表，可以让你提前知道他何时需要去卫生间。当孩子说他想去卫生间时，一定要认真对待。初学走路的孩子可以坚持一段时间，而年龄更小的幼儿就不行了。

让他多和那些已经接受过如厕训练的孩子相处，看着他们使用宝宝坐便器，可以帮助幼儿了解学习如厕的整个过程。如果有尿湿裤子的意外发生时，孩子会知道这类事件也发生在其他人身上，没什么大不了。所有孩子在进行如厕训练时都会有进展不顺的时候，尤其是当他们的生活发生重大变化时，比如家中有了新生儿、搬家，或父母离异。记住，这是他们正在学习的一项技能，而不是他们需要赢得的一场比赛。

膀胱控制通常发生在排便控制之后，而白天的控制通常发生在睡眠控制之前。四五岁以后的尿床（遗尿症）可能是父母和孩子双方冲突、内疚和羞耻的根源。父母可能觉得有必要惩罚或奖励孩子，以确保他（通常是男孩而不是女孩）在晚上不尿床。然而这两种方法都不起作用，孩子可能会说他不在乎，或试图把湿床单藏起来。著名儿科医生 T. 贝瑞·布雷泽顿（T. Berry Brazelton）博士在他的著作《接触点：基本参考——您孩子的情感和行为发展》（*Touchpoints: The Essential Reference——Your Child's Emotional and Behavioral Development*）一书中给出了我所听到的关于这个问题的最好建议：

> 尿床……孩子需要以自己的速度变得独立，这一点很重要。虽然原因可能是生理上的，如不成熟的膀胱经常排空，或睡眠过深（不成熟的信号系统的结果），但问题的关键在于谁将控制局面。当父母和医生开始调查原因并制定措施（如警报器、惩罚或当他尿尿时响起的信号装置）时，孩子的自主性和控制欲就会丧失。他会认为自己是个失败者——不成熟、有罪、毫无希望。这种自我形象对他未来的伤害将比尿床本身的伤害更大。

现在市场上有一些夜间防护用品，你可以给你四五岁（或更大）的孩子买。如果他想在朋友家过夜，又不敢去，因为他担心会尿床而感到尴尬。事实上，我认为直到孩子的膀胱发育成熟，他即便每晚穿着它们，这也没什么问题。这些防护可以穿在内裤里面，有一个吸收尿液的垫子，看上去并不笨重，不会漏尿，也没有异味，会让您的孩子感到安心。奶奶或爷爷也许还会愿意向孩子解释，在他们年老的时候，他们也会需要这些防护用品的帮助。

与一些流行书籍的说法相反，如厕训练不是一天就能学会的。如果你愿意等足够长的时间，再给孩子穿上"大孩子"的内裤，他可能会从第一天起就保持干燥。但实际上，他在几个月前就已经开始做好准备了。家庭中的第二个和第三个孩子往往比第一个孩子花的时间少，这仅仅是因为他们有更多的榜样可以模仿。

示范、试错、模仿和良好的幽默感是成功练习的关键。向冲进马桶的大便挥手告别，瞄准马桶扔出卫生纸团，以及唱厕所小调，这些都能给这项终身技能的学习带来一点乐趣。

足够的耐心

耐心是毫无怨言地忍受困难的力量或能力，你需要足够的耐心。你正在接一位久违的朋友打来的电话，中途不得不停下来，将孩子放到宝宝坐便椅上，但他却说："臭臭还没有准备好出来。"在上车前他坚持说他不需要去卫生间，3 分钟后他就尿湿了裤子，你要有耐心来帮他收拾。另外，你还要有额外的耐心来忍受所有横加指责的成年人，就因为你的孩子在两岁半之前还没有接受如厕训练。但你的每一点耐心都是值得的。

一旦你和你的孩子开始进行如厕训练，因为你愿意建立一个有准备、有练习、有耐心的脊柱结构，你的孩子就能将自己看作一个有能力、有办法、有责任感的人，正在学习以尊严和尊重来对待自己的身体。

　　放松。许多父母会担心，教孩子控制肠道和膀胱是一种神秘而强大的亲子互动，充满了各种隐患，其中任何一个都可能诱发严重的神经症。但实际上，如厕学习与任何其他早期儿童学习经验，诸如学习如何使用勺子或如何扣衬衫扣子并无不同，这些都需要精神和肌肉的协调。

——艾莉森·麦克（Alison Mack），

《如厕学习》（*Toilet Learning*）

第十六章   不要谈性色变

一个 7 岁的孩子跑进厨房，问："妈妈，我是从哪里来的？"妈妈把盘子放在水槽里，转过身来，让儿子在厨房的桌子旁坐下，她马上就要回答他的问题了。妈妈有点紧张，也有点恼火，她跑到卧室，从床头柜里拿出几本书，爸爸曾答应在上次露营时和儿子一起看这些书。现在看来，还是得由妈妈来向这个 7 岁的孩子宣布这个答案了。当她小心翼翼地将这些书放到桌子上时，这个急于出去玩的小男孩看了一眼封面，摇了摇头。"上次露营时爸爸和我一起看了这些书。我只是想知道我来自哪里，我忘了，是纽约还是新泽西？"

我们中的许多人都不愿意和孩子们谈论性话题，尤其是性爱，部分原因是我们的父母没有对我们说过这些，或者说得极少，只寄望于我们在健康课上得到必要的信息。可你我都知道，孩子们经常被误导。小婴儿是鹳鸟衔来的吗？鸟和蜜蜂都会性交？只有坏女孩会做这种事，好女孩不会？我们都有过这样的朋友，她认为自己"第一次"不会怀孕，结果却发现自己得到了错误的信息。我们也听说过男孩手淫后害怕手上会长出毛发，那么全世界都会知道他做了一件多么丑陋的事。女孩在第一次来月经时确信自己会流血致死，男孩在第一次做春梦时，害怕自己会失去对膀胱的控制。

即便我们不教，孩子们也会了解性。但他们学到的往往是错误的信息和错误的观念。如果我们避免谈论性，就会给孩子传递出微妙的、不那么健康的信息："这是禁区，不要问，不要看，你得从别的地方获取信息。"

如果我们想成为孩子的主要性教育者，我们就需要在孩子尚小的时候开始关于性的公开交流，以便在青春期的荷尔蒙变化影响到青少年对自己的性行为的想法和感受之前建立起积极的交流模式。性不仅仅是性交，带着这样的理解，作为父母，我们可以通过语言和非语言的方式来告诉孩子，性是我们整个生命中美好的部分，而不仅仅是我们的生殖器的作用。我们的行动和表情、我们的情绪、我们对待自己的身体和对待孩子身体的方式、我们对他们的哭声的反应、我们对他们的基本身体功能的反应——所有这些都有助于培养孩子对性的健康态度，也有助于为我们的孩子创造一个自如的环境，让他们了解自己的身体并提出问题。

显而易见，这3类家庭会以不同的方式处理性问题。

🌸 砖墙父母的禁令——你不能，你不要，你不敢

砖墙父母传达的大多是"不要"的信息，传递道德上的绝对性，并灌

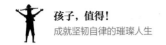

输一种对性行为的羞耻感。

典型言论：

"你把裤子弄脏了，你这个坏孩子。"

"每个月你都会摊上这个倒霉事。"

"别碰它，这令人反感。"

"好女孩是不会这样做的。"

"等你长大了，我们就去找牧师，让他跟你谈谈这件事。"

"性是作为妻子应该做的事情。你不必喜欢它，你只需要忍受它。"

砖墙家庭里，通常在性问题上有一个"神圣的沉默"，孩子们得到的信息是，你不需要问任何问题。他们无法获得对自己和异性成员的了解，而是保持恐惧和无知。隐瞒知识的问题之一是，它非但不能使孩子们远离性活动，反而常常起到相反的作用。

> 研究表明，那些对性知识了解充分并能自如地与父母谈论性问题的孩子在青少年时发生性行为的可能性最小。知识不会导致不当行为，无知才会。
>
> ——芭芭拉·琼斯（Barbara Jones），
> 《你不是鹳鸟送来的》（*The Stork didn't bring you*）

我辅导过许多怀孕的青少年，我还没有听说他们中的任何一个人是因为了解了性知识而怀孕，这是不可能发生的。如果孩子们有良好的认知，与他们的父母有开诚布公的交流，并看到他父母以健康的方式进行性互动，那么他们在十几岁时发生性行为的可能性就会降低，更不会因此而导致怀孕或感染性病。

🌸 水母父母的放任——我希望没有坏事发生

水母父母对生活自由放任的态度会让他们在性教育方面也放任自流。他们希望学校、朋友、电视、书籍或神职人员能教给孩子他们作为父母不能、不想或不知道如何教的东西。极端的水母父母在表达自己的性理念时没有任何限制。他们以滥交为榜样，让年幼的孩子接触大量的性信息，孩子们还没有准备好去理解这些信息，有些信息甚至是侮辱性的、贬损性的。

典型言论：

"看这部限制级的电影对他不会有什么伤害。我看过很多这样的电影，对我没什么坏影响。"

"当然，我们家到处都可以看到那些杂志，这是一种很好的方式来教会孩子那些他们不愿告诉我们的事情。"

"我想让她受欢迎。"

水母家庭的孩子对性缺乏健康的理解，他们将性视为用来获得其他东西的一种工具。他们对自己身体的认知是扭曲的，也没有适当、健康的性行为的界限。

在这两种类型的家庭中，孩子们都无法在意识到自己和他人身体的价值和尊严的框架内提出问题，学习设定自己的限度，或探索自己的性取向。这些孩子很容易屈服于同伴的压力。

典型言论：

"每个人都在这么做。向我证明你爱我。"

"不要相信你父母告诉你的，他们只是不想让你玩得开心。"

"相信我，我不会让你怀孕的。"

太多的美国青少年面临着性无知、决策失误和性教育不足问

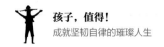
题，与之相关的发病率也日益上升。每年有 100 多万少女怀孕。每年有 1/7 的青少年感染性病。每 500 名美国大学生中就有 1 人感染了艾滋病毒。

——罗伯特·布卢姆（Robert Blum），医学博士，
青少年医学协会主席

🌸 脊柱父母的性课堂——美好关系的开端

通过了解自己的性观念以及了解性观念如何成为一个人价值观、道德、情感和性意识的组成部分，脊柱父母在孩子出生前就为培养出性健康的孩子奠定了坚实的基础。这种强烈的自我意识使家长们能够赞美男孩和女孩的美好品质，而不是固守性别角色的成见，这也将成为孩子们模仿的榜样。以尊严和尊重的态度对待自己、配偶以及孩子的身体，是培养信任、关怀和滋养的终生关系的基石。

好奇心、舒适感和正确的言语（3~6 岁）

当孩子开始找到并探索他们自己的所有身体部位时，你可以通过使用身体部位的正确名称来建立一个开放和诚实的沟通渠道。这说起来容易做起来难，因为习惯和不良的示范作用会悄悄地进入我们的词汇。例如父母会说："这是你的眼睛，你的耳朵，你的鼻子，你的肘部，你的膝盖，你的脚踝，还有你的小鸡鸡……"令人惊讶的是，我们可能会有 101 个关于阴茎的俚语和 125 个关于乳房的俚语，却没有关于脚踝的俚语。这不是因为人们在涉及脚踝时缺乏创造力，而是更多地说明了对性的文化态度。俚语，

而不是适当的专有名词，这暗示着某种神秘的、隐秘的、不自然的、被禁止的或肮脏的东西。使用俚语可以让我们绕过性的直白表达，而不是直接谈论性器官及其功能。

避免使用正确的名称也会导致混乱和恐慌。你可能会这样对你那4岁的儿子解释："宝宝是在妈妈的肚子里长大的。"可就在昨天，你刚告诉他，他吃下去的意大利面是进到肚子里面去了。于是，他的脑海里就会出现一幅意大利面和婴儿混合在一起的画面。孩子们需要的是开诚布公的解释："婴儿是在妈妈的子宫里长大的。子宫是女生才有的一个特殊器官，婴儿在那里一天天长大，直到它准备好出生。"你可以在餐桌上抓住机会告诉他："不，男生没有子宫。你想看一本图画书吗，里面展示了你作为一个男孩的特殊部位？"4岁孩子需要的是具体的信息，而不是冗长的解释。如果他有一个妹妹，他可能早已注意到了一些解剖学上的差异。这不是第一次提到这个话题，也不会是最后一次。

我自己的孩子从小就喜欢看《我从哪里来》这本书，没有任何废话，还有有趣的插图，孩子们可以自己阅读，了解生活的真相。我把它和其他书一起放在书柜里，就意味着这本书里的知识和《戴帽子的猫》里的知识一样重要、一样正常、一样有趣。

我曾见过一个4岁的小女孩在游乐场告诉她的妈妈，她的阴道发痒，周围的大人们倒吸了一口冷气。然而，一个4岁的孩子能说她的阴道很痒，远比她在30岁时告诉妇科医生"下面很痒"要好得多。很多4岁的孩子可以告诉你"翼龙不是恐龙"这样的冷僻知识，而我们却认为他们不能理解什么是子宫、怀孕、阴茎或阴蒂，甚至都不应该在他们面前说起这些词。

生活中其实有很多进行性教育的时机，它应当是简单的、普通的、日常的。邻居家的猫生了一窝小猫；你的姐姐怀上了小宝宝；当小男孩当众揉捏自己的阴茎时，你对他说"宝贝，这样做不卫生，也不礼貌"……所有这些时刻都是传授知识、价值观和道德感的机会，你的孩子可以在此基

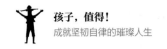
础上建构自己的性意识。

休眠的孩子和父母（6~8岁）

6~8岁的童年中期有时也被称为休眠期，因为这个阶段的孩子通常不希望你对他们所问的任何事情进行冗长的解释，他们只对事实更感兴趣。而且，他们对异性小伙伴也没有什么兴趣，现在他们更感兴趣的是了解自己的身体，并将自己的身体与同性小伙伴的身体进行比较。然而，这不是你停止性教育的时候。在这段时间内继续正确恰当地谈论性是非常重要的，其原因在于以下两个方面：

首先，孩子经常会从校园里、从社区里甚至从媒体上接收到错误的信息。不要以为你解释过了，学校教过了，或者孩子在电视上看到了，他就真的懂了。

加拿大广播公司前评论员罗伊·博尼斯蒂尔（Roy Bonisteel）曾经讲述了两个6岁小男孩在人行道上捡到一张5元钞票的故事。

一个男孩说："哇，我们去买饼干、糖果和冰激凌吧。"

另一个男孩叫道："哦，不，我们去买些丹碧丝。"

"丹碧斯卫生棉条？"

"是啊！有了丹碧丝，我们可以骑马、游泳和打球！"

你看，他们能听到这些信息，并不意味着他们就理解了这些信息。

继续性教育的第二个原因是确保在下一个非常关键的发展时期我们仍能与孩子保持开放的沟通渠道。

前青春期的长途汽车旅行（9~11岁）

当孩子进入前青春期，童年休眠期已经结束，但荷尔蒙还没有大量分泌。孩子开始对自己身体的变化产生兴趣，这些变化不仅影响到他们的身体，还会影响到他们的思想和情绪。他们接收到大量关于性别、性交、爱情、约会、疾病和青春痘之类杂七杂八的信息，他们很想搞懂这一切是怎么回事。现在是他们需要了解关于性行为、亲密关系、约会和性传播疾病的详细事实的时候了。他们现在掌握的知识越多，以后就越能对自己的性表达做出负责任的决定。

我个人认为，开始分享这些信息的最好方法是和你的青少年一起来个长途自驾旅行。上车，锁上车门，沿着高速公路前往两三个小时车程的小镇。这种方式有 **3 个益处**：

1. 你们两个都不能在高速公路上跳车。

2. 不必有目光接触。你可以手握方向盘，直视前方，说："儿子，我需要和你谈谈性。""哦，爸爸，那些事我都知道了。""儿子，我得把我所知道的全部告诉你。如果我说错了什么，或者我遗漏了什么，你可以随时告诉我。"然后你就一直说下去。

3. 当你们到达目的地时，可以一起吃顿饭。谈话结束了，你们都可以深吸一口气，放松下来。但是要知道，关于这个话题，你们还会有多次深入的对话，这只是开始。

如果你觉得自己掌握的信息也很有限，别担心，对于我们很多人来说都是如此。那就去图书馆和书店找一些相关的书籍来看，也可以在网上学习一些视频资料。这些途径不仅能够帮助我们获取准确的信息，还能传达出你想与孩子分享的价值观。

既非大人，也非小孩子（12~15 岁）

在接下来的这几年里，青少年开始认真地想要和父母分开。与此同时，他们也在寻求你的认可、支持和指导。他们希望被当作成年人对待，可是如果你期待他像成年人一样行事时，他们又会不断挑战你的耐心。我的 3

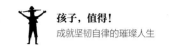
个孩子在这个年龄段都很爱顶撞父母。当我们从养育安娜的这段艰难时期中幸存下来后，我们接受了这样一个事实：玛丽亚和乔也会让我们经历这段艰难时期，而且这一切也都会过去。

这个年龄段的孩子荷尔蒙分泌旺盛，对简单的问题都会小题大做。你女儿刚刚还满脸笑容地走进家门，下一秒她就在浴室里毫无征兆地哭了起来。你儿子用粗哑的男高音接听电话，但两秒钟后他就切换成了尖厉的女高音，他只是好奇自己是否还能发出这样的声音。

男孩和女孩经常会扪心自问："我正常吗？"他们环顾四周，发现朋友们的体形正在发生变化。他们自己的身体也在变化，但变化的速度却与朋友们的不一样。如果你在孩子的身体开始发生剧烈变化之前就和他们谈论过在未来几年里身体要经历的发展阶段，这会对他们很有帮助。当你谈论这些信息的时候，别忘了告诉他们异性也将经历的变化。你不说他们也会注意到的，所以你更应该用正确的信息来引领他们。

你的青少年可能会对坠入爱河、暗恋、自慰、同性恋、性交以及与梦遗、月经和怀孕相关的问题感到困惑。虽然你已经和你的孩子谈论过这些，但他现在想要更多更详细的信息。

典型言论：

"这真的是爱吗？"

"我爱上了我的历史老师，我正常吗？"

"只有男孩才会自慰吗？"

"如果我对我最好的朋友有心动的感觉，我是同性恋吗？"

"所有男孩都会做春梦吗？"

"为什么其他人都来了月经，而我却没有？"

"女孩第一次做爱就会怀孕吗？"

女孩们往往在 11 岁或 12 岁时开始进入身体和性的发育高峰，男孩则是从 14 岁或 15 岁开始。而两者的情感发育则都可能是在身体发育的高峰之前、之后或同时发生。无怪乎"我正常吗？"这个问题会成为孩子最焦灼的困惑。

庆祝青春期

庆祝青春期的到来？为什么不呢？我们会庆祝孩子们生命中几乎每一个里程碑：第一次长牙、第一次说话、第一个生日、第一次骑自行车、进入一年级、小学毕业、第一次约会、第一次刮胡子、第一次开车……为什么不能庆祝女儿的第一次月经或儿子的第一次春梦？许多文化和宗教都有相关的庆祝活动或仪式，欢迎青少年以更成熟的方式加入社区。

我们是孩子的父母，当他们进入青春期时，是时候让我们从父母的角色中走出来，成为他们的导师、榜样和向导。如果我们在青少年时期对他们进行良好的指导，成年后他们就可以成为我们的朋友。

当孩子进入青春期，当我们开始父母的导师之旅时，我们可以从庆祝开始。一种方法是带你的青少年出去吃一顿特别的饭，或一次特别的远足，或是一次特别的自行车旅行，只有你们3个人——妈妈、爸爸和孩子。如果你们离婚了，即便彼此间不说话，也可以和你的孩子单独庆祝。青少年需要知道妈妈和爸爸已经意识到了孩子青春期的来临，也都愿意作为导师指引孩子。你可以给你的青少年一个特别的礼物，告诉他们，到达生命中这个美妙的里程碑是多么令人激动和令人忧惧，提醒他们，他们有巨大的权利和神圣的责任。然后向他们保证，当他们开始更充分地理解和探索自己的性意识时，你会在身旁支持和指引他们。

性行为、性观念、亲密关系和承诺（16~19岁）

在这个阶段，你的青少年将在生活的各个方面走向独立。他们不再把

你看作父母，在涉及诸如负责任的性行为等问题时，他们会将你视作导师。之前已经触及的问题，现在成为孩子想要了解的重心。

- 性——为什么如此自然如此美好的事物却又如此复杂？
- 禁欲——避免怀孕和性传播疾病的唯一可靠方法。还有其他的好处吗？
- 妇科检查——什么是妇科检查？应该什么时候做？
- 艾滋病和其他性传播疾病——病因、预防、征兆和症状。如果她说我是她的第一个，我可以相信她吗？
- 爱与性——你能在没有性交的情况下相爱吗？
- 性虐待——什么是性虐待？我该如何避免？
- 亲密关系和友谊——这两者有什么区别？我能同时拥有吗？

随着他们步入成年，他们将对自己的身体、精神、道德和性成长承担全部责任。你将成为他们的良师益友，并开始成为他们的朋友。

> 那些感到被爱和被需要并有幸拥有尊重自己的父母的孩子将有最好的机会获得健康的性发展。
>
> ——芭芭拉·琼斯（Barbara Jones），
> 《你不是鹳鸟送来的》（*The Stork Didn't Bring You*）

后记

你的孩子，其实不是你的孩子，

他们是生命对于自身的渴望而诞生的孩子。

他们通过你来到这世界，

却非因你而来，

他们在你身边，却并不属于你。

你可以给予他们的是你的爱，

却不是你的想法，

因为他们有自己的思想……

你可以拼尽全力，变得像他们一样，

却不要让他们变得和你一样，

因为生命不会后退，也不在过去停留。

——卡里·纪伯伦（Kahlil Gibran），

《先知》（*The Prophet*）

亲爱的家长：

你对孩子始终如一地关怀备至，你温和而坚定地表达了你的想法，并且你说到做到，在和孩子的谈话中，你不会讽刺他们、嘲笑他们，或令他们尴尬，在吃饭、睡觉、做家务、零用钱等方面，你建立了合理又不失灵

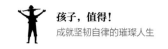

活的规矩……你已经筋疲力尽了，但其实，你还有一件事可以做。今天晚上等孩子们睡着后，走进他们的卧室，看着他们每个人，提醒你自己，**有一件事是你我作为父母万万不能做，我们也不想做的，那就是控制孩子的意志。**

孩子的意志不受我们的控制和操纵，正如纪伯伦所说的那样，它们是"生命对于自身的渴望"。它们是给我们的礼物。当然，有些礼物现在是以非常独特的包装出现的，但它们仍然是礼物，我们需要把它们当作礼物来看待。**我们需要鼓励下一代成为他们所能够成为的人，而不是试图强迫他们成为我们想让他们成为的样子。**我们和他们都不会从这种狭隘的心态中获益。你和我甚至无法企及他们的梦想，或回答将向他们提出的问题。

如果你想让你的孩子做出明智的选择，那就给他们很多做选择的机会，甚至允许他们做出一些不明智的选择，除非这些不明智的选择危及生命、威胁到道德或损害到健康（在这种情况下，你必须进行干预），否则你尽可以让他们体验自己的错误选择所带来的现实后果，尽管他们会因此而遭受痛苦。

当他们摔跟头时，不要冲到前面去拯救他们，也不要高高在上地责罚他们。你要站在他们身后，支持和引导他们，并且传达出这 6 条至关重要的人生讯息：我相信你……我信赖你……我知道你能处理好这件事……我在倾听你的想法……我关心你……你对我非常重要。

如果你想传达给孩子这 6 条至关重要的人生讯息，你需要成为孩子的榜样。据我所知，最好的方法是，每天至少抽出半个小时，把它交给唯一会和你共度余生的人——那就是你自己。老实说，当你最需要帮助的时候，你自己才是唯一可以指望的人。所以，利用这半个小时，做一些让自己开心的事，并且对自己说：我喜欢我自己！

你们中的一些人可能会觉得我说得轻巧。洗衣篮里堆着半人高的衣服，洗碗池里泡着脏盘子，家里还有个动不动就甩脸子的青春期少年和哭闹不休的小宝宝，你让我给自己半小时？是的，没错。如果你不留给自己这半小时，没有人会想到给你。你必须首先相信你是值得的，然后才能让你的孩子相信他们是值得的。所以，利用这半个小时，跑步、冥想、读一本好书、静静地坐着，或者泡个澡（不要吃大块的巧克力蛋糕，否则你会后悔的）——做一些事来表明，我喜欢我自己。

当你这样做的时候，你不会成为最完美的父母，也不会让你的孩子在学校里表现得最好，考试分数最高。但是，如果你给自己这半小时，你会找到更重要的东西——你会找到每天的能量和宁静。去明确三件事：我喜欢我自己；我能够为自己着想；在现今这个时代，在育儿方面，没有什么问题是解决不了的。你会发现自己在育儿方面是成功的，你不打孩子，你不控制他们，你也不会羞辱他们。相反，你允许和鼓励孩子成为他们可以成为的人，你将他们培养成了坚韧、自律、有担当并富于同情力的人。

你是值得的，他们也是。如果我们能培养下一代，让他们相信他们能爱自己，在爱自己的过程中，他们就能以爱的方式对待他人。

如果我们能教会他们独立思考，在为自己思考的过程中，他们永远不会允许别人——政府、毒贩或朋友——操纵他们，也不会为了自己的利益而操纵别人。

如果我们能教会他们，他们不必长得好看、聪明、苗条，还有年轻才能拥有尊严和价值，然后他们就会明白，因为他们是孩子，没有其他原因，他们拥有尊严和价值——仅仅因为他们是孩子。

如果我们能教会他们，不要执迷于你死我活的竞争，而是成为真正有能力、有合作精神、有决断力的人，如果他们需要、想要、不得不竞争，他们也会带着道德感去竞争。

如果我们能教会他们，解决自己的个人、社会和学术问题，那么我相信我们将教会他们，在这个世界上，没有什么问题是大到无法解决的。

如果我们教给孩子这些东西，那么，当你和我都老了，当我们的下一代开始为我们和他们将要创造的下一代做决定时，我们可以相信，我们花

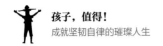
在养育孩子和培养坚强后盾上的时间和精力是非常值得的。由于我们的时间和精力以及投入的爱，下一代将能够做出负责的、充满关爱的决定。

你是值得的，你的孩子是值得的！

祝你快乐！

芭芭拉·科卢梭

图书在版编目（CIP）数据

孩子，值得！：成就坚韧自律的璀璨人生 / （美）
芭芭拉·科卢梭著；密斯於译 . -- 北京：中国青年出
版社，2025.3. -- ISBN 978-7-5153-7599-1

Ⅰ . G78

中国国家版本馆 CIP 数据核字第 2025CD6277 号

著作权合同登记号：01-2020-4353

KIDS ARE WORTH IT!: RAISING RESILIENT, RESPONSIBLE, COMPASSIONATE
KIDS(2010 EDITION) by BARBARA COLOROSO
Copyright: © 1994, 2001, 2010 BY BARBARA COLOROSO
This edition arranged with ACACIA HOUSE PUBLISHING SERVICES
through BIG APPLE AGENCY, INC., LABUAN, MALAYSIA.
Simplified Chinese edition copyright: © 2025 CHINA YOUTH PRESS
All rights reserved.

孩子，值得！
成就坚韧自律的璀璨人生

作　　者：[美]芭芭拉·科卢梭
译　　者：密斯於
责任编辑：刘　霜　邵明田
营销编辑：邵明田
出版发行：中国青年出版社
社　　址：北京市东城区东四十二条 21 号
网　　址：www.cyp.com.cn
编辑中心：010-57350508
营销中心：010-57350370
经　　销：新华书店
印　　刷：鸿博昊天科技有限公司
规　　格：710mm×1000mm　1/16
印　　张：20
字　　数：270 千字
版　　次：2025 年 3 月北京第 1 版
印　　次：2025 年 3 月北京第 1 次印刷
定　　价：78.00 元

如有印装质量问题，请凭购书发票与质检部联系调换
联系电话：010-57350337